Guido Horst
Kirche neu erzählt

GUIDO HORST

Antworten auf Zweifel und Kritik

KIRCHE
neu erzählt

Warum das Christentum
keine Religion ist, sondern
eine Geschichte

1. Auflage 2017
© fe-medienverlags GmbH
Hauptstr. 22, D-88353 Kißlegg
www.fe-medien.de

Umschlaggestaltung & Satz: Manuel Kimmerle
Foto Rückseite: Paul Badde

Druck: orth-druk, Białystok (Polen)

ISBN 978-3-86357-189-4

Printed in EU

Inhaltsverzeichnis

Vorwort 11

Einleitung 14

GOTT

Die Dreifaltigkeit 21

Die Krise des Glaubens an Gott 25

Das Zitat
G. K. Chesterton: »Und jedes Mal
war es der Hund, der starb« 28

Warum beten? 30

JESUS CHRISTUS

Die Menschwerdung 37

Christus – Sohn Gottes? 43

Von einer Jungfrau geboren? 48

Leibliche Auferstehung 52

Das Zitat
Romano Guardini: »Ohne die Auferstehung
hätte es nie das Christentum gegeben« ... 55

Zwölf Männer als Apostel ... 57

Anhang
Das Teuerste am Christentum
Von Wladimir Solowjew ... 61

DIE KIRCHE

1. Natur, Praxis und Struktur

Eine dramatische Geschichte ... 69

Was ist die Kirche? ... 77

Hierarchie und Apparat ... 82

Exkurs
Wird die Kirche charismatischer? ... 86

Dogma und Tradition ... 90

Das Zitat
Friedrich Wilhelm Nietzsche: »Die Deutschen
verstehen das Wesen der Kirche nicht« ... 94

Eine Kirche nur der Guten? ... 96

Verbotsmoral ... 101

2. Glaube und Lehre der Kirche

Die Evangelien als authentische Quelle? 106

Das Zitat
C. S. Lewis: Bultmann gegen die Welt 113

Widersprüche der Evangelienberichte 114

Das Zitat
Benedikt XVI.: Der Jesus der Evangelien –
eine historisch stimmige und sinnvolle Figur 117

Gott ja, Kirche nein? 119

Außerhalb der Kirche kein Heil? 124

Umwelt- und Naturschutz 129

Jeder nach seiner Façon 133

Das Sonntagsgebot 137

Was eigentlich ist die Eucharistie? 141

Kommuniongemeinschaft mit Nichtkatholiken 145

Maria – eine Göttin? 149

Marienerscheinungen 154

Exkurs
Fatima 1917–2017: ein Heiligtum auf der
Suche nach einer neuen Identität 158

Schöpfung und Evolution ... 162

Die Erbsünde ... 166

Das Sakrament der Buße ... 170

Die Letzten Dinge ... 175

3. Papst und Klerus

Der Garant der Einheit ... 180

Päpstliche Unfehlbarkeit ... 185

Bischofsernennungen (von oben) ... 191

Der Zölibat ... 196

Kein Priestertum der Frau ... 201

Fehltritte von Geistlichen ... 206

4. Macht und Reichtum der Kirche

Maulkorb und Exkommunikation ... 211

Innerkirchlicher Dialog ... 216

Luxus, Pracht und Reichtum ... 220

5. Moral, Sexualität und Ehe

Bejahung von Leib und Geschlechtlichkeit … 226

Das kirchliche Keuschheitsgebot … 231

Die unauflösliche Ehe … 236

Das Zitat
Alasdair MacIntyre: Nicht das Imperium
stützen, sondern die eigene Zivilisation … 241

Kondome, Aids und Überbevölkerung … 242

Geschieden und wiederverheiratet … 247

6. Dunkle Kapitel der Kirchengeschichte

»Und sie dreht sich doch« … 252

Die Kreuzzüge … 256

Inquisition und Hexenverfolgung … 261

Die Eroberung Lateinamerikas … 265

Die Judenvernichtung … 270

Nachwort … 276

Vorwort

Wer dieses Buch in die Hand nimmt, darf gerne alle möglichen Fragezeichen mit sich herumtragen, wenn es um den Glauben der Christen, um die Kirche und ihr Bodenpersonal geht. Denn genau für ihn ist dieses Buch geschrieben – in einer ersten Fassung, die 1997 im MM-Verlag erschienen ist, wie in seiner zweiten Fassung, wie sie jetzt vorliegt. Wenn man ans Eingemachte geht, ist das, was es 2017 über den katholischen Glauben zu sagen gibt, immer noch dasselbe, was man vor zwanzig Jahren dazu schreiben konnte. Die Kirche hat sich in dieser Zeit nicht neu erfunden. Aber das Leben ist weitergegangen. Und so wurde das Buch aktualisiert, gestrafft, es ist weniger apologetisch, dafür wurden einige positive Grundgedanken deutlicher herausgearbeitet.

Theoretisch müsste der Kreis derer, die sich für dieses Buch interessieren könnten, in den letzten Jahren stark angewachsen sein: Der stille Auszug aus den Kirchen ist unverändert weitergegangen. Aus einer Volkskirche ist eine Kirche der »hot spots« geworden, kleiner geistlicher Zentren, einzelner Initiativen und Gemeinschaften, in denen der Glaube weiterlebt wie die Glut unter der Asche, die aber nicht mehr in der Lage sind, eine ganze Kultur, eine ganze Gesellschaft zu durchformen. Das Wissen über den Wesenskern des Christlichen, über das, was katholischer Glaube und was die Kirche ist, verdünnt sich immer mehr und wird ersetzt durch ein Bündel vager Vorurteile und aufgeschnappter Meinungen. Auch vor fünfzig, hundert, hundertfünfzig Jahren hat es viele gegeben, die sich gegen Gott und ein Leben mit der Kirche entschieden haben. Aber sie haben in der Regel noch gewusst, von was sie da Abschied nahmen oder mit wem sie nichts mehr zu tun haben wollten. Und die lauen Christen, die eher aus Nachlässigkeit als aus einer entschiedenen Ablehnung heraus nicht mehr »praktizierten«, wie es so schön heißt, hatten aber irgendwo noch ein Grundwissen, was die Sakramente und die Glaubenssätze der Kirche sind.

Heute herrscht dagegen die Gleichgültigkeit vor. Ein immer weiter verblassendes Halbwissen mischt sich mit dem Gefühl, dass einem Kirche und Gottesdienste »einfach nichts bringen«. Die Welt ist schon kompliziert genug, die Wirklichkeit erscheint so fragmentiert und die Vielfalt der angebotenen Lebensentwürfe ist so unüberschaubar geworden, dass der Gedanke an einen Gott, der allem wieder ein Maß geben könnte, als ein verstaubtes Projekt der Vergangenheit erscheint. Das klingt nach »Kirche im Dorf« und Annodazumal.

In dieser geistigen Großwetterlage tritt das vorliegende Buch mit dem unerhörten Anspruch auf, doch etwas Konkretes, Handfestes über den Glauben der Christen sagen zu können. Und zwar für jene, denen Zweifel am eigenen Zweifel kommen, die sich fragen, warum die katholische Kirche – bei allem Absinken des christlichen Grundwasserspiegels in den säkularisierten Ländern des Westens – aufs Ganze wächst und wächst und wächst. Global gesehen entwickelt sich die Zahl der katholisch getauften Christen schneller als die Weltbevölkerung. Kirche ist kein Auslaufmodell. In den Zeiten der Globalisierung ist sie schon das, was andere erst wurden: ein »global player« – weltumspannend, gut vernetzt, mit einem einzigartigen System an Kommunikation und diplomatischen Beziehungen.

Das alles wird auf den kommenden Seiten von journalistischer Warte aus beschrieben. Mit dem Blick dessen, der Entwicklungen, Auseinandersetzungen und Diskussionen rund um Kirche seit gut dreißig Jahren verfolgt hat und für sich selber immer wieder versuchen musste, den Kern, das Wesentliche der Kirche und ihres Glaubens nicht aus den Augen zu verlieren. Auch dramatische Situationen, Skandale und das allzu Menschliche kommen dabei zur Sprache. Doch dieses Buch will die Kirche nicht gesundbeten, sondern erklären, sodass derjenige, der sich zum ersten Mal oder seit längerer Zeit wieder dem christlichen Glauben nähert, einen roten Faden findet, anhand dessen er sich durch den Widerstreit der Meinungen und Missverständnisse hindurch ein eigenes Bild von dem machen kann, was ihn in der Kirche Jesu Christi erwartet.

Rom, 29. Juni 2017

Einleitung

Worum geht es?
Man soll ja nichts verschweigen. Besonders dann, wenn man vorgibt, mit Argumenten überzeugen zu wollen. Also: Dieses Buch hat so etwas wie eine Grundannahme, eine zwar reflektierte und durchdachte, aber experimentell nicht beweisbare Voraussetzung. Es folgt der These, dass die Wurzel des christlichen Glaubens eine historische ist. Womit gesagt sein soll, dass die in den Schriften des Alten und Neuen Testaments aufgezeichnete Offenbarung Gottes, das Sichzeigen des Schöpfers in der Geschichte, tatsächlich geschehen ist. Genau das, so der Grundgedanke, hat sich wirklich ereignet. Einfach so, wie auf der Erde die Dinge nun einmal passieren: an einem bestimmten Ort, zu einer bestimmten Zeit; und wer dabei ist und zuschaut, kann darüber berichten, in der Zeitung schreiben, sich später daran erinnern und es seinen Kindern oder Enkeln erzählen.

Eine solche Voraussetzung klingt heute fast wie ein Sakrileg: Dass eine reale, konkrete, fleischliche Offenbarung Gottes unmöglich ist, stellte ein Grunddogma des aufgeklärten Denkens dar, das die geistige Elite der westlichen Welt seit über zweihundert Jahren dominiert. Es ist das Tabu, das jede liberale Philosophie wie auch ihre materialistischen Erben – sowohl die linken wie die rechten Ideologien – verkündeten und das auch heute noch, in den Zeiten der Indifferenz und des Relativismus, in denen alles gleich gültig und damit gleichgültig ist, als fundamentalistisch und suspekt erscheint. Wer dieses Tabu demonstrativ und in aller Öffentlichkeit brach, landete bei den Jakobinern auf dem Schafott, bei den Faschisten im Konzentrationslager, bei den Kommunisten im Gulag – und wird heute nur noch misstrauisch belächelt.

In der zivilisierten Welt muss heute hoffentlich niemand mehr sein Leben lassen, wenn er freimütig erklärt, Gott sei Mensch geworden und habe sich als solcher vielen seiner Zeitgenossen offenbart. Aber Anstoß erregt er immer noch. Die Behauptung, dass die konkrete Selbstoffenbarung Gottes unmöglich ist, stellt den äußersten Versuch der Vernunft dar, selbst das Maß des Wirklichen zu sein. Die Vernunft selbst will das Maß dessen bestimmen, was in der Welt möglich und was unmöglich sein soll. Und dass es einen Gott geben könnte, der nicht nur als Idee, sondern als Mensch unter den Menschen war und der nicht als Idee, sondern in der konkreten, berührbaren Wirklichkeit der Kirche und ihrer Mitglieder weiterlebt, ist eine Hypothese, die den Vertretern der Maßstäbe setzenden Vernunft unerträglich erscheint.

Über die offensichtliche Erfolglosigkeit einer autonomen Vernunft soll hier nicht weiter gerichtet werden. Dass nach einer zweihundertjährigen Anstrengung, die Vernunft an die Stelle Gottes zu setzen, wieder eine Zeit großer, menschenverachtender Kriege und völkervernichtender Progrome begann, zeugt nicht gerade von der Menschlichkeit der reinen Rationalisten und damit auch nicht von deren Vernünftigkeit. Aber das ist nicht das Thema. Es geht vielmehr um den einzigartigen Anspruch des Christentums, um den Stein des Anstoßes: Was wäre, wenn die Berichte über einen menschgewordenen Gott wahr wären, über einen Gott, der gelebt hat und am Kreuz hingerichtet wurde, dann aber auferstanden ist? Wenn sie so wahr wären, wie es wahr ist, dass Hannibal die Alpen überrschritten, Kolumbus den amerikanischen Kontinent entdeckt und Dante die Göttliche Komödie geschrieben hat? Hätte diese Wahrheit konkrete Konsequenzen für unser persönliches Leben? Und wenn ja – welche?

Man verweist den christlichen Glauben oft in das Reich der Ideen. Doch was sind Ideen im Vergleich zu einer Realität, die sich spüren, messen, packen lässt? Ideen strömen durch die Zeit, haben oft keinen definierbaren Ursprung, sondern speisen sich aus verschiedenen Quellen, fließen dann zusammen, um sich später wieder in die verschiedensten Gedankenstränge aufzulösen. Das Christentum aber – und das ist der zweite Grundgedanke dieses Buchs, der sich zwangsläufig aus dem ersten ergibt – ist keine Idee, auch keine religiöse, sondern es ist eine Geschichte.

Geschichten haben einen konkreten Ausgangspunkt und einen nachvollziehbaren Verlauf durch die Zeit. Ausgangspunkt der Geschichte des Christentums war Jesus Christus, seine Fortdauer in der Geschichte fand es in der von Christus gegründeten Versammlung der Christgläubigen, der Kirche. Man hat versucht, die Geschichtlichkeit des Christentums – und vor allem die historischen Aussagen der Evangelien, die diese Geschichtlichkeit verbürgen – auf die verschiedensten Weisen aufzulösen: Große Heiligengestalten verwies man in das Reich der Legende, die Ursprünge des christlichen Glaubens wurden aus hellenistischen und vorderasiatischen Denktraditionen heraus erklärt und somit wieder in das Reich der Ideen projiziert, die Evangelien selbst machte man zum phantasievollen und symbolträchtigen Ausdruck der religiösen Erfahrungen späterer Christengenerationen.

Dennoch fällt der Glaube an die Epiphanie, an das Erscheinen des menschgewordenen Gottes auf Erden an einem bestimmten Ort und zu einer bestimmten Zeit, immer wieder auf fruchtbaren Boden. Kein Vorurteil und keine scheinbar noch so begründete Alternative haben die Möglichkeit einer Selbstoffenbarung Gottes endgültig und für alle Zeiten widerlegen können. Der christliche Glaube gibt allem Anschein nach auf Fragen und Hoffnungen eine Antwort, die dem innersten Sehnen des menschlichen Herzens zutiefst entspricht. Allerdings wird heute die Natur dieser Antwort meist falsch verstanden: Es ist weder eine Lehre noch eine Moral, auch kein System an noch so edlen Werten, das den Menschen an sich schon glücklich macht. Für eine Werteordnung erleidet niemand das Martyrium und eine Morallehre reicht nicht aus, um sich zu einem besseren Leben zu bekehren.

Stattdessen ist das, was die Kirche über Jahrhunderte hinweg, in allen Erdteilen und für unzählige Menschen immer wieder zu einer faszinierenden Entdeckung hat werden lassen, die Begegnung mit einer lebendigen Wahrheit. Alles andere wäre letztlich Ideologie. Das Christentum »verkauft« aber keine Idee, sondern verweist auf Den, der Ursprung alles Lebens ist: Es verkündet die Offenbarung Gottes und deren Fortdauer in der Geschichte, mit anderen Worten die Erscheinung Jesu Christi in der Welt und seinen Verbleib unter den Menschen mittels der Kirche. Der allmächtige Gott ist ein Geheimnis, aber in Jesus Christus hat er ein menschliches Angesicht gezeigt. Das ist der Kern. Wie Papst Benedikt XVI. gleich zu Beginn seiner ersten Enzyklika »Deus caritas est« – »Gott ist die Liebe« – schrieb: »Am Anfang des Christseins steht nicht ein ethischer Entschluss oder eine große Idee, sondern die Begegnung mit einem Ereignis, mit einer Person ...«

Nur da bekommen Christen graue, ausdruckslose Gesichter – und mögen sie auch auf einem Priesterkragen sitzen –, wo Routine, Bürokratie, Ehrgeiz, Karrieresucht oder Eitelkeit den Blick auf die geheimnisvolle, aber reale Gegenwart Christi verstellen. Doch da, wo der Glaube an diese Gegenwart lebendig ist, bezeugen die so Glaubenden die Wahrheit der christlichen Botschaft mehr, als jede noch so geschliffene Argumentation das tun könnte. Die folgenden Kapitel sind demnach bereits vom Ansatz her nicht geschrieben, um allen Widersprüchen zum Trotz ein zerbröckelndes Lehrgebäude zu restaurieren, sondern wollen ein Leben beschreiben, das mit dem Sichzeigen Gottes vor zweitausend Jahren seinen Anfang nahm.

GOTT

Die Dreifaltigkeit

DER EINWAND

Gott Vater, Gott Sohn und Gott Heiliger Geist in einer Person – das kann es doch nicht geben. Die Lehre von einem dreifaltigen Gott verdummt den aufgeklärten Menschen!

Der aufgeklärte Mensch ist gewohnt, sich ein eigenes Urteil über die Dinge zu bilden, seinen Verstand und nicht irrationale oder abstruse Vorstellungen entscheiden zu lassen. Das ist gut so. Allerdings neigt der aufgeklärte Mensch dazu, auch religiöse Phänomene auf den Seziertisch zu legen und mit dem scharfen Skalpell kühler Vernunft zu zerlegen. Kein Wunder also, dass selbst der Schöpfer, das geheimnisvolle Urprinzip der sichtbaren wie unsichtbaren Welt, auf den intellektuellen Prüftischen der Gelehrten landet. Hier nun wird gewogen und gemessen, gedeutet und zerpflückt, geschnitten und amputiert: Der Mensch zerlegt Gott – was wiederum für viele intelligente Zeitgenossen eine irrationale und abstruse Vorstellung ist.

So waren es überaus vernünftige Leute, die die Geheimnishaftigkeit, aber auch die Notwendigkeit der Existenz Gottes klar erkannt haben. Wissenschaftler wie Albert Einstein, Niels Bohr oder Werner Karl Heisenberg führte gerade die Beschäftigung mit der sichtbaren Welt zu der Erkenntnis, dass an deren Anfang und Ursprung ein göttliches Prinzip stehen müsse. Und bereits in vorchristlicher Zeit gelangten Philosophen über den Weg des Denkens und Betrachtens der Wirklichkeit zu einer Vorstellung von Gott. Platon sprach von der Idee des Guten, Aristoteles vom unbewegten Beweger, Plotin vom Einen und Übereinen. Natürlich hat der Mensch Schwierigkeiten, Gott zu verstehen, aber nicht deshalb, weil Gott gar nicht existiert, sondern weil seine Wahrnehmung begrenzt ist.

Ein Beispiel des anglikanischen Theologen Alister McGrath soll das verdeutlichen: »Angenommen, wir möchten die Sterne sehen oder einen Blick auf die Milchstraße werfen. Bei hellem Tageslicht können wir das nicht. Wir müssen warten, bis es dunkel wird. Aber die Sterne sind ja auch am Tag da; wir können sie nur nicht sehen. Unsere Augen sind einfach nicht empfindlich genug, um ihr Licht während des Tages auszumachen. Erst in der Nacht erkennen wir die winzigen Lichtpunkte, die aus den Tiefen des Weltalls kommen und sich gegen den dunklen Nachthimmel abheben. Die Sterne brauchen die Dunkelheit nicht, um zu existieren – wir brauchen die Dunkelheit, um sie sehen zu können und uns davon zu überzeugen, dass sie existieren. Ebenso verhält es sich mit Gott. Wie unsere Augen am Tag die Sterne nicht sehen können, so kann unser Verstand Gott nicht völlig begreifen. Das Problem liegt darin, wie wir die Dinge wahrnehmen, und nicht darin, wie die Dinge wirklich sind. Unser Menschsein setzt dem, was wir sehen, wissen und verstehen können, Grenzen. Die Bereitschaft, diese Begrenzungen zu akzeptieren, ist ein wesentlicher Bestandteil des Wachstums im Glauben.«

Doch das waren eigentlich nur Vorbemerkungen. Denn Gott wollte den Menschen nicht im Unklaren lassen, sondern hat ihn weit aus der Begrenztheit seiner unvollkommenen Wahrnehmungen herausgeführt. Damit gelangt man zu einem grundlegenden Punkt: Gott offenbart sich den Menschen, wobei zwischen einer natürlichen und einer übernatürlichen Offenbarung zu unterscheiden ist. Die oben genannten Wissenschaftler und Philosophen haben in der Beschäftigung mit ihrem Forschungsgegenstand sozusagen auf natürliche Weise erkannt, dass es Gott geben muss. Und dann ist da die übernatürliche Offenbarung Gottes, sein Eingreifen in die Geschichte der Menschen, sein Sichzeigen in der Gestalt Jesu Christi, der mit Taten und nicht nur mit Worten bezeugte, dass er Gottes Sohn ist, und den Menschen seiner Zeit und seiner Umgebung erklärte, dass Gott in drei Personen existiert: dem Vater, dem Sohn und dem Heiligen Geist.

Allen Christen ist diese übernatürliche – weil durch ein besonderes Eingreifen Gottes bewirkte – Offenbarung vorgegeben. Man kann sie nicht ändern, ihr nichts hinzufügen oder von ihr wegnehmen. Das war so. Christus kam, bewies, dass die Macht Gottes in ihm wirkt, und offenbarte den Menschen die Existenz Gottes in drei Personen, was sich selbst der begabteste religiöse Dichter nicht im Traum hätte einfallen lassen können. Die Trinitätslehre ist nicht aus einer Spekulation über Gott entstanden, aus einem Versuch des philosophischen Denkens, sich zurechtzulegen, wie der Ursprung allen Seins beschaffen sei, sondern sie hat sich aus dem Mühen um eine Verarbeitung geschichtlicher Erfahrung ergeben. Gott offenbarte sich in der Geschichte, und das schrittweise. Der Glaube Israels hatte es im Alten Bund zunächst mit einem Gott zu tun, der Abraham und Mose, David und den Propheten als Vater, als der Vater der Völker, als der Schöpfer der Welt und ihr Herr begegnete. Im Neuen Testament kommt dann ein völlig unerwarteter Vorgang hinzu, durch den sich Gott von einer bislang unbekannten Seite zeigt: In Jesus Christus trifft man auf einen Menschen, der sich als Sohn Gottes weiß und bekennt. Man findet Gott in der Gestalt des Gesandten, des Messias, der ganz Gott und nicht irgendein Mittelwesen ist und zu Gott »Vater« sagt.

Und so geht auch die Behauptung, die Lehre von einem dreifaltigen Gott verdumme den Menschen, von der falschen Annahme aus, die Theologie als wissenschaftliches System sei reines Menschenwerk und besitze keine ihr vorgegebene Realität. Aber es ist genau umgekehrt: Die Lehre von der Dreifaltigkeit ist dem menschlichen Denken derart überlegen und von sich aus unzugänglich, dass kein vernünftig denkender Mensch auf die Idee käme, sich ein solches Konzept auszudenken, wenn es ihm nicht vorgegeben wäre. Das heißt: Den ersten Schritt tut Gott selbst. Er hat sich in seinem innersten Wesen als dreifaltiger Gott-Vater, Gott-Sohn und Gott-Heiliger Geist offenbart. Wie das möglich ist, versucht die Theologie anhand von Bildern, mit Beispielen zu erklären, denn Gott mit Worten umfassend und treffend zu beschreiben, ist dem menschlichen Verstand unmöglich.

Bahnbrechend für die gesamte Entwicklung der Trinitätslehre waren die Spekulationen des heiligen Augustinus, der zunächst im materiellen Bereich der Schöpfung Analogien suchte, die ansatzweise zeigen sollten, dass es nicht der Vernunft widerspricht, dass ein Wesen drei verschiedene Ausdrucksweisen besitzt – wie zum Beispiel der Fluss eine Quelle hat, die zum Strom und schließlich zur Mündung wird. Da Gott jedoch transzendent ist, reiner Geist, sind rein materielle Analogien am wenigsten geeignet, Verständnishilfen für das größte Offenbarungsgeheimnis zu geben. So kam der große Kirchenlehrer der lateinischen Kirche schließlich zu der Erkenntnis, dass der menschliche Geist mit seinen Fähigkeiten, sich zu erkennen und sich zu lieben, ein – wenn auch unvollkommenes – Bild der Dreifaltigkeit darstellt. Wenn der Geist (Gott Vater) sich selbst erkennt, bildet er einen Begriff von sich selbst (das Wort), der in der Vollkommenheit Gottes eine eigene Person wird (der Sohn), ohne die Einheit mit dem Vater zu verlieren. Dasselbe gilt für die Liebe zu sich selbst, ein Bild für den Heiligen Geist, der als Ausdruck der Selbstliebe des Vaters Person wird, ohne aus der Einheit Gottes herauszutreten.

Augustinus selbst weiß, dass diese Analogie das Geheimnis der Dreifaltigkeit nur erahnen lässt: »Ein schwaches Bild der Trinität ist der Geist und sein Begriff, der sein Sprößling und das von ihm gezeugte Wort ist, und die Liebe als Drittes.« Noch unvollkommener aber wäre das Wissen von Gott, wenn er sich nicht in Jesus Christus als dreifaltig Einer geoffenbart hätte.

Die Krise des Glaubens an Gott

DER EINWAND

Betrachten wir den Erdball: Materialismus, Hedonismus und Atheismus sind längst Kulturen geworden, der Islam ist auf dem Vormarsch, die katholische Kirche schrumpft, ihre Stimme verliert ständig an Bedeutung: Hat der Gott der Christen verloren?

Ein Triumphzug ist es nicht, den die Kirche auf dem Weg durch die Zeit zurückgelegt hat. Schon der heilige Petrus sprach von einer übermenschlichen Gegenmacht, die »umhergeht wie ein brüllender Löwe« (1 Petr 5,8). Auch wie der Kampf ausgeht, ist bereits klar. Nämlich so, wie in jener Zeit, als Jesus Christus, das ewige Wort Gottes, 33 Jahre lang einen entlegenen Winkel dieses Planeten sichtbar bewohnte. Das Unternehmen zur Rettung der Welt endet mit einer öffentlichen Hinrichtung der schmählichsten Art. Menschlich gesehen ein Fiasko. Und dennoch wurde dieses Scheitern zum Ausgangspunkt einer religionsgeschichtlichen Revolution.

Eine reine »Erfolgsstory« war das Unternehmen der Jünger Christi aber noch lange nicht. Den Interessierten klärt jedes Handbuch der Kirchengeschichte etwa unter den Stichworten Christenverfolgung, Arianismus, Albigenser, Renaissance, Aufklärung, Säkularisation, Evolutionismus oder Atheismus darüber auf, wie oft die Kirche am Boden lag – von außen bedrängt, verfolgt und aufgerieben oder von innen aufgeweicht, entkräftet und korrumpiert. »Die Christenheit«, schreibt der englische Schriftsteller G. K. Chesterton, »hat eine Reihe von Umwälzungen durchlaufen und in jeder dieser Revolutionen ist das Christentum gestorben.« Jedes Mal ist es aber wieder auferstanden, besaß es doch, wie Chesterton anfügt, »einen Gott, dem der Weg aus dem Grabe vertraut war«.

Auch heute erlebt die Kirche eine Krise. Vor allem die Länder des einstmals christlichen Abendlands scheinen auf der Suche nach neuen, modernen Religionen aller Art zu sein. Der Wunsch, durch Christus gerettet zu werden, ergreift heute in Afrika und Asien noch eine wachsende Zahl von Menschen. In der alten Welt aber nimmt dieser Wunsch rapide ab. Die Evangelisierung Europas, die in den ersten zehn christlichen Jahrhunderten des Kontinents stattfand, geschah vor allem kraft der Tatsache, dass der Wunsch, an der Auferstehung teilzuhaben, die Menschen des ersten Jahrtausends mächtig ergriffen hatte. Heute findet, was Europa betrifft, eine lautlose Abkehr der Massen von der Kirche statt. Dabei besteht das eigentliche Problem der westlichen Welt nicht darin, dass die Kirche die Welt aufregt durch Ärgernisse, sondern dass sie eine ständig wachsende Zahl von Menschen einfach gleichgültig lässt. Leben aus dem Glauben erscheint immer weniger Menschen als eine echte, lohnende und vor allem wahre Alternative zu einem Leben »etsi Deus non daretur« – als wenn es Gott nicht gäbe.

Man kann sich aber bei der Deutung dieses Phänomens nicht auf die Argumente derjenigen stützen, die der Kirche den Rücken kehren und von denen der heilige Johannes sagt: »Sie haben nicht zu uns gehört. Denn hätten sie zu uns gehört, so wären sie geblieben« (1 Joh 2,19). Die Unvollkommenheiten der Christen oder die Ärgernisse, die sie verursachen, können nie ausreichende Erklärungsgründe für das Verlassen der Kirche bieten. Dass das Plebiszit des Karfreitags zugunsten des Barrabas ausging, beweist, dass die Abkehr nicht in der mangelnden Glaubwürdigkeit des Verkünders ihren Grund haben muss. Der Ungläubige kennt nicht den wirklichen Grund seines Unglaubens. Er kann also auch nicht sagen, unter welchen Umständen er glauben würde – zum Beispiel wenn er Tote auferstehen sähe oder wenn der Papst andere Bischöfe ernennen würde, wenn die Kirche das Kirchensteuersystem ändern oder für den Sozialismus oder den Liberalismus optieren würde, wenn Frauen zu Priestern geweiht würden oder wenn der Pfarrer ein bisschen imponierender wäre. Wenn diese Bedingungen erfüllt wären, hätte der Unglaube sofort neue Gründe bereit. Glauben heißt nämlich: Fallenlassen der Bedingungen.

Und eine dieser Bedingungen ist der nach menschlichen Maßstäben gemessene Erfolg, die Anerkennung durch die Mächtigen oder das schmeichelnde Lob der Öffentlichkeit. Aber die Kirche erwartet keinen Triumph auf Erden. Immerhin ist selbst im Neuen Testament gesagt, also durch Gottes Wort verbürgt, dass am Ende der Geschichte der große Abfall kommt (2 Thess 2,3), dass der Menschensohn, wenn er wiederkommt, fast keinen Glauben mehr antrifft (Lk 18,8), dass auch die Christen sich Lehren nach ihrem eigenen Geschmack zurechtmachen werden (2 Tim 4,3), dass der Antichrist schließlich das Feld besetzen wird (2 Thess 2,4), dass die Liebe vieler erkalten wird (Mt 24,12) und dass, wenn die Tage nicht abgekürzt würden, kein Mensch gerettet würde (Mt 24,22). Mit einem Wort, man muss sich darüber im Klaren sein, dass der wahre Glaube für »diese Welt« immer unplausibler werden wird.

Aber diese Dinge machen paradoxerweise Mut, denn es entbindet den Sinn der Verkündigung des Evangeliums davon, auf irgendwelche futurologischen Prognosen achten zu müssen. Im Übrigen weiß niemand, an welcher Stelle der Geschichte die Menschheit steht, ob das Ende aller Dinge unmittelbar vor der Tür steht, ob Gott im Europa eines kommenden Jahrhunderts noch einmal viel Volk haben wird, oder schließlich, ob der Leuchter ganz einfach von der Stelle gestoßen wird, wie der der Gemeinde von Ephesus in der apokalyptischen Schau des heiligen Johannes, und unser Kontinent wieder ins Dunkle sinkt. Es ist auch nicht notwendig, dies zu wissen, denn die Zukunft der Kirche ist nicht Sache der Gläubigen. Ihre Sache ist es nur, im jeweils gegenwärtigen Augenblick alles zu tun, damit der Hausherr, wenn er kommt, die Knechte wachend findet, wie es im Lukasevangelium heißt. Und was zu diesem Zweck zu tun ist, ist immer dasselbe: Gebet, Empfang der Sakramente, Fasten, Verkündigung des Evangeliums, Taten der brüderlichen Liebe. Darüber hinaus gehören heute dazu Nüchternheit, Verblüffungsresistenz, die Bereitschaft, sich nicht in die eigene Tasche zu lügen, sondern der Realität ins Auge zu sehen, sie mit allen rationalen Mitteln zu analysieren, um sie dann im Lichte der Offenbarung zu beurteilen.

DAS ZITAT

G. K. Chesterton: »Und jedes Mal war es der Hund, der starb«

Die Christenheit hat eine Reihe von Umwälzungen durchlaufen und in jeder einzelnen dieser Revolutionen ist das Christentum gestorben. Das Christentum ist viele Tode gestorben und wieder auferstanden, besaß es doch einen Gott, dem der Weg aus dem Grabe vertraut war.

Der Glaube ist kein Überrest. Es ist nicht so, als wäre es den Druiden irgendwie gelungen, an einem Orte zwei Jahrtausende hindurch zu überdauern. Das wäre in Asien oder in dem alten Europa in jener Atmosphäre der Gleichgültigkeit und Toleranz möglich gewesen, wo Mythologien und Philosophien für ewig Seite an Seite zu leben vermochten. Der Glaube hat nicht überlebt; er ist in dieser westlichen Welt des raschen Wechsels und der ständig untergehenden Institutionen wieder und wieder zurückgekehrt. Der römischen Tradition folgend, versuchte sich Europa ständig in Umsturz und Neuaufbau, in der Wiederherstellung einer weltumfassenden Republik. Und stets begann es mit der Verwerfung dieses alten Bausteines und endete damit, dass es ihn zum Eckstein machte ... Wenigstens fünfmal ist mit den Arianern und mit den Albigensern, mit den humanistischen Skeptikern, mit Voltaire und mit Darwin der Glaube allem Anschein nach vor die Hunde gegangen. Und in jedem dieser fünf Fälle war es aber der Hund, der starb.

Aus: Gilbert Keith Chesterton, Der unsterbliche Mensch, Bremen 1930

Warum beten?

DER EINWAND

Will und braucht Gott mein Gebet?
Er weiß doch eh alles.

Wieder ist es sehr hilfreich, bis zu den Anfängen des christlichen Gebets zurückzugehen. Das Neue Testament berichtet davon. Als sich Jesus einmal mit seinen Jüngern an einen einsamen Ort zurückgezogen hatte, sahen seine Jünger, wie er betete. Einer von ihnen sagte: »Herr, lehre uns beten.« Das »Vaterunser«, das Christus seinen Jüngern daraufhin beibrachte, nennt die Kirche das »Gebet des Herrn«. Es ist ein einzigartiges Gebet, da es vom Sohn Gottes selbst stammt. Durch Jesus Christus haben die Menschen erfahren, dass sie zu Gott sprechen und ihn Vater nennen können.

Alle Zweifel am Sinn des Gebets – auch die Frage, ob man im Gebet irgendetwas sagen kann, was Gott nicht ohnehin schon weiß – sind damit eigentlich hinfällig. Gott selber will, dass man sich mit dem Vertrauen eines Kindes wie an den Vater wendet. Das Gebet ist in allen Kulturen und Religionen der ureigenste Ausdruck des Herzens, das sich dem Geheimnis Gottes öffnet. Die christliche Offenbarung gibt dieser Öffnung des Herzens Gestalt und Richtung. Gott ist kein schlafender Riese, den man erst wachtrommeln muss. Auch ist er nicht der große Abwesende, den das Rufen der Menschen gar nicht mehr erreicht. Er ist vielmehr der Schöpfer, der die auf seinen Namen Getauften an Sohnes Statt angenommen hat und zu dem man »Vater unser« sagen darf.

Dennoch empfiehlt der *Katechismus der Katholischen Kirche*, die Art und Weise, sich Gott vorzustellen, von den »falschen Bildern dieser Welt« zu reinigen. Diese Reinigung »betrifft die Bilder von Vater und Mutter, die aus unserer persönlichen und kulturellen Entwicklung hervorgegangen sind und unsere Beziehung zu Gott beeinflussen. Gott, unser Vater, steht über den Begriffen dieser geschaffenen Welt. Wer in diesem Bereich seine eigenen Vorstellungen auf Gott überträgt oder ihm entgegensetzt, schafft sich damit Götzen, die er entweder anbetet oder verwirft. Zum Vater beten heißt, in sein Mysterium einzutreten, so wie er ist und wie der Sohn ihn uns offenbart hat.« Bei aller Nähe des Menschen zu Gott, die Christus verkündet hat, als er seine Jünger das »Vaterunser« lehrte, bleibt die Wirklichkeit Gottes ein Geheimnis. Nicht der Mensch hat sich mit seinem Gebet einen Weg zu Gott gebahnt, sondern Gott offenbart sich dem Menschen und zeigt ihm, wie er den unendlich scheinenden Abgrund zwischen dem allmächtigen Schöpfer und seinen Geschöpfen betend überwinden kann.

Trotzdem sagen viele Menschen: »Ich kann nicht beten.« Mit der Unfähigkeit, den nach den eigenen, höchst menschlichen Vorstellungen zurechtgebastelten Gott endlich fahrenzulassen und sich auf den Gott der Offenbarung einzulassen, geht die Unfähigkeit zum Gebet einher. Den macht- und geheimnisvollen, leidenden und liebenden Gott des Alten und Neuen Testaments beseite lassend, haben sich viele ihren eigenen Gott zurechtgeschnitzt: den lieben alten Mann mit weißem Bart, den obersten Baumeister aller Welten, irgendeinen Diktator auf dem Zenit seiner Macht. Und dann wundern sie sich, da sie nicht mehr beten können. Zu sagen, man habe sich im Gebet an Gott gewandt, dieser habe aber nicht geantwortet, ist genauso kurzsichtig, ja töricht, wie die Bemerkung des sowjetischen Astronauten Juri Gagarin, der 1961 kurz um die

Erde flog und den kommunistischen Ideologen seines Heimatlandes die beruhigende Beobachtung mitbringen konnte, er habe keinen Gott gesehen.

Man kann Gott nicht da suchen, wo man ihn gerne hätte (auf Taschenbuchformat verkleinert in der eigenen Hausbibliothek). Man muss ihn dort suchen, wo er sich für alle Zeiten in Zeichen, die seine Gegenwart verbürgen (den Sakramenten), und in Gesichtern, die das Antlitz Christi widerspiegeln (den Christen), eine dauernde Bleibe unter den Menschen geschaffen hat. Und dieser Ort ist die Kirche.

Die Fähigkeit jedes Einzelnen zu beten ist nicht zu trennen von den Umständen seines Lebens. Wer sich morgens fluchend durch den Verkehrsstau drängt, dann seine Untergebenen schikaniert, am Nachmittag krumme Geschäfte abschließt und abends seine Frau betrügt, kann nicht erwarten, dass sich seine Seele in nächtlicher Stunde friedlich zu Gott erhebt. Gott vermag zwar auch dem Entferntesten seine Gegenwart mitzuteilen – aber das ist die Ausnahme, nicht der Regelfall. Beten verlangt, sich der Beziehung zu Gott bewusst zu sein, sich zu öffnen für den Heiligen Geist. Von sich aus ist der Mensch nicht in der Lage, die Begrenzungen seiner engen Vorstellungswelt, seiner Zweifel und inneren Trockenheit zu sprengen. Das bewirkt der Heilige Geist, der bereits am ersten Pfingsttag das Wunder bewirkte, aus furchtsamen und verzagten, aber immerhin einmütig zusammenstehenden Aposteln jene Verantwortliche der Urgemeinde zu machen, die die ganze Welt veränderte. Der Heilige Geist und die Kirche – am Anfang also die wenigen, aber einmütig zusammenstehenden Apostel – sind untrennbar und unabdingbare Bedingung, um im Gebet den Weg zu Gott zu finden. Wo die Kirche ist, so sagte Irenus von Lyon, ein Kirchenvater des zweiten Jahrhunderts, »da ist der Heilige Geist, und wo der Heilige Geist ist, da ist die Kirche«.

Die Gebetsversuche vieler Menschen misslingen, weil sie Gott in sich selbst suchen, so als sei er eine innere Energie, eine dem Menschen innewohnende Kraft, die man durch Meditation und suchende Versenkung gleichsam herauskitzeln und irgendwie fassbar machen könne. Irrtum! Die Begegnung mit Gott ist die Begegnung mit einer Realität, die geheimnisvoll ist, sich aber in der Kirche den Ort auf Erden geschaffen hat, an dem sie gegenwärtig ist. Und das Gebet ist die bewusste Anerkennung dieser Gegenwart. Es kann darin bestehen, in einem Augenblick großer Freude Gott nicht zu vergessen, ihn mit einem Gedanken in diese Freude mit hineinzunehmen, so wie ein Kind seinen Eltern beim Öffnen eines Geschenks einen kurzen dankbaren Blick zuwirft. Es kann auch darin bestehen, in einem Augenblick des Schmerzes Gott die eigene Not zu klagen. In der Regel aber ist das Gebet die beständige Bemühung, sich in den alltäglichen Dingen Gott zuzuwenden, ihn als Maßstab des Denkens und Handelns im Blick zu haben.

Mit seinen Bemühungen um ein Leben des Gebets ist der Mensch nicht auf sich alleine gestellt. Das Bitt- und Dankgebet, das Lob und die Anbetung Gottes, alle Formen, in denen der Mensch zu Gott sprechen möchte, finden in der Liturgie und den Gebeten der Kirche ihren Ausdruck. Sich dem Gebet zu nähern, setzt immer auch voraus, das Kirchenjahr mit den Hochfesten Weihnachten, Ostern und Pfingsten mitzufeiern, die Grundgebete, Psalmen und Lieder kennenzulernen, die das Glaubensgut der Christenheit wiedergeben, und von der auf Gott konzentrierten Stille zu profitieren, die in den Kirchen während und außerhalb der Liturgie zum Gespräch mit Gott einlädt.

JESUS
CHRISTUS

Die Menschwerdung

DER EINWAND

Wie kann Gott einen Sohn haben? Und warum sollte ein Gott Mensch werden?

Es war der absolute Skandal. Pilatus, Statthalter der römischen Supermacht, fragt den gefesselten Hebräer, ob er denn der König sei. Dieser war bereits böse misshandelt und zugerichtet worden, antwortet aber mit einem stolzen Ja. Und nicht nur das. Der Gefangene klärt den Römer auch noch darüber auf, dass er nicht die geringste Macht über ihn hätte, wenn sie ihm nicht von oben gegeben worden sei. Das ist so, als würde der kommandierende General einer UNO-Schutztruppe, der mit seinen Soldaten in einem Krisengebiet für Ordnung sorgen soll, einen herbeigeschleiften Aufrührer vernehmen, der ihn dann belehrt, dass er, der General, überhaupt nicht souverän sei und vor dem wirklichen Herrscher stehe.

Pilatus reagiert zunächst so, wie der UNO-General reagieren würde: ein Spinner. Kommt, lasst ihn laufen. Doch die Juden dachten nicht so. Kreuzige ihn, kreuzige ihn, schrien sie Pilatus zu. Kurz zuvor hatten ihre Hohepriester und Ältesten Jesus gefragt, ob er der Messias und Sohn Gottes sei. »Ich bin es«, hatte dieser geantwortet. Und so fällten sie den Todesbeschluss. Denn sie wussten mehr. Sie wussten, dass ein Messias kommen würde, wie ihn die Heiligen Schriften verheißen hatten. Aber es sollte ein mächtiger Messias sein, dachten sie, ein Prophet, mächtiger und größer noch als Abraham, Jesaja und Mose. Und einer, der es den Römern mächtig heimzahlt. Dieser dahergelaufene Nazarener aber hatte nicht nur die Jerusalemer Priesterkaste ignoriert und verschmäht, er war auch noch zum Lästerer geworden und hatte sich als Sohn Gottes bezeichnet. Und so schlug man ihn ans Kreuz und über seinem Kopf hing die Inschrift, die Pilatus wollte: »Jesus von Nazaret, der König der Juden«.

Das Römische Reich ist vergangen, der Skandal ist geblieben. Ein Mann trat auf und bezeichnete sich als Sohn Gottes. Der Gedanke, dass Gott oder Götter Söhne haben können, ist in vielen alten Religionen bekannt, so unter anderem im Hinduismus, wo dem Gott Siva zwei Söhne beigegeben werden. Die altorientalischen Religionen kennen eine Gottessohnschaft auch von Menschen. In Ägypten galten die Herrscher, die Pharaonen, als von den Göttern gezeugte Söhne, während die Römer diesen Titel den Imperatoren antrugen. Stark verbreitet war dieser Titel zur Zeit des Hellenismus in der ausgehenden Antike, wo Menschen, die mit göttlichen Kräften ausgestattet schienen, als Gottessöhne bezeichnet wurden. Auch das Alte Testament kennt die Verwendung des Würdenamens »Gottessohn«. Aber hier besitzt der Titel nicht das Einzigartige, das ihm im Neuen Testament zukommt, denn er wird noch verschiedenen Personen beigegeben: dem ganzen Volk Israel, dem König und besonderen Beauftragten oder Erwählten Gottes.

Mit Jesus Christus aber verhält es sich anders. Der Anspruch, mit dem der Nazarener als Gottessohn auftrat, war zwingender, klarer, herausfordernder. Sohn Gottes war hier kein Würdename, keine Allegorie. »Mein Vater, der im Himmel ist« und »Mir ist vom Vater alles übergeben worden« – solche Worte Jesu Christi klangen bestimmt und nicht nach einer Redewendung, die bald schon wieder in Vergessenheit geraten sollte.

Die Frage, ob Gott überhaupt einen Sohn haben kann, ist müßig. Warum sollte er keinen haben? Niemand kann dem

Geheimnis der Welt, dem Schöpfer und Allmächtigen, vorschreiben, ob er sein Gottsein einem Sohn mitteilen will. Niemand kann das beurteilen oder gar ablehnen. Aber dass ein Mensch auftritt und von sich behauptet, Sohn Gottes zu sein, fordert einfach heraus. Und wenn dieser Mensch auch noch einen schimpflichen Tod als Gotteslästerer erleidet, wenn er es ablehnt, seine angebliche Allmacht zu seiner Verteidigung zu gebrauchen, ist der Skandal perfekt.

Wieder sei versucht, anhand einiger Andeutungen der Heiligen Schrift, aber auch mit gesundem Menschenverstand etwas klarere Sicht zu erhalten. Das Wort ist Fleisch geworden. So beschreibt Johannes im Prolog zu seinem Evangelium die Menschwerdung Gottes. Gott spricht zu den Menschen, aber nicht so, wie er zu Abraham, Mose und den Propheten des Alten Testaments gesprochen hat. Er teilt sich mit, aber nicht in einem Wort, das verklingt, sondern in einem Wort, das überzeugt, weil der Mensch vor dieses menschgewordene Wort hintreten und Du sagen kann. Hier geht es nicht um eine schwer verständliche Stelle aus dem Evangelium oder um ein Thema für eine Prüfung im Schulfach Religion. Denn ohne die Menschwerdung Gottes, ohne Inkarnation gäbe es das Christentum nicht. Hier geht es also um das Ganze, um den Kern des christlichen Welt- und Geschichtsverständnisses.

Warum aber wollte Gott Mensch werden? Welchen Grund könnte es dafür geben, dass Gott so nachhaltig in die Geschichte der Menschheit eingreift? In seinem Werk *Apologia pro vita sua*, das eigentlich seinem religiösen Lebensweg gewidmet ist, hat sich der große englische Theologe John Henry Newman auch der Frage nach Gottes Wirken in der Geschichte gestellt (um dann daraus Schlussfolgerungen über die Natur der Kirche zu ziehen). Denn er sagt: »Wenn ich in einen Spiegel blickte und darin mein Gesicht nicht sähe, so hätte ich ungefähr dasselbe Gefühl, das mich jetzt überkommt, wenn ich die lebendige, geschäftige Welt betrachte und das Spiegelbild ihres Schöpfers nicht in ihr finde.« Die Beschreibung der Welt, die der Engländer vor über hundertvierzig Jahren dieser seiner nüchternen Erkenntnis folgen ließ und mit der er die scheinbare Abwesenheit des göttlichen Gütesiegels beschrieb, ist zeitlos gültig beziehungsweise, wenn man sie auf die heutigen Zustände anwendet, sogar überaus aktuell: Betrachten wir die Welt und die vielen Menschen, sagt Newman, »ihre Unternehmungen, ihr zielloses Rennen und Jagen, ihre zufälligen Erfolge und Errungenschaften, ... den Fortschritt der Dinge, der anscheinend von unvernünftigen Trieben, nicht von den Zweckursachen bestimmt wird, die Größe und Kleinheit des Menschen, seine weitreichenden Pläne, seine kurze Lebensdauer, das Dunkel, in das seine Zukunft gehüllt ist, die Enttäuschungen des Lebens, die Niederlage des Guten, den Triumph des Bösen, körperliche Leiden und geistige Drangsale, die Vorherrschaft und Gewalt der Sünde, den überhandnehmenden Aberglauben, die Verkommenheit, die schauerliche Irreligiosität, die keine Hoffnung lässt, kurz, den Zustand des ganzen Menschengeschlechtes, der so furchtbar und doch so richtig in den Worten des Apostels beschrieben ist: ›ohne Hoffnung und ohne Gott in der Welt‹ – das alles ist ein Anblick, der Schwindel und Grauen erregt und dem Geiste die Ahnung eines tiefen Geheimnisses aufdrängt, das über alle menschlichen Lösungsversuche erhaben ist.«

Gott existiert und die Welt ist seine Schöpfung, sagen die Christen. Doch irgendetwas – so folgert der englische Theologe – muss da mächtig schiefgegangen sein. Noch einmal Newman: »Wenn ich einen Knaben sähe von edler Gestalt und guten Geistesanlagen, mit allen Anzeichen einer vornehmen Natur, ohne Mittel in die Welt hinausgestoßen, außerstande zu sagen, woher er kommt, welches sein Geburtsort oder seine Familie ist, so würde ich den Schluss ziehen, dass sich irgendein Geheimnis an seine Geschichte knüpft und dass er ein Wesen ist, dessen sich seine Eltern aus diesem und jenem Grund schämen. Nur so wäre es mir möglich, den Gegensatz zwischen dem, was er sein könnte, und dem, was er ist, zu erklären. So schließe ich auch in Bezug auf die Welt: Wenn es einen Gott gibt, und da es einen Gott gibt, muss das Menschengeschlecht von der Wurzel her in irgendein furchtbares Unheil verstrickt sein. Es hat die Verbindung mit den Absichten seines Schöpfers verloren. Das ist eine Tatsache, so sicher wie die Tatsache seiner Existenz; und darum ist die Lehre von dem, was die Theologie Erbsünde nennt, in meinen Augen fast ebenso gewiss wie die Existenz der Welt und die Existenz Gottes.«

Noch einmal: Gott existiert und die Welt ist seine Schöpfung, sagen die Christen. Aber sie sagen auch, dass der Mensch ein Wesen mit freiem Willen ist. Wer frei ist, kann irren und sündigen. Allein die Betrachtung der Welt, so wie sie ist, führte Newman zum Begriff der Erbsünde, zum Zustand der gestörten, gebrochenen Natur des Menschen. Liegt hier der Schlüssel zum Verständnis der Menschwerdung Gottes?

Während Newman den Zugang zum Ursprung des Christentums, zur Menschwerdung Gottes, in dem zitierten Textstück von unten suchte, ausgehend von der Betrachtung der Zustände auf Erden, die nach einem »Erlöser« rufen, hat der schweizerische Theologe Hans Urs von Balthasar in einer Betrachtung zum Apostolischen Glaubensbekenntnis diesen Zugang von oben beschritten, vom Wesen und Leben der göttlichen Dreifaltigkeit aus. Und jetzt wird es spannend. »Die Freiheit Gottes, durch die wir sind, bleibt unergründlich«, schreibt von Balthasar. Warum Gott die Welt geschaffen hat, ist ein letztlich nicht zu durchdringendes Geheimnis. Dass sie aber sein Werk ist und dass sie nach dem Urbild des Sohnes ins Dasein getreten ist, offenbart die Schrift. »Alles ist durch das Wort geworden, und ohne das Wort wurde nichts, was geworden ist«, heißt es im Prolog des Johannesevangeliums. »Und nun«, schreibt von Balthasar, »können wir menschlich nicht anders reden, als indem wir sagen: Der Vater bittet den Sohn, falls diese Welt gelingen soll, für ihr Heil zu bürgen, und auf diese Bitte hin bittet der Sohn den Vater, zu dessen Verherrlichung das Werk übernehmen zu dürfen, und die Bitte des Geistes wäre dann, dass die gegenseitige Verherrlichung von Vater und Sohn in der Welt durch seine heiligende Kraft sich vollenden möge.« Der Sohn bürgt für das Heil der Welt. Und da die Sünde die Herrschaft über die Welt angetreten hat, übernimmt der Sohn das Werk der Erlösung, um den Vater zu verherrlichen. Er wird Mensch, denn als Mensch wollte er die Sünde auf sich nehmen und besiegen – durch den Tod am Kreuz. »Und den Geschöpfen«, so von Balthasar, »wird er eben damit beweisen dürfen, dass Gott, allem Anschein zum Trotz, die Liebe ist, die ›bis ans Ende‹ (Joh 13,1) ihrer Möglichkeiten geht.«

Die Sendung des Sohnes in die Welt und seine Vereinigung mit einer menschlichen Natur ist Zeichen der höchstmöglichen Anteilnahme Gottes am Leben des Menschen. Die Menschwerdung des Sohnes bringt der in die Sünde gefallenen Welt zugleich die Versöhnung und die Erlösung. Die von Newman beschriebene Unordnung ist damit nicht beseitigt – der Mensch bleibt frei, auch in seinem Hang zum Bösen. Aber die Kluft, die sich mit der Sünde zwischen Gott und seinem Werk, der Schöpfung, aufgetan hatte, ist überwunden. Das grundsätzliche Nein des Menschen wurde durch das Ja des Sohnes aufgehoben. Die Geschichte ist nun wirklich Heilsgeschichte, sie ist eine Geschichte hin zur Vollendung der Welt in Jesus Christus.

Christus – Sohn Gottes?

DER EINWAND

Christus war nicht Gottes Sohn, sondern nur ein besonders guter Mensch, der uns als Vorbild gelebter Nächstenliebe dienen soll. Er ist nie mit dem Anspruch, Sohn Gottes zu sein, aufgetreten und hat sich selbst so auch nie genannt. Erst die Kirche hat ihn aus Machtdünkel zum Sohn Gottes erhoben.

An der Person Jesu Christi scheiden sich die Geister. Das war zu seinen Lebzeiten so und ist heute nicht anders. Die einen ärgert es, die anderen sind fest davon überzeugt, dass das Herzstück des christlichen Glaubens eine geschichtlich greifbare Person ist. In dem konkreten Menschen Jesus – und nicht in einer von ihm zu trennenden Lehre oder Ideologie (!) – besteht die unüberbietbare Selbstoffenbarung Gottes. Der Stein des Anstoßes war und ist deshalb der Anspruch, mit dem Christus auftrat. Ist er Gottes Sohn oder war er bloß ein Scharlatan? Sehen wir ihn uns genauer an.

Den übereinstimmenden Berichten der Evangelien zufolge gab sich Jesus nicht von vorneherein als Gottessohn zu erkennen. Zu Beginn seines öffentlichen Wirkens begegnete Jesus dem Andreas und Johannes, dann Simon, dem Bruder des Andreas, dem er später den Namen Petrus gab. Jesus lud Andreas und Johannes zu sich nach Hause ein und den ganzen Nachmittag und Abend blieben sie bei ihm. Noch im Greisenalter, als er sein Evangelium niederschrieb, erinnerte sich Johannes genau an den Zeitpunkt der Begegnung: Es war um die zehnte Stunde. Eine unglaubliche Faszination muss von dem Nazarener ausgegangen sein. In den ersten Jüngern wuchs die staunende Einsicht, dem Geheimnis ihres Lebens und auch der Antwort auf all ihre unerfüllten Hoffnungen und Sehnsüchte begegnet zu sein. Sie verließen alles und folgten Jesus nach.

Dann kamen die ersten Wunder, die ersten Streitgespräche mit den Pharisäern und Sadduzäern. Die Antworten Jesu waren nicht einfach klug und intelligent, sodass sie kluge und intelligente Gegenfragen seiner Kontrahenten provoziert und sich intellektuelle Gespräche ergeben hätten. Nein, die Antworten Jesu waren machtvoll, sodass jedes Gespräch beendet war, bevor es richtig angefangen hatte. Seine Jünger merkten sich das, es hinterließ einen tiefen Eindruck in ihnen. Und erst als es Jesus auf die Spitze getrieben hatte, als seine Gleichnisse und Lehren so provozierend, so skandalös wirkten, dass ihn fast sämtliche Anhänger wieder verließen, da war in den Herzen der Apostel die Gewissheit gewachsen, den Messias vor sich zu haben, sodass Petrus stellvertretend für sie sagen konnte: »Herr, zu wem sollen wir gehen? Du hast Worte des ewigen Lebens. Wir haben geglaubt und erkannt, dass du der Heilige Gottes bist« (Joh 6,68).

Bereits zu seinen Lebzeiten warf die kraft- und machtvolle Verkündigung Jesu unter seinen Zeitgenossen die Frage auf: Wer ist dieser? Die unterschiedlichen Antworten sind in der Bibel verzeichnet: Jesus sei der auferstandene Johannes der Täufer, er sei Elija oder irgendein anderer Prophet (vgl. Mk 6,14–15). Die Behauptung, dass Jesus nicht Gottes Sohn ist, sondern lediglich ein besonders frommer oder gottesfürchtiger Mensch, gab es also schon zu biblischer Zeit.

Das Neue Testament bezeichnet Jesus insgesamt 75-mal als »Sohn Gottes«. Dies geschieht bestimmt nicht, weil die Evangelisten ihm schmeicheln oder huldigen wollten. Und auch Jesus selbst weiß sich in einem ganz einmaligen Verhältnis zu

Gott, seinem Vater. Eindeutig bezeichnet sich Jesus selbst als
»Sohn Gottes« (Mt 26,63 f.; Joh 10,36) – einer der entscheidenden Gründe, warum er gekreuzigt wurde. Aus anderer Perspektive ist umgekehrt Gott der »Vater Jesu« (2 Kor 1,3). Nur Jesus nannte damals Gott »Abba«, »Vater«. Kein anderer Mensch hätte es gewagt, eine derartig intime Bezeichnung für Gott zu wählen.

Spätestens nachdem Jesus mit der Auferstehung und der Ausgießung des Heiligen Geistes nach seiner Himmelfahrt sozusagen bewiesen hatte, dass es richtig war, von sich als Sohn Gottes zu sprechen, dass es stimmte, was er vorausgesagt hatte, standen die Jünger und ersten Christen vor einer in der Geschichte der Menschheit einzigartigen Tatsache. Man kann natürlich so tun, als sei das Christentum eine weise Rede, eine Doktrin oder Morallehre. Tatsächlich lässt es heute eine gewisse Schwächlichkeit der kirchlichen Verkündigung zu, dass solche Auffassungen des Christlichen überall zu hören sind. Aber das war es nicht, mit dem die Jünger Christi konfrontiert waren. Sie hatten mit einem Menschen zusammengelebt, gegessen und Palästina durchwandert, der sich als Gott, als Sohn des Allerhöchsten, bezeichnet und machtvoll erwiesen hat. Darin liegt das Wesen des Christentums, das es zu einer einzigartigen Herausforderung macht und von allen anderen Religionen unterscheidet: Ein Mann trat auf und sagte »Ich bin Gott«. Das ereignete sich zu einer bestimmten Zeit an einem bestimmten Ort. Und von Anfang an forderten die Christen ihre Zeitgenossen auf, dieses Ereignis als wahr anzuerkennen.

Es gab also keinen Augenblick in der Entwicklung des Christentums, zu dem es den Kirchenoberen oder einer Fraktion der Kirche als ratsam erschien, die Verkündigung des Evangeliums mit der Gestalt eines Gottmenschen zu krönen und aus dem Propheten Jesus den Sohn Gottes zu machen. Das Evangelium besteht ja eben nicht in einigen moralischen und humanen Geboten, sondern in der Botschaft, dass Gott Mensch geworden ist, unter uns gelebt hat und nach seiner Kreuzigung auferstanden ist. Als die kleine Kirche der ersten

Christen vor die Öffentlichkeit trat, begann sie sofort mit der Verkündigung dessen, was sie soeben erlebt hatte: die Offenbarung Jesu als Gottessohn. Diese Verkündigung, das heißt das Evangelium, ist von Jesus Christus nicht zu trennen. So schreibt der französische Theologe Henri de Lubac: »Es ist unmöglich, sein Evangelium von Ihm zu trennen ... Immer wieder versuchen es die Menschen: Man will das Unteilbare teilen. Das ist Verrat an dem einen Evangelium, das – wie es Markus mit den ersten Worten sagt – ›die Heilsbotschaft von Jesus Christus, dem Sohn Gottes‹ (Mk 1,1) ist. Pierre Rousselot hatte dies in einer vor mehr als fünfzig Jahren verfassten Schrift großartig ausgedrückt: ›Das Christentum gründet auf einem Faktum Jesus Christus, auf dem irdischen Leben Jesu. Die Christen sind es auch heute noch, die glauben, dass Jesus noch immer lebt. Hier liegt die wesentliche Einzigartigkeit der christlichen Religion.‹«

So ist die reale, konkrete Person Jesu Christi auch heute noch das Wesentliche, was den christlichen Glauben ausmacht. Es gibt keine abstrakte Bestimmung des Wesens des Christentums, schreibt der große Theologe Romano Guardini. »Es gibt keine Lehre, kein Grundgefüge sittlicher Werte, keine religiöse Haltung und Lebensordnung, die von der Person Christi abgelöst und von denen dann gesagt werden könnte, sie seien das Christliche. Das Christliche«, so Guardini weiter, »ist ER SELBST; das, was durch Ihn zum Menschen gelangt und das Verhältnis, das der Mensch durch Ihn zu Gott haben kann.«

Die Theologie der ersten christlichen Jahrhunderte hatte noch manche Mühe, das in Jesus Christus Vorgefallene zu beschreiben, etwa das Verhältnis der menschlichen und der göttlichen Natur in Christus zueinander oder die Beziehung der zweiten Person der Dreifaltigkeit zum Vater und zum Heiligen Geist. Ende des zweiten Jahrhunderts lehnte Papst Viktor die Lehre der Adoptianer ab, die in Christus einen reinen Menschen sahen, der erst während seines Lebens auf Erden von Gott adoptiert worden sei. Einige Jahrzehnte später widerlegte der römische Theologe Novitian die Modalisten, die nicht an die Dreifaltigkeit glaubten, sondern in Vater, Sohn und Heiligem Geist jeweils nur eine Erscheinungsweise einer einzigen göttlichen Person sahen. Als der alexandrinische Priester Arius im vierten Jahrhundert die Gottheit Jesu Christi leugnete, definierte eine Bischofsversammlung in Nizäa im Jahre 325 den Satz, den die Kirche noch heute betet: Christus ist »Gott von Gott, Licht vom Lichte, wahrer Gott vom wahren Gott, gezeugt, nicht geschaffen, gleichwesentlich mit dem Vater«. Doch der Arianismus sorgte noch über Jahrzehnte für Verwirrung. Währenddessen definierten die Theologen klarer, was unter den Begriffen »Person« und »Natur« in Gott zu verstehen ist, sodass das zweite allgemeine Konzil von Konstantinopel im Jahr 381 den Glauben an einen Gott in drei Personen und damit die Lehre von der Dreifaltigkeit endgültig absichern konnte. Alle Versuche, aus Christus wieder einen – wenn auch erleuchteten oder besonders begnadeten – Menschen zu machen, waren gescheitert. Das kirchliche Lehramt blieb dem Zeugnis der Jünger Christi zu allen Zeiten treu.

Von einer Jungfrau geboren?

◇◇◇◇◇◇◇◇◇◇◇◇◇◇◇◇◇◇◇◇◇◇
DER EINWAND
◇◇◇◇◇◇◇◇◇◇◇◇◇◇◇◇◇◇◇◇◇◇

Maria hat Jesus nicht jungfräulich geboren. Josef ist Jesu leiblicher Vater, und selbstverständlich hatte Jesus auch Geschwister.

Decuit, potuit, ergo fecit – es war angemessen, er konnte es tun, also tat er es. So lautet das Resümee eines der berühmtesten und spitzfindigsten Theologen des Mittelalters, Johannes Duns Scotus, mit dem er seine Ausführungen über die unbefleckte Empfängnis Mariens abschließt. Es hatte Sinn, die Mutter Christi von der Erbsünde zu befreien, Gott vermochte dieses Wunder in seiner Allmacht zu wirken – was also hinderte ihn daran? Bei diesem Glaubenssatz geht es um die Zeugung des Menschen Maria. Bereits in den ersten Jahrhunderten wurde es zur festen Überzeugung der Kirche, dass sie als Gottesgebärerin seit Beginn ihrer Existenz von jener Störung, von jener Unordnung der menschlichen Natur befreit war, die die Kirche Erbsünde nennt.

Bei der Frage der Jungfrauengeburt geht es dagegen um die aktive Empfängnis, also um den Augenblick, in dem Maria zur Mutter des Sohnes Gottes wurde. Es ist der Glaube der katholischen Kirche, dass Maria Jungfrau blieb, als sie ihren Sohn empfing, und es auch war, als sie ihn zur Welt brachte. Gott hatte wiederum ein Wunder gewirkt. Auch hier könnte man sagen: »Es war angemessen, er konnte es tun, also tat er es.«

Die Geburt Jesu aus der Jungfrau Maria ist den Zweiflern und Aufklärern aller Zeiten ein Stein des Anstoßes gewesen. Aber insbesondere in unseren Tagen wird versucht, das neutestamentliche Zeugnis von der jungfräulichen Geburt Jesu zu minimalisieren oder als bloß bildliche Sprache der Bibel abzuwerten. »Seht, die Jungfrau wird ein Kind empfangen, einen Sohn wird sie gebären«, heißt es beim Propheten Jesaia (7,14), und im Matthäusevangelium (1,20) stehen die Sätze des Engels an Josef über seiner Braut: »Das Kind, das sie erwartet, ist vom Heiligen Geist.« Kritische Bibelwissenschaftler verweisen in diesem Zusammenhang auf die schöpferische Fantasie der Autoren der Heiligen Schrift und vergleichende Religionswissenschaftler auf uralte Mythen und Symbole der Menschheit, um die Jungfrauengeburt zu »erklären«.

Die jungfräuliche Geburt Jesu jedoch ist keine Variante eines alten Mythos, sondern ein von Gott gewirktes Wunder. Die zugrunde liegende Frage ist deshalb, ob Menschen Gott ein solches Wunder zutrauen und ihm glauben. Nebenbei gesagt: Im Vergleich zu den zentralen Glaubenssätzen der Kirche – der Erschaffung der Welt aus dem Nichts, der Auferstehung Christi, der Herabkunft des Heiligen Geistes – ist der Erhalt der Jungfräulichkeit der Gottesmutter ein vergleichsweise unspektakuläres Wunder. Wer aber schon damit Schwierigkeiten hat, dürfte eigentlich an keines der Wunder glauben, die zum Glaubensgut der gesamten Christenheit gehören. Sieht man die Welt nur unter naturwissenschaftlicher Perspektive und betrachtet sie als ein in sich geschlossenes System, dann ist die Jungfrauengeburt genauso ausgeschlossen wie alle anderen Eingriffe Gottes in den Ablauf der irdischen Geschichte. Für solche Zeitgenossen sind Wirtschafts»wunder« und die »Wunder« der Technik die einzigen Wunder, da sie dem entsprechen, was dem Menschen als wahrscheinlich erscheint. Aber ist das menschlich Unwahrscheinliche auch das für Gott Unmögliche?

»Für Gott ist nichts unmöglich« (Lk 1,37). Ausdrücklich berichten die beiden Evangelisten Matthäus (1,18–25) und Lukas (1,26–38), dass Jesus geboren wurde von der Jungfrau Maria. Die Bibel erwähnt nirgends, dass Josef der leibliche Vater Jesu gewesen sei. Die absolute Initiative bei der Menschwerdung kam allein Gott zu. Jesus hatte nur Gott zum Vater und wurde im Schoße der Jungfrau Maria durch den Heiligen Geist empfangen. Wir haben es hier mit der Logik der Bibel zu tun. Die Geburt Jesu macht deutlich, dass das Heil der Welt nicht durch Menschen kommt und ebenso wenig von diesen hervorgebracht werden kann. Der Mensch muss es sich schenken lassen und kann es nur von Gott empfangen. Gott hat mit der wunderbaren Empfängnis Jesu einen solchen Anfang gesetzt. Inmitten einer durch die Sünde ohnmächtigen und hoffnungslosen Menschheit beginnt mit der Empfängnis Christi in Maria das unverdiente Heil. Die Jungfrauengeburt besagt also nicht, dass Maria ihren Sohn Jesus besonders rein empfangen und geboren hat, während normale Frauen eine eher unreine oder weniger reine Geburt erleben. Sie besagt vielmehr, dass Gott selbst und nur er allein gewirkt hat, als das Wort Fleisch wurde. Ohne Zutun eines Mannes kam der Messias in die Welt (»Der Heilige Geist wird über dich kommen und die Kraft des Heiligen Geistes wird dich überschatten«, Lk 1,35). Aber er kam auf dem »normalen« Weg in die Welt. Von einer Frau empfangen, wuchs er neun Monate in ihrem Schoß und wurde wie jedes Kind geboren. Gott hat das Gebären einer Frau nicht nur als rein erachtet, sondern gewissermaßen geheiligt.

Schon sehr früh wurde das Bekenntnis zur jungfräulichen Geburt Jesu durch die Kirche näherhin definiert als »immerwährende Jungfrauenschaft Mariens« (Konzil zu Konstantinopel, 553). Diese Lehre besagt, dass Maria nicht nur vor der Geburt, sondern auch während und nach der Geburt Jesu jungfräulich blieb. Sie war und blieb ganz verfügbar und ausgesondert für den Willen Gottes. Somit ist es auch ausgeschlossen, dass Maria nach der Geburt Jesu weiteren Kindern das Leben schenkte. Die Aussagen der Heiligen Schrift, die von den Brüdern und Schwestern Jesu (z. B. Mk 6,3; Mt 27,56) oder von einem Herrenbruder Jakobus (Gal 1,19) sprechen, sind kein Argument gegen die immerwährende Jungfräulichkeit. Forscher machen darauf aufmerksam, dass entsprechend damaligem Sprachgebrauch darunter ohne Schwierigkeit nahe Verwandte Jesu, etwa Vettern und Basen, verstanden werden können.

Leibliche Auferstehung

DER EINWAND

Christus ist nicht leiblich auferstanden –
auch das ist ein Bild.

Paulus selbst gesteht es zu: »Ist Christus nicht auferweckt worden, dann ist unsere Verkündigung leer und euer Glaube sinnlos« (1 Kor 15,15). Wenn all das, was in den Büchern des Neuen Testaments über die Tage nach der Kreuzigung Christi geschrieben steht, die nachträglichen Erfindungen genialer Religionsgründer sein sollten, haben wir es wohl mit der raffiniertesten Fälschung der Geschichte zu tun, denn immerhin hat die Kunde von der Auferstehung des Hebräers Jesus von Nazaret den Lauf der Weltgeschichte nicht nur irgendwie beeinflusst, sondern radikal verändert.

Was aber wäre, wenn die Berichte der Evangelisten und die des eifrigen Briefeschreibers Paulus nichts anderes als das beschrieben, was damals wirklich geschehen ist? Wenn es stimmen würde, dass Jesus zuerst Maria von Magdala und den Frauen erschien, die zum Grabe kamen, um den Leichnam einzubalsamieren. Und dann dem Petrus, bald darauf auch den übrigen Aposteln, den beiden Jüngern von Emmaus und schließlich über fünfhundert Personen, wie es klar bei Paulus heißt. Bei diesen Erscheinungen, so berichten die Bücher des Neuen Testaments, hatten einige Zweifel. Die meisten Jünger hatte die Kreuzigung ihres Meisters so erschüttert, dass sie den ersten Nachrichten von den Erscheinungen des Auferstandenen keinen Glauben schenkten. Die Evangelien und die Apostelgeschichte des Neuen Testaments berichten von niedergeschlagenen, entmutigten Jüngern, die dabei waren, wieder zu ihrer alten Arbeit zurückzukehren, nicht aber von einer Gemeinde, die sich in eine mystische Hochstimmung hineinsteigerte, aus der dann später ein imaginärer Auferstehungsglaube erwuchs. Die Jünger des Herrn waren überrascht und verwirrt. Etwas Ungeheures war geschehen, womit niemand gerechnet hatte.

Angesichts der Zeugnisse der neutestamentlichen Autoren ist es unmöglich, die Auferstehung als ein Ereignis zu interpretieren, das sich nicht in der Geschichte, sondern in den Köpfen der Jünger und der ersten Christen vollzogen hat.

Die einsetzende Verkündigung der Frohen Botschaft nach der Kreuzigung Jesu und das unaufhaltsame Heranwachsen der Kirche sind nur verständlich, wenn Jesus tatsächlich auferstanden ist. Denn ohne die Auferstehung wäre die Kreuzigung Jesu für die Jünger ein klarer Beweis gewesen, dass Jesu Botschaft vom Reich Gottes gescheitert ist. Ohne die lebendige Person Jesu Christi hätte es auch nie jenes neue Volk gegeben, das von der Gottheit Jesu Christi überzeugt war und so sehr seine Gegenwart verspürte und diese auch vor der Welt bezeugte, dass es als Christenheit zum bestimmenden Faktor der abendländischen Kultur wurde.

Trotzdem bleibt das leere Grab, bleiben Auferstehung und Himmelfahrt Christi Ereignisse, die der Mensch auch ablehnen kann. Es gibt im Großen und Ganzen drei Versionen, um die Auferstehung als Fantasieprodukt zu entlarven: Die erste ist die der römischen Behörden: Während die Wachen am Grabe Jesu schliefen, kamen die Jünger und hätten den Leichnam gestohlen, um dann den Juden vorzumachen, ihr Meister sei zu den Lebenden zurückgekehrt. Die zweite Version unterstellt den Aposteln keinen plumpen Betrug, sondern vermutet bei ihnen einen komplizierten psychologischen Prozess. Die bis zuletzt anhaltende Erwartung, dass der Messias machtvoll über seine Feinde triumphieren werde, und die dann doch eingetretene Katastrophe hätten bei dem engsten Kreis der Getreuen Jesu eine Kette verschiedener Bewusstseinszustände ausgelöst. Tiefster Entmutigung folgte quasi als selbstheilende Reaktion der verzweifelten Seele eine Phase, in der aus dem Unterbewusstsein der Gedanke aufstieg: Jesus lebt. Visionen und mystische Verzückungen begleiteten diesen Prozess. Nur zu bereitwillig hätten dann die anderen Jünger die Nachricht vom Auferstandenen übernommen und weitergegeben. Die dritte Version verlegt die Entstehung des Auferstehungsglaubens in die Urgemeinde, die eine göttliche Kultgestalt suchte, um sich von Juden und Heiden abzugrenzen. Aus den religiösen Erlebnissen dieser kleinen Gemeinden habe sich die Gestalt des Christus gebildet, der von dem irdischen Jesus von Nazaret losgelöst seine eigentliche Größe und Bedeutung für die Heilsgeschichte erst im Glauben der Urgemeinde erhielt.

Alle diese Versuche, den Christusglauben am Neuen Testament vorbei zu erklären, leiden an den Schwächen menschlicher Konstrukte. Die Auferstehung als Betrug, als Ergebnis seelischer Erschütterung oder als Mythenbildung der Urgemeinde, das heißt also als eine mehr oder weniger bewusst vorgenommene Täuschung, anzusehen, hätte unweigerlich zur Folge gehabt, irgendwann wieder diesen »gefälschten Christus« von allen Legenden zu reinigen. Übrig geblieben wäre dann ein frommes Andenken an einen gescheiterten Propheten und seine zum Teil rätselhafte Lehre – viel zu wenig, um jene Wirkung zu entfalten, mit der die Christenheit in den darauf folgenden Jahrhunderten das Denken und Glauben der damals bekannten Welt verändert hat.

Die Auferstehung ist die eigentliche Herausforderung des christlichen Glaubens. Sie fordert von jedem ein Umdenken (wie auch die Apostel und ersten Jünger umdenken mussten): Nach den Maßstäben der menschlichen Vernunft ist es unmöglich, dass ein Gestorbener wiederaufersteht, also ist der christliche Auferstehungsglaube ein Mythos (und das Christentum damit hinfällig). Richtet man sich nach den Maßstäben, die Christus gesetzt hat, ändert sich alles. Dann heißt es: Christus ist auferstanden, also ist er Gott und seine Auferstehung ist die Grundlage der wahren, wirklichen Welt.

DAS ZITAT

Romano Guardini: »Ohne die Auferstehung hätte es nie das Christentum gegeben«

»Nichts in der Heiligen Schrift deutet darauf hin, dass die Apostel eine Auferstehung in irgendeinem Sinn erwartet hätten; sie haben vielmehr dem Gedanken widerstrebt und sind von der Tatsache bezwungen worden. (…) Nun könnte man erwidern, das sei eben das Wesen solcher religiösen Innewerdungen und Visionen, dass das bewusste Empfinden sich gegen sie zu wehren scheint und überwältigt werden muss, obwohl – nein gerade weil sie aus dem darunterliegenden unbewussten Inneren kommen. Das mag sein; doch müssen sie in ihrer Form dem allgemeinen Seelen- und Geistesleben des Erfahrenden entsprechen. Die Gestalt eines menschgewordenen Gottes aber, der seine Leiblichkeit in den himmlischen Zustand mitnähme, war der jüdischen Denkweise so fremd als möglich. Niemals hätte das Unbewusste galiläischer Fischer mit einem solchen Bilde ihre Depression überwunden … Endlich und vor allem wäre zu sagen, dass ein solches Ergebnis religiöser Erschütterung sich wohl durch einige Zeit hindurch hätte halten können, durch einige erregte Jahre oder während eines Zustandes dumpfer Geistigkeit – niemals aber daraus etwas von solcher Weltmächtigkeit wie das Christentum hervorgegangen wäre, das unlösbar mit dem Glauben an die Auferstehung Jesu verbunden ist. Man muss blind sein, um Derartiges zu behaupten! Doch die ihrem Anspruch nach so sehende Wissenschaft ist auch oft genug blind – dort nämlich, wo ein stummer Wille ihr gebietet, nicht zu sehen.«

Aus: Romano Guardini, Der Herr, Schöningh Verlag,
15. Aufl. Paderborn, München 1985.

Zwölf Männer als Apostel

DER EINWAND

Unter Jesu Jüngern waren nicht nur Männer, sondern auch Frauen. Wenn die Bibel nur die zwölf Männer namentlich als Apostel aufführt, so hat dies einzig mit der minderwertigen gesellschaftlichen Stellung der jüdischen Frau zu tun.

Der erste Satz ist eine zutreffende Feststellung über die Stellung Jesu zu den Frauen, die nicht hoch genug veranschlagt werden kann und deren Bedeutung mit allem Gewicht ausgestattet werden muss. Wenn man das tut, gewinnt man ein überzeugendes Argument dafür, dass die Nichtaufnahme von Frauen in das Apostelamt gerade nicht aus zufälligen zeitgeschichtlichen Gründen erfolgte (wegen der damaligen sozio-kulturellen Minderbewertung der Frau), sondern dass ihr eine bewusste Willenskundgabe Christi zugrunde lag. So vermag der erste Satz die im zweiten Satz aufgestellte Behauptung geradezu zu widerlegen, und zwar in einer Weise, welche die Hochschätzung der Frau durch Jesus (und die Kirche) nicht schmälert.

Es ist unbestreitbar, dass die jüdische Umwelt zur Zeit Jesu der Frau im öffentlichen wie im kultischen Leben eine untergeordnete Rolle einräumte. Das ging so weit, dass Rabbi Eliezer (um 90 n. Chr.) es verbot, den Frauen die Thora zu lehren.

Augenscheinlich wird die Minderbewertung der Frau im jüdischen Eherecht, nach dem sie vom Mann auch aus geringfügigen Gründen entlassen werden konnte. Demgegenüber ist die bewusste Erhöhung der Frau im Leben und Verhalten Jesu ebenso evident wie für die damalige Zeit revolutionär! Wie er sich souverän über viele legalistische Bestimmungen des mosaischen Gesetzes hinwegsetzte (vgl. Mt 12,1–8), so korrigierte er auch bewusst die mindere Einschätzung der Frau, wenn er etwa ihre Entlassung aus der Ehe rundweg als unerlaubt erklärte (Lk 16,18), was unter den damaligen Verhältnissen ein außergewöhnliches Eintreten für die Würde der Frau bedeutete. Jesus hat den Frauen die volle, schöpfungsgemäße Menschenwürde zuerkannt und damit auch in dieser Hinsicht die revolutionäre Neuheit seiner Botschaft bekräftigt.

Die Hochschätzung der Frau tritt besonders im Lukasevangelium zutage, das man deshalb schon als »Evangelium der Frauen« bezeichnet hat. Schon die Kindheitsgeschichte (Lk 1,5–2,52) befasst sich in spürbarer Anteilnahme mit den großen Frauengestalten der Heilsgeschichte, mit Elisabet, Hanna und der allen überragenden jungfräulichen Mutter Jesu (die nachfolgend von einer Frau seliggepriesen wird: Lk 11,27f.). Verständnis für die Bedeutung der Frau und Hochschätzung ihrer Art klingen in den Gleichnissen Jesu an (Lk 15,8–10; 18,1–8). Aber noch bedeutsamer ist die Einbeziehung der Frauen in das Lehrgespräch (Lk 10,39), in seinen Dienst und in seine Gefolgschaft (vgl. Lk 8,2–5), die sie ihm bis zum Kreuz hin bewahren (Lk 23,27–32), so dass sie auch als erste Überbringer der Osterbotschaft genannt werden (Lk 24,8–10). Das von Jesus gegebene Beispiel findet seinen Widerhall in der Apostelgeschichte (Apg1, 14; 5,14; 18,26), welche die neuartige Bedeutung der Frau in der jungen Christengemeinde bezeugt.

Bei alldem ist aber von einer Beauftragung der Frau und von einer Ausstattung mit dem Apostelamt, dem Urbild jeden förmlichen Amtes in der Kirche, nicht die Rede. Wenn man die grundsätzliche Wertschätzung der Frau durch Jesus erwägt, zusammen mit seiner Souveränität über das jüdische Gesetz und die Auffassungen der Umwelt, dann kann man diese von ihm getroffene Verfügung weder als unbedachten Zufall noch als Anpassung an die Zeit verstehen, der er ja gerade durch die sonst übezeugte Erhöhung der Frau widersprach. Man muss es als von ihm gesetzte Ordnung anerkennen, der sich die Kirche des Westens wie des Ostens verpflichtet fühlte und die sie in lebendiger Tradition bekräftigte. Dies geschah katholischerseits in neuerer Zeit mit der Erklärung, dass sich die Kirche »aus Treue zum Vorbild ihres Herrn nicht dazu berechtigt (hält), die Frau zur Priesterweihe zuzulassen« (*Erklärung der Kongregation für die Glaubenslehre, 1976*).

Freilich hat Christus diese seine Ordnung nicht ausdrücklich begründet – was er aber zum Beispiel bei der Stiftung von gerade sieben Sakramenten und ihren spezifischen Zeichen auch nicht tat. So ist die Erklärung nur aus der Analogie des Glaubens heraus zu erheben, wobei zu beachten ist, dass, wie in allen Glaubensfragen, hier kein mathematischer Beweis gefordert ist.

Die Struktur der Schöpfungs- wie der Heilsordnung spricht für das Weitergehen des Christusamtes allein in den Aposteln und ihren Nachfolgern als männlichen Amtsträgern. Wie Christus als Mann Mensch wurde (was auch wieder nicht als Anpassung an den Zeitgeist gedeutet werden kann), um das Bild des das Heil erzeugenden Vaters in seiner schöpferischen Initiative, in seiner herrscherlichen Hoheit und seiner väterlichen Güte vollkommen darzustellen und sich als Haupt der Menschheit wie der Kirche zu erweisen, so kann diese seine Stellung geziemend und vollauf angemessen nur in der Repräsentation durch einen männlichen Amtsträger weitererhalten werden. Hier ist auch zu bedenken, dass das dem Priester zukommende »Handeln in der Person Christi« nur dann ganz realistisch verstanden werden kann, wenn es auch die zur Person gehörende Leiblichkeit einschließt.

Der Stellung der Frau in der Kirche wird dadurch kein Abbruch getan. Sie soll kraft ihrer geschaffenen Natur und ihrer

Berufung in der Heilsordnung nicht Christus als Haupt und als autoritativen Amtsträger wirksam repräsentieren, sondern sie soll in ihrer Hingabefähigkeit, in ihrer Empfänglichkeit und ihrer beseelenden Kraft den ganzen Leib Christi realsymbolisch vertreten und geistig-mütterlich beleben. Insofern ist ihr Zurückstehen vom Amt kein Bedeutungsverlust, sondern im Gegenteil eine Entgrenzung und Universalisierung ihrer Bestimmung, das innere Lebensprinzip der Kirche zu sein, was so vom Amt nicht wahrgenommen werden kann.

Es ist nicht von der Hand zu weisen, dass solche – zugegebenermaßen auch sehr gedrängten – Erläuterungen jedem als pure Lästerung der Frauenrechte vorkommen, der nur halbwegs in der auf Gleichberechtigung der Geschlechter und Frauenemanzipation fixierten Großstadt-Kultur unserer Tage zu Hause ist. Der Mann also repräsentiert Christus, das Haupt, darf den autoritativen Amtsträger spielen, während die Frauen Hingabefähigkeit und Empfänglichkeit symbolisieren. Aber oft ist derjenige zu vorschnell, der hier gleich eine Wertung sieht. Die beiden geschlechtlichen Formen des Menschseins sind gleichwertig, jedoch nicht vertauschbar. C. S. Lewis hat darauf hingewiesen, dass die Verehrung der Frau im Mittelalter so stark war, dass man sie fast ins Göttliche erhob. Dennoch wurde ihr nie das Priestertum angetragen.

Das Vater-Sein Gottes und seine Repräsentation durch den Sohn, Jesus Christus, wie auch dessen Repräsentation durch den Priester sind der eine Pol, der andere ist die Mütterlichkeit der Kirche, das Bild der Braut, der Empfangenen, der Fruchtbaren, das Weibliche, das das Christentum mit der Kirche verbindet. Das sind bedeutungsvolle Bilder, die eine Wirklichkeit bezeichnen, mit der die Kirche nicht beliebig verfahren kann, wenn sie die Religion der Offenbarung bleiben soll.

ANHANG

Das Teuerste am Christentum

Absätze aus einer Erzählung, die der russische Schriftsteller Wladimir Solowjew um das Jahr 1900 niedergeschrieben hat. Ein mit scheinbar übermenschlichen Kräften ausgestatteter Politiker hat die absolute Herrschaft errungen. Sämtliche Nationen der Erde tragen ihm an, als Kaiser die Geschicke der Menschheit zu leiten. Auf dem Höhepunkt seiner Macht ist er – der Antichrist – nun auch bereit, eine Aussöhnung mit den wenigen verbliebenen Christen zu suchen:

Der Kaiser trat neben den Thron, machte mit seiner Hand eine majestätisch-huldvolle Geste und mit klangvoller und angenehmer Stimme hielt er folgende Ansprache: »Christen aller Richtungen! Meine geliebten Untertanen und Brüder! Seit Beginn meiner Herrschaft, die der Höchste mit so wunderbaren und herrlichen Werken gesegnet hat, hatte ich nie Anlass, mit euch unzufrieden zu sein; ihr habt eure Pflicht nach Glaube und Gewissen erfüllt. Doch das genügt mir nicht. Meine aufrichtige Liebe zu euch, geliebte Brüder, dürstet nach Erwiderung. Ich möchte, dass ihr nicht aus Pflichtgefühl, sondern aus dem Gefühl herzlicher Liebe mich anerkennt als euren wahren Führer in einem jeglichen Werke, unternommen zum Heile der Menschheit. Und so möchte ich nun über das hinaus, was ich für alle tue, euch besondere Huld erweisen. Christen, womit könnte ich euch glücklich machen? Was könnte ich euch geben; nicht als meinen Untertanen, sondern als meinen Glaubensgenossen, meinen Brüdern? Christen! sagt mir, was euch das Teuerste ist am Christentum, damit ich meinen Bemühungen diese Richtung geben kann.« Er hielt inne und wartete. Im Tempel erhob sich ein dumpfes Gemurmel. Die Konzilsteilnehmer flüsterten miteinander. Papst Petrus setzte, lebhaft gestikulierend, seiner Umgebung etwas auseinander. Professor Pauli wiegte das Haupt und bewegte ingrimmig und hörbar die Lippen. Der Staretz Johannes neigte sich zu einem östlichen Bischof und einem Kapuziner hinab und redete leise auf sie ein.

Nachdem der Kaiser einige Minuten gewartet hatte, wandte er sich mit dem gleichen freundlichen Ton, in dem nun aber eine kaum spürbare ironische Note mitschwang, wieder an das Konzil: »Liebe Christen! Ich weiß, dass für viele, und nicht die letzten unter euch, das Teuerste am Christentum jene *geistliche Autorität* ist, die es seinen gesetzmäßigen Vertretern verleiht, natürlich nicht zu deren persönlichem Vorteil, sondern zum Heil aller; denn auf diese Autorität gründet sich die rechte geistliche Ordnung und die sittliche Disziplin, deren alle Menschen bedürfen. Liebe katholische Brüder! Oh, wie verstehe ich eure Ansicht und wie gern möchte ich meine Macht auf die Autorität eures geistlichen Oberhaupts stützen. Damit ihr nun nicht denkt, dies sei Schmeichelei und leeres Gerede, erklären wir feierlich: Gemäß unserem uneingeschränkten Herrscherwillen wird der oberste Bischof aller Katholiken, der Papst von Rom, nun wieder eingesetzt auf seinem Stuhl in Rom mit allen früheren Rechten und Privilegien seines Standes und seiner Kathedra, die ihm von unseren Vorgängern, angefangen von Kaiser Konstantin dem Großen, jemals verliehen worden sind. Und von euch, meine katholischen Brüder, will ich dafür nichts weiter, als dass ihr mich aus tiefem Herzen als euren einzigen Fürsprecher und Beschützer anerkennt. Wer von euch mich hier nach Gewissen und Gefühl als solchen anerkennt, der komme her zu mir.« Und mit freudigen Ausrufen: »*Gratias agimus! Domine! salvum fac magnum imperatorem!*« gingen fast alle katholischen Kirchenfürsten, Kardinäle und Bischöfe, ein großer Teil der gläubigen Laien und mehr als die Hälfte der Mönche hinauf

auf die Estrade und nahmen, nach einer tiefen Verbeugung in Richtung auf den Kaiser, auf ihren Sesseln Platz. Doch unten, inmitten des Konzils, saß, aufrecht und unbeweglich wie eine Marmorstatue, Papst Petrus der Zweite auf seinem Platz. Seine ganze frühere Umgebung war auf der Estrade. Aber die gelichtete Schar der Mönche und Laien, die unten verblieben war, rückte zu ihm heran und schloss sich zu einem engen Ring zusammen und man hörte von dort ein verhaltenes Gemurmel: »*Non praevalebunt, non praevalebunt portae inferni.*«

Nach einem erstaunten Blick auf den unbeweglich dasitzenden Papst erhob der Kaiser von Neuem die Stimme: »Liebe Brüder! Ich weiß, dass es unter euch auch solche gibt, denen das Teuerste am Christentum dessen *heilige Überlieferung* ist, die alten Symbole, die alten Gesänge und Gebete, die Ikonen und der gottesdienstliche Ritus. Und in der Tat – was könnte der religiös empfänglichen Seele teurer sein? So wisset denn, Geliebte, dass heute von mir ein Statut unterzeichnet worden ist und reiche Mittel bereitgestellt worden sind für ein Weltmuseum der christlichen Archologie in unserer ruhmvollen Kaiserstadt Konstantinopel. Hier sollen alle möglichen Denkmäler des kirchlichen, vorzüglich des östlichen Altertums gesammelt, erforscht und aufbewahrt werden, und euch bitte ich, morgen schon aus eurer Mitte eine Kommission zu wählen, die mit mir darüber beraten soll, welche Maßnahmen wir ergreifen müssen, um unser modernes Leben, unsere Sitten und Gebräuche so weit wie möglich der Überlieferung und den Bestimmungen der heiligen Orthodoxen Kirche anzupassen! Meine orthodoxen Brüder! In wessen Herz dieser mein Wille Widerhall findet, wer mich aus dem Gefühl seines Herzens seinen wahren Führer und Herrn nennen kann, der komme hier herauf.« – Und ein großer Teil der Hierarchen des Ostens und des Nordens, die Hälfte der ehemaligen Altgläubigen und mehr als die Hälfte der orthodoxen Priester, Mönche und Laien gingen mit freudigen Ausrufen hinauf auf die Estrade, wobei sie einen schiefen Blick auf die stolz dort sitzenden Katholiken warfen.

Doch der Staretz Johannes rührte sich nicht und seufzte laut. Und als der Haufen um ihn sich stark gelichtet hatte, verließ er seine Bank und setzte sich näher zu Papst Petrus und dessen Kreis. Die übrigen Orthodoxen, soweit sie nicht auf die Estrade gegangen waren, folgten ihm.

Und wieder hub der Kaiser an: »Wohlbekannt sind mir auch solche unter euch, liebe Christen, denen das Teuerste am Christentum die persönliche Wahrheitsgewissheit und die freie Erforschung der Schrift ist. Wie ich darüber denke – das bedarf keiner Erörterungen. Ihr wisst vielleicht, dass ich schon in früher Jugend ein großes Werk über Bibelkritik geschrieben habe, um das es seinerzeit einigen Lärm gegeben und das mich zuerst bekannt gemacht hat. Und wohl in der Erinnerung hieran sendet mir nun in diesen Tagen die Universität Tübingen ein Gesuch, ich möchte von ihr das Diplom eines Ehrendoktors der Theologie entgegennehmen. Ich habe antworten lassen, dass ich die Ehrung mit Befriedigung und Dankbarkeit annehme. Und heute habe ich außer der Stiftungsurkunde des Museums für christliche Archäologie auch ein Dekret über die Gründung eines Weltinstituts für freie Erforschung der Heiligen Schrift von allen möglichen Seiten und in alle möglichen Richtungen und für das Studium aller Hilfswissenschaften unterschrieben und ihm ein Jahresbudget von anderthalb Millionen Mark zugewiesen. In wessen Herz es Widerhall findet, dass ich euch so herzlich gewogen bin, und wer von euch mich aus reinem Gefühl als seinen souveränen Führer anerkennen kann, den bitte ich hierher, zu dem neuen Doktor der Theologie.« Und der schöne Mund des großen Menschen verzog sich leicht zu einem seltsamen Lächeln. Mehr als die Hälfte der gelehrten Theologen bewegte sich zur Estrade, wenn auch nicht ohne zu zaudern und zu schwanken. Alle schauten auf Professor Pauli, der an seinem Sitz gleichsam festgewachsen war. Er senkte sein Haupt tief hinab, krümmte den Rücken und zog sich in sich zusammen ...

Die beträchtliche Mehrheit des Konzils, darunter fast die gesamte Hierarchie des Ostens und des Westens, befand sich auf der Estrade. Unten geblieben waren nur drei Menschenhaufen, die sich um den Staretz Johannes, den Papst Petrus und den Professor Pauli drängten und enger zusammenrückten.

In traurigem Tonfall wandte sich der Kaiser an sie: »Was kann ich noch für euch tun? Seltsame Leute! Was wollt ihr von mir? Ich weiß es nicht. Sagt ihr es mir selbst, ihr Christen, die ihr verlassen seid von der Mehrheit eurer Brüder und Führer und verurteilt vom Volksempfinden: Was ist euch das Teuerste am Christentum?« Da erhob sich der Staretz Johannes wie eine weiße Kerze und antwortete sanftmütig: »Großer Herrscher! Das Teuerste am Christentum ist für uns Christus selbst – Er Selbst und alles, was von Ihm kommt; denn wir wissen, dass in Ihm die ganze Fülle der Gottheit leibhaftig wohnt. Aber auch von dir, Herrscher, sind wir bereit, jegliches Gute entgegenzunehmen, sobald wir in deiner freigebigen Hand die heilige Hand Christi entdecken. Und auf deine Frage, was du für uns tun kannst, ist dies unsere klare Antwort: Bekenne jetzt hier vor uns Jesus Christus, den Sohn Gottes, erschienen im Fleische, auferstanden und wiederkommend – bekenne ihn und voller Liebe werden wir dich aufnehmen als den wahren Vorläufer Seiner Wiederkunft in Herrlichkeit.«

Er verstummte und schaute dem Kaiser unverwandt ins Antlitz. Dem widerfuhr etwas Widerwärtiges. In ihm erhob sich ein so höllischer Sturm, wie er ihn in jener schicksalhaften Nacht erlebt hatte. Er verlor vollkommen sein inneres Gleichgewicht und musste seine ganze Geisteskraft zusammennehmen, um nicht auch äußerlich die Selbstbeherrschung zu verlieren und sich vor der Zeit zu verraten. Er machte unmenschliche Anstrengungen, um sich nicht mit wildem Geheul auf den Staretz zu stürzen und mit den bloßen Zähnen über ihn herzufallen. Plötzlich hörte er die bekannte unirdische Stimme: »Schweige und fürchte nichts!« Er schwieg. Nur sein Gesicht, das totenstarr und finster geworden war, verzerrte sich und Funken sprühten aus seinen Augen.

Aus: Wladimir Solowjew, Kurze Erzählung vom Antichrist, Erich Wewel Verlag, 5. Auflage München 1984.

DIE KIRCHE

1. Natur, Praxis und Struktur

Eine dramatische Geschichte

DER EINWAND

Wie kann die Kirche beanspruchen, das Christliche für sich gepachtet zu haben? Es gibt barmherzige und helfende Menschen, die sind christlich, ohne mit der Kirche irgendetwas zu tun zu haben!

Die Kirche ist christlich. Aber das Christliche ist nicht immer kirchlich. Es gibt christliche Parteien und christliche Gewerkschaften. Das Abendland, so heißt es, sei christlich gewesen. Und eine christliche Kunst und Philosophie gab es auch. Was ist das Gemeinsame? Wer oder was kann sich christlich nennen?

In der Apostelgeschichte des Neuen Testaments heißt es, dass »die Jünger« erstmals in Antiochien »Christen« genannt wurden. Die Anhänger Jesu Christi wurden also zunächst von anderen so genannt. Es hat dann noch etwas gedauert, bis die, die in der Nachfolge Jesu lebten, sich selbst als Christen bezeichneten. Christen oder christlich waren die, die sich zu Christus bekannten, seine Jünger waren, in seiner Nachfolge lebten. Dafür gab es ein klares Kriterium: Sie hatten die Taufe empfangen und glaubten, dass der gekreuzigte und auferstandene Christus der Sohn Gottes ist. Wer in den frühen Christenverfolgungen davon wieder abrückte und seine Zugehörigkeit zu Christus leugnete, war kein Christ mehr, sondern ein »lapsus«, ein Abgefallener.

Man kann also sagen, dass Christen die Getauften sind, die zu dieser Taufe stehen. Und christlich ist alles, was von diesen Getauften geprägt ist oder ihnen gehört. So wie alles amerikanisch ist, was von Amerikanern geprägt wird oder ihnen gemeinsam ist – zum Beispiel der »american way of life«, der »amerikanische Lebensstil«. Damit wird aber auch deutlich, wie eng das Christliche mit der Kirche verbunden ist. Denn es ist die Kirche, die die Taufe spendet. Und die Täuflinge werden in diesem Augenblick in die Kirche aufgenommen. Die Kirche ist aber in diesem Zusammenhang nur Mittel zum Zweck, eine Dienerin, ein Ort, der den Getauften eine neue Heimat gibt. Im Mittelpunkt aber steht eine Person: Jesus Christus. Er war es, der den Aposteln den Auftrag gab, die Menschen durch die Taufe zu ihm zu führen: »Darum geht zu allen Völkern, macht alle Menschen zu meinen Jüngern; tauft sie auf den Namen des Vaters, des Sohnes und des Heiligen Geistes, und lehrt sie, alles zu befolgen, was ich euch geboten habe« (Mt 28,19).

Alle, die diese Taufe auf den Namen des Vaters, des Sohnes und des Heiligen Geistes empfangen, werden also Christen – egal, in welcher Kirche oder kirchlichen Gemeinschaft man ihnen dieses Sakrament spendet. Und alles, was sich von der Jüngerschaft Christi prägen und bestimmen lässt, ist demzufolge christlich. Wenn Getaufte einer evangelischen Freikirche irgendwo eine Schule gründen, an der die Gebote Jesu gelehrt und befolgt werden sollen, dürfen sie sie eine christliche Schule nennen. Niemand hat das Recht, ihnen das abzusprechen, auch nicht die katholische Kirche. Der Maßstab des Christlichen ist Jesus Christus. Man schließt sich ihm durch die Taufe an und versucht, seine Gebote zu befolgen. Darum wäre es eigentlich ein Witz, wenn etwa eine christliche Partei diesen Geboten zuwider handeln würde.

Und damit stellt sich die Frage, was es denn mit dem Christlichen auf sich hat, wenn es Jesus Christus missachtet und gegen seine Gebote verstößt. Ist es dann widerlegt? Wenn es im Christentum etwas Hässliches, Menschenverachtendes und Böses gegeben hat, muss es dann nicht unweigerlich auf den zurückfallen, der ihm seinen Namen gegeben hat? Es ist schön zu sagen, im Mittelpunkt der Kirche stünde eine Person: Jesus Christus. Was aber geschieht, wenn ein Getaufter, eine christliche Institution oder Verantwortliche der Kirche selbst diesem hohen Anspruch nicht gerecht werden können?

Es geht hier um die Glaubwürdigkeit. Einige Beispiele: Ein Pfarrer predigt in der Kirche die hohen moralischen Werte des christlichen Glaubens, ist aber bei Schülern dafür bekannt, dass er im Religionsunterricht auch jähzornig und ungerecht werden kann. Oder ein Bischof, der trinkt; ein kirchliches Heim, in dem man Kinder schlägt; eine Vatikanbank, die in unsaubere Geschäfte verwickelt ist: Ist damit das Christliche widerlegt?

Hierzu etwas Grundsätzliches, was auch für die Beurteilung der Kirche wichtig ist: Das Christentum hat etwas mit Moral zu tun. Aber es ist keine Moral. Es ist eine Geschichte, wie oben bereits gesagt, und jeder Geschichte haftet eine gewisse Dramatik an. Was ist das Dramatische am Christentum? Die Tatsache, dass Gott dem Menschen die Freiheit gelassen hat. Er will, dass die Menschen ihn aus freiem Herzen lieben. Er zwingt sie nicht, sich zu ihm zu bekehren und ein moralisch einwandfreies Leben zu führen. Der Mensch ist vielmehr eingeladen, sich aus eigenem Antrieb, aus Liebe zum Guten und aus einer ganz persönlichen Glaubensentscheidung heraus für die Nachfolge Jesu zu entscheiden. Darum darf die Kirche auch keine Andersgläubigen zwingen, zum Christentum überzutreten.

Dieser innere Kampf um eine Entscheidung für Gott und das Gute findet in jedem statt, der sich Christus und der Kirche nähert, aber auch in dem, der bereits ein gläubiges Leben führt. Wer behauptet, dass er keine Glaubenszweifel, keine Willensschwäche oder keine Neigung zum Bösen kennt, flunkert sich und die anderen wohl etwas an. Selbst der große Heilige und Völkerapostel Paulus war so demütig, dass er in seinem Brief an die Römer schrieb: »In meinem Inneren freue ich mich am Gesetz Gottes, ich sehe aber ein anderes Gesetz in meinen Gliedern, das mit dem Gesetz meiner Vernunft im Streit liegt und mich gefangen hält im Gesetz der Sünde ... Ich unglücklicher Mensch! Wer wird mich aus diesem dem Tod verfallenen Laib erretten? Dank sei Gott durch Jesus Christus unserem Herrn!« (7,22ff.). Mit dem letzten Satz wollte Paulus aber auch sagen, dass kein Mensch den Mut sinken lassen muss, wenn er die Hoffnung auf Gott setzt.

Das Einzigartige des Christentums besteht also nicht darin, aus den Menschen auf einen Schlag perfekte und vollkommene Wesen zu machen. Es sagt ihnen vielmehr, dass sie trotz aller Schwächen und Ängste, trotz Krankheit und Tod Anteil haben an dem Erlösungswerk, das Jesus Christus am Kreuz vollbracht hat. Und das in einer sehr konkreten Weise. Was heißt das aber, Anteil zu haben am Erlösungswerk Christi?

Die Erlösung, die die Kirche predigt, besteht nicht in einer »besseren Moral« für besonders asketisch gebaute Menschen, auch nicht in der Vertröstung auf ein fernes Himmelreich. Die Erlösung, die Jesus Christus brachte, indem er mit seiner Auferstehung den Tod überwand, beginnt für den Einzelnen hier und jetzt – mitten im Leben, mitten in der Welt. In der ganz konkreten Menschheitsgeschichte hat sich Gott ein Volk gesucht, ihm aber nicht nur ein Gesetz gegeben, sondern auch eine Zukunft. Die Macht des Todes über alles Irdische hat der Auferstandene endgültig gebrochen. In sein Reich, das hier auf Erden bereits gegenwärtig ist, wird der Einzelne eingegliedert mit der Taufe, nicht erst nach der Todesstunde, wenn »die Seele in den Himmel steigt«. Erlösung bedeutet für den Christen, Teil des von Gott zusammengerufenen Volkes zu sein, auch dann, wenn man Fehler und Schwächen hat.

Was für den einzelnen Christen gilt, gilt auch für die Christenheit insgesamt. Licht und Schattenseiten, Größe und Elend, Glanzzeiten und Schwächephasen durchziehen die Geschichte des Christentums. Es gab Zerwürfnisse und Spaltungen. Nach dem ersten Jahrtausend zerfiel die christliche Welt in einen westlichen und einen östlichen Teil. Und wenn Preußen gegen Habsburger, Deutsche gegen Polen oder Franzosen gegen Italiener kämpften, waren das im Grunde Bruderkriege, in denen in der Regel Christen, die alle im Namen des Vaters, des Sohnes und des Heiligen Geistes getauft waren, die Waffe auf sich richteten. Wer eine »Kriminalgeschichte« des Christentums schreiben will, kann das gerne tun. Er findet reichliches Material. Nur wenn er glaubt, damit den christlichen Glauben widerlegt zu haben, verkennt er das Wesen des Christentums. Christus rief alle zu sich. Auch die Schwachen, die Armen, die Sünder. Und er riss das Böse nicht aus, indem er den freien Willen seiner Zuhörer manipulierte. Er setzte den Kampf zwischen Glaube und Unglaube in Gang, entschied ihn aber nicht, sondern fordert jeden Einzelnen auf, sich aus freien Stücken für oder gegen ihn zu entscheiden. Das Gute und das Böse werden bis zum Ende der Menschheitsgeschichte fortbestehen, auch im Christentum. Es ist eins der größten Geheimnisse der Heilsgeschichte, aber bereits in einem Gleichnis Christi verbürgt: Weizen und Unkraut sollen bis zum Ende wachsen und erst dann werden sie geschnitten und getrennt: Der Weizen kommt in die Scheune, das Unkraut ins Feuer (vgl. Mt 13,24–30). Warum das so ist, warum das Böse noch eine Weile mitwachsen darf, kann der Mensch nur erahnen: Gott will, dass seine Geschöpfe frei sind, dass ihr »Ja« in völliger Freiheit erfolgt und sie nicht wie Roboter auf Befehle reagieren. Zum Freisein gehört es, die Freiheit auch missbrauchen zu können, sonst wäre sie letztlich doch nur eine Illusion.

Christlich zu leben, bedeutet somit nicht, immer sorgenfrei, gut, friedlich und vor allem Unglück beschützt zu sein. Das Christliche sieht die Wirklichkeit so, wie sie ist – mit allen dunklen Seiten des Lebens. Aber es sieht auch etwas, auf das der Einzelne eine unerschütterliche Hoffnung setzen darf: Die Frage nach dem Sinn des Lebens, nach dem Woher und Wohin der eigenen Existenz, nach einem Leben jenseits des Todes, die Sehnsucht nach Glück, Erlösung und der Befreiung von Schuld – alles das treibt die Menschen um. Heute wie in der Vergangenheit wie auch in zukünftigen Zeiten. Hin und wieder treten geniale Persönlichkeiten auf, die dem religiösen Streben ihrer Zeitgenossen Ausdruck verleihen. Die Esoterik, die seit Jahrzehnten so viele Menschen fesselt, geht zurück auf einzelne Gestalten, die religiöse Traditionen aufnahmen, sie mit zeitgenössischen Strömungen – wie etwa der Naturverehrung – sowie eigenen Gedanken verbanden und daraus ein neues Ideengebäude entwickelten, das den religiösen Sehnsüchten vieler Zeitgenossen entsprach. Es ist eine Bewegung von »unten« nach »oben«: Man sucht sich seinen Himmel, sein Paradies. Das taten die alten Ägypter, Assyrer und Babylonier – und das werden die Menschen des kommenden Jahrtausends tun.

Das Christentum dagegen ist die einzige Religion, wo sich nicht der Mensch seinen Gott, sondern Gott die Menschen suchte, wo das Irdische nicht den Himmel erdachte, sondern der Himmel auf die Erde fiel. Johannes der Täufer ging und Jesus Christus kam. Weihnachten: Gott wurde Mensch. Das Kreuz war schließlich die Antwort der religiösen Elite auf diesen unerhörten Anspruch des Menschensohnes. Und dessen Antwort war Ostern: die Auferstehung. Die beiden wichtigsten Feste des Christentums, Weihnachten und Ostern, erinnern nicht an Ideen und Werte, sondern daran, dass vor zweitausend Jahren etwas Unerhörtes geschehen ist. Der Sohn Gottes fing an, sich aus Juden und Heiden ein neues Volk zu sammeln, mit den zwölf Aposteln an der Spitze. Mit den religiösen Vorstellungen seiner Zeit hat Jesus Christus kräftig aufgeräumt. An deren Stelle setzte er eine ganz neue Botschaft: »Ich bin der Weg, die Wahrheit und das Leben.« Nicht ein religiöses System oder noch so geniale Welterklärungstheorien stehen im Zentrum des Christentums, sondern eine Person, die vor zweitausend Jahren kam, starb und auferstand. Eine Geschichte im besten Sinne, die mit Abraham begonnen hatte, nahm ab dann einen neuen und schließlich weltumfassenden Lauf. Wer das Wesen des Christentums kennzeichnen will, sollte es weniger als Religion oder System religiöser Lehren begreifen, sondern als eine Geschichte, als die Geschichte eines Volkes, das sich Gott selber geschaffen hat.

Christlich bedeutet also, mit beiden Beinen auf dem Boden der Tatsachen zu stehen und sich nicht in Träume oder abstruse Theorien zu flüchten. Es bedeutet, die eigene Geschichte zu kennen und weltoffen zu sein. Die Wirklichkeit so zu nehmen, wie sie ist, mit allen Bestandteilen, und nicht einen einzigen Bestandteil dieser Wirklichkeit auszuschließen – auch nicht Gott, und dann so zu leben, als ob es Gott nicht gäbe. Christlich ist, wer an Jesus Christus glaubt, daran, dass Gott in die Welt gekommen ist, um die Menschen zu sich zu führen. Christlich ist deshalb auch, wer aus dem Glauben heraus von einer großen Hoffnung getragen ist: Dass der Mensch selbst im größten Unglück und in größter Not nicht verloren geht, sondern in Gott seine Erfüllung findet. Auch dann, wenn man einen lieben Menschen verliert oder eine schwere Krankheit zu ertragen hat. Die Hoffnung, dass es ein Leben nach dem Tod gibt und Gott jedem, der ihn sucht, ewiges Heil schenken will, ist eng verbunden mit der Liebe. Christlich ist, wer die Liebe Gottes, der am Kreuz sein Leben für die Menschen hingegeben hat, erahnt und in seinem eigenen Handeln und Denken widerspiegelt. Christlich ist, Gott und den Nächsten so zu lieben wie sich selbst. Und aus dieser Liebe heraus – jetzt kommt die Moral ins Spiel – sich und die Welt zum Guten hin zu verändern.

Wie gesagt: Das Leben des Einzelnen und die Geschichte des Christentums insgesamt sind eine dramatische Angelegenheit. Da gibt es Schwächen und Brüche, Irrungen und Wirrungen. Aber bis heute hören Christen nicht auf, Kultur und Gesellschaft menschlicher und barmherziger zu machen. Wer an das Christentum denkt, denkt an seine steinernen Zeugnisse aus der Geschichte: Von den frühchristlichen Basiliken Roms über die Grabes- und Geburtskirche im Heiligen Land bis hin zu den romanischen und gotischen Kathedralen in Deutschland. Oder an die Kunst: Museen in aller

Welt beherbergen vom Glauben christlicher Meister und der langen Tradition der Kirche inspirierte Werke verschiedenster Epochen. Auch Literatur, Philosophie und die gesamten Geisteswissenschaften wären ohne christliche Vorgaben nicht vorstellbar. Aber die Spuren des Christentums durchziehen nicht nur Museen und Bibliotheken, sie reichen weit in den Alltag hinein. Immer noch geht die Zeitrechnung von der Geburt Christi aus, sind christliche Namen eine Selbstverständlichkeit, ruht die Arbeit an den großen kirchlichen Feiertagen und »schmückt« das C eine große deutsche Partei. Aber das ist nur die Oberfläche. Überall da, wo das Christentum in Kultur und Gesellschaft eindringen konnte, schuf es eine Hinterlassenschaft, die auch atheistische Regimes nicht völlig auslöschen konnten: eine Humanisierung der Kultur, die das Innerste der Zivilisation betrifft.

Wenn man heute von geistigen Voraussetzungen spricht, auf denen der moderne Staat beruht, die er aber selber nicht garantieren kann, so sind damit Werte gemeint, die man der jüdisch-christlichen Tradition zu verdanken hat. Der Begriff der Person, die unveräußerliche Würde eines jeden Menschen, Toleranz gegenüber Andersdenkenden und Andersgläubigen – das alles leitet sich von der christlichen Grundbotschaft her, dass jeder Mensch, ob jung oder alt, stark oder schwach, das geliebte Kind des göttlichen Schöpfers ist, für dessen Heil Gott selber Mesch geworden ist.

Als schwache Wesen haben die »Kinder Gottes« immer wieder gegen diese Botschaft verstoßen. Aber die Kirche – selber nicht gegen die Fehler ihrer Mitglieder gefeit – trägt dieses Wissen durch die Zeit. Sie ist die eigentliche Errungenschaft des Christentums. Die Kirche ist mehr als eine Institution mit einer Hierarchie und Lehrtradition. Darüber hinaus ist sie wie ein Volk, das sich Gott in der Geschichte sammelt, um seine Barmherzigkeit und sein Erlösungswerk in Jesus Christus zu bezeugen – durch Liturgie, Verkündigung und Caritas. Überall da, wo sich die Kirche ausbreitet – man schaue nach Indien, Afrika oder die armen Regionen Lateinamerikas –, findet jene

Humanisierung der Kultur statt. Es entstehen Orte der Solidarität, der tätigen Liebe und der Ehrfurcht vor dem Leben. Auch wenn die Kirche in ihren alten Kernlanden in Europa manchen bürokratisch erstarrt vorkommen mag, trägt sie als universale Gemeinschaft das von Gott offenbarte Urwissen mit sich: Wer der Mensch ist, woher er kommt, wohin er geht, was es heißt, sein persönliches Heil zu finden. Es wird Zeit, sich mit dieser einzigartigen Stiftung zu befassen.

Was ist die Kirche?

DER EINWAND

Die Kirche tritt mit dem hohen Anspruch auf, eine göttliche Gründung zu sein. Aber eigentlich ist sie doch nur eine menschliche Erfindung.

Ein Zeitreisender, dem ein »Sprung« in das Jahr der Kreuzigung Jesu Christi möglich wäre, könnte am Ort jenes Geschehens erstaunliche Eindrücke sammeln. Zwölf vollkommen verschreckte Apostel im Moment der Hinrichtung ihres Idols. Und dann Flucht, Verzweiflung, ängstliche Zusammenkünfte hinter verschlossenen Türen. Nur eine Frau, Maria, die Mutter des Gekreuzigten, scheint diese armselige Truppe irgendwie zusammengehalten zu haben. Später heißt es, plötzlich und unverhofft sei diesen armen Fischern der totgeglaubte Jesus erschienen. Aber selbst einer von ihnen, der bei der ersten Begegnung nicht dabei war, hat dieser Nachricht zunächst wenig Glauben geschenkt.

Dann ist davon die Rede, dass der angeblich Auferstandene in den Himmel aufgefahren sei. Und wenn sich unser Zeitreisender von jener Himmelfahrt in der Zeitskala nur zehn Tage weiter nach vorne bewegt, erlebt er wieder etwas Merkwürdiges. Die zwölf verängstigten Fischer verlassen ihr Versteck, der grobschlächtigste von ihnen, ein gewisser Petrus, der früher Simon hieß, fängt an, beinahe wie ein Betrunkener zu schwärmen und zu reden, und sofort schließen sich diesem Klübchen von zwölf charismatischen Fischern dreitausend weitere Menschen an: Sie lassen sich taufen, wie es in Berichten von Augenzeugen heißt. Die Kirche erlebt die öffentlich sichtbare Stunde ihrer Geburt.

Der Zeitreisende kann sich nun etwas schneller in Richtung Zukunft fortbewegen und auch verschiedene Orte aufsuchen: neben Jerusalem Ephesus, Antiochien, Korinth, Athen und schließlich Rom. Überall findet er jetzt kleine Gemeinschaften von Menschen, die die Taufe empfangen und zusammenkommen, um sich an die Taten Jesu Christi zu erinnern und sein Evangelium zu verkünden. Es hat also keinen Bruch gegeben zwischen der Botschaft Jesu und der Jüngerbotschaft nach Ostern und Pfingsten. Man kann nicht sagen, Jesus habe vom Reich Gottes gesprochen, die Apostel hätten stattdessen Christus verkündigt und schließlich habe die Kirche sich selbst zum Mittelpunkt gemacht. Jesus war viel mehr als ein etwas eigenwilliger Rabbi und, wenn er auch die starre Gesetzestreue der Juden teilweise arg kritisierte, etwas ganz anderes als ein Revolutionär gegen die religiöse Ordnung der Pharisäer und Sadduzäer oder gegen die politische Herrschaft Roms.

Jesus – so könnten wir sagen – war eine Überraschung! Eine Gestalt, die so niemand erwartet hatte. Auch der Tod Christi und dann das leere Grab trafen die Jünger vollkommen unvorbereitet. Erst im Licht der Auferstehung und kraft des Heiligen Geistes, der sich Pfingsten zeigte, haben die an Jesus Glaubenden allmählich zu begreifen gelernt, dass Mose und die Propheten des Alten Testaments in der Tat von ihm gesprochen hatten – so wie die Emmausjünger es begriffen, als Jesus sie begleitete und mit ihnen redete. Als ihr Herz brennend geworden war, öffneten sich endlich ihre Augen und sie erkannten ihn (Lk 24,31).

In dieser frühen Phase der Kirche ist es also kaum möglich, einen Erfinder auszumachen. Die Christen lebten nicht wie in einer Denkfabrik zwecks Ausformulierung einer neuen Heilslehre oder der Etablierung eines alternativen religiösen Kults. Sie sahen sich vielmehr in eine Geschichte hineingestellt, die mit Christus begonnen hatte und dann über Verwandte, Freunde oder Arbeitskollegen zu ihnen gelangt war. Das wiederum lehrte sie zu verstehen, was mitten unter ihnen und mit ihnen geschah. Sie bildeten eine Gemeinschaft der an Christus Glaubenden, eine Kirche eben, der sich Gott in seinem Sohn geoffenbart hatte. Nur der Glaube und die Erinnerung an Jesus Christus machte es ihnen möglich, das Wesen dieser Kirche zu erfassen und anzuerkennen, dass sie ihr zugehören. Und das gilt bis heute: »Es ist nicht so«, sagte einmal der englische Theologe John Henry Newman, »als dränge die Kirche den Glauben auf, sondern der Glaube verpflichtet die Menschen, die Kirche anzunehmen.«

Wohin sollen wir auch anders gehen, wenn wir an Jesus Christus glauben, als in seine Kirche? Es hat keinen Sinn, den Sohn Gottes in unserem Kopf, in religiös verbärmten Selbstfindungs-Seminaren oder in den Duftkerzen-verrucherten Meditationsräumen profitsüchtiger Seelengurus zu suchen. Wer ihm begegnen will, muss ihn in der Gemeinschaft der Christgläubigen suchen – das heißt in der Kirche. Der Gott der Christen ja, Kirche nein, ist ein voreiliger Spruch. »Christus ja, Kirche nein!« ist so falsch wie der Satz Mozart ja, seine Musik nein, wie es einmal der Innsbrucker Bischof Reinhold Stecher ausgedrückt hat.

Im Laufe ihrer zweitausendjährigen Geschichte ist die Kirche gewachsen. Manche glauben, dass sich im Verlauf ihrer Geschichte ein Verrat an den Idealen, an der ursprünglichen Lehre Christi vollzogen hat, da Theologen oder Päpste die Kirche erst zu dem gemacht haben, was sie heute ist – was aber keineswegs mehr den Intentionen ihres Gründers entspricht.

In der Zeit Kaiser Konstantins verließen die Christen endgültig die Katakomben und ihr Glaube wurde in den folgenden Jahrhunderten unter zahlreichen christlichen Herrschern zur Staatsreligion. Theologen und Vertreter der Kirche sahen sich gezwungen, in ihrer jeweiligen Zeit auf neue Herausforderungen mit programmatischen Schriften zu reagieren, die das Verhältnis zwischen Kirche und Welt neu bestimmten. Das gilt etwa für Augustinus (354–419), der nach der Eroberung des inzwischen christlichen Roms im Jahr 410 durch die Horden des Gotenkönigs Alarich mit seinem Werk *Vom Gottesstaat* gegen den Vorwurf antrat, die Abkehr von den sieggewohnten Göttern des heidnischen Roms sei der Grund für die Katastrophe gewesen. Dem Buch *Vom Gottesstaat* verdankt die Christenheit eine der profundesten Darstellungen der Unabhängigkeit der Kirche von den Wechselfällen der Geschichte.

Dasselbe gilt für einen Papst wie Gregor VII. (ca. 1020–1085), der sich gegen die deutschen Kaiser und ihre Ansprüche auf ein fast sakrales, auch die Kirche umfassendes Herrschertum zur Wehr setzen musste. Seine programmatische Schrift *Dictatus Papae* aus dem Jahre 1075 klingt heute wie ein Dokument päpstlicher Machtanmaßung, war aber zu seiner Zeit der zutiefst religiös fundierte Versuch, den Einfluss der weltlichen Herrscher auf die Wahl des Papstes, die Ernennung der Bischöfe und die Verwaltung kirchlicher Güter zu begrenzen (die Frage des päpstlichen Primats, die in diesem Zusammenhang oft als eine der Erfindungen der Kirchenführung auftaucht, wird in einem anderen Kapitel eigens behandelt werden). Hier ging es konkret um die Bewahrung der Freiheit der Kirche – um die heute grundgesetzlich geschützte Religionsfreiheit.

Als sich die katholische Kirche schließlich im Verlauf des vergangenen Jahrhunderts aus vielen Einbindungen in das Konzert der weltlichen Mächte löste und dann im zwanzigsten Jahrhundert als moralische Autorität in aller Welt ganz neue Beachtung fand, wandelten sich auch viele Definitionen, mit denen die Kirche ihr Verhältnis zu den weltlichen Mächten beschreibt. In den Dokumenten des Zweiten Vatikanischen Konzils, der großen Versammlung des Weltepiskopats der Jahre 1962 bis 1965, fand diese Entwicklung ihren vorläufigen Abschluss. Die Kirche lebt heute in pluralen Gesellschaften mit demokratischen Regierungsformen ebenso nach ihren eigenen Gesetzen, wie sie das unter monarchisch oder gar totalitär verfassten Staatsformen tat. Und das Gesetz der Kirche ist Jesus Christus, nicht aber eine menschliche Idee.

So zeigt sich gerade beim Thema Kirche eine der größten Schwierigkeiten, die die Menschen heute, im Zeitalter der am Schreibtisch entworfenen Weltanschauungen und Ideologien, mit dem Christentum haben. Man tut so, als ließe sich die kirchliche Doktrin genauso fortschreiben, umschreiben und der Zeit anpassen, wie das bei politischen Theorien oder philosophischen Heilslehren möglich war und ist. Genauso wie die Offenbarung ist aber auch die Kirche zunächst ein historisches Faktum, also fleischlich, konkret, wirklich, und darüber hinaus etwas, das dem Menschen von außen entgegentritt, über das er nicht frei verfügen kann. Wer ein noch so geistreiches Buch über Jesus, den neuen Mann oder Revolutionär der Liebe, oder über die Kirche als Verbrechersyndikat schreibt, wird sich am Ende, wenn es um den Gehalt seiner Darlegungen geht, an der Wirklichkeit messen lassen müssen. Diese Wirklichkeit aber ist nicht das Produkt menschlicher Fantasie, sondern göttlichen Ursprungs.

Hierarchie und Apparat

DER EINWAND

Denkt man an Kirche, so fällt einem zunächst einmal Hierarchie und Apparat ein. Wenn Jesus heute leben würde, so würde er als Erstes eine Demokratisierung der erstarrten Kirchenstrukturen fordern!

Zur katholischen Kirche gehören heute über 1,2 Millarden Getaufte. Aber nicht auf sie, sondern auf die aus knapp fünftausend Bischöfen bestehende Hierarchie samt Papst und Kardinalskollegium zu schauen, gehört mit zu den Verkürzungen, die sich besonders die Massenmedien im Umgang mit der Kirche leisten. Und wenn man schon das sogenannte Volk Gottes in den Blick nimmt, dann meist solche, die bereits auf kritische Distanz zu ihrer Kirche gegangen sind. Für diese Verkürzung dürften auch Einschaltquoten und Auflagenzahlen entscheidend sein. Als es noch die »kommunistische Kirche« gab, waren vor allem deren Machthaber und die Dissidenten interessant. Und auch dann, wenn es um die katholische Kirche geht, lassen sich anscheinend nur mit dem Papst und den Kirchenkritikern Schlagzeilen machen. Die überwiegende Mehrheit der ganz normalen Gläubigen bleibt im Hintergrund.

Der Vergleich zwischen kommunistischen Regimen und der katholischen Kirche wird oft weitergesponnen. In den vergangenen Jahren war immer wieder das polemische Argument zu hören, nachdem im Osten die Hüter der alten kommunistischen Doktrinen abgetreten seien und ihnen das Volk den Rücken zugekehrt habe, sei es nun an der Zeit, dass auch die Kirche als die letzte Bastion dogmatisch denkender

Mächte geschliffen werde und ihre Insignien in den Vitrinen historischer Museen ihre letzte Ruhestätte finden mögen.

Die Verfassung und äußere Gestalt der Kirche an weltlichen Staats- und Regierungsformen zu messen, ist jedoch ein vollkommen unhistorischer Gedanke. Nie hat sich die Gemeinschaft der Getauften mit irdischen Gesellschaftsordnungen gleichschalten lassen. So fasst der Theologe Leo Scheffczyk zusammen: »Die Kirche glich sich in ihrer Gestalt niemals einer vollkommenen Monarchie an, etwa mit dem Erbfolgerecht der Herrscher, sie verstand sich niemals als Aristokratie, das heißt als ›Herrschaft der Besten‹ geführt von einer durch Geburt und Fähigkeit ausgezeichneten Klasse des Gemeinwesens, obgleich diese Staatsform nach Platon mit Bevorzugung des Philosophenstandes einem Ideal nachkäme; sie verstand sich aber auch nicht als Demokratie, bei der die Souveränität vom Volke herkommt und gleichsam allein, ›von unter her‹ aufgebaut wird.«

Als Mittlerin des göttlichen Lebens, das nun einmal von Gott her zu den Menschen kommt und nicht auf Synoden- oder Kirchentagsbeschluss hin von oben abgerufen werden kann, lebt die Kirche allein aus der Souveränität Gottes. Sie ist nicht Menschenwerk und nicht den Mechanismen von Organisationen oder Gesellschaften unterworfen, in denen die Souveränität beim Volk, bei den Mitgliedern des Gemeinwesens liegt. Zugegeben: schwer verständlich für Menschen, die schon vom Kindergarten an Kommissionen und Räte, Versammlungen und Ausschüsse gewohnt sind. In den demokratisch verfassten Ordnungen gilt das Gesetz der Mehrheit: Alles, was Menschen machen, können andere auch wieder aufheben. Alles, was aus menschlichem Gefallen kommt, kann anderen missfallen. Alles, was eine Mehrheit beschließt, kann durch eine andere Mehrheit zurückgenommen werden. Das ist gut so. Aber so wird eine Kirche, die auf Mehrheitsbeschlüssen beruht, zu einer bloßen Menschenkirche. Sie sinkt auf die Ebene des Machbaren und des Einleuchtenden – der Meinung zurück. Meinungen ersetzen folglich den Glauben, aus Gewissheiten werden Kompromisse, die irgendwelche Kirchenparlamente auch wieder ändern können.

Wenn von der Schönheit der katholischen Glaubenswelt die Rede ist, dann deshalb, weil die Kirche eben nicht mit menschlichen Institutionen und deren Strukturen zu vergleichen ist. Jesus Christus hat nicht nur eine wahre Lehre verkündet, wie die Propheten des Alten Testaments es taten. Der Katholik glaubt: Christus selbst ist die Wahrheit, in ihm ist Gottes Wort Fleisch geworden, Gott selbst trat auf die Seite der Menschen hinüber und schuf sich in der Welt einen Ort, die Kirche, um unter den Menschen gegenwärtig zu bleiben. »Ich bin mit euch alle Tage bis zur Vollendung der Welt« (Mt 28,20), versprach Jesus den Jüngern vor seiner Himmelfahrt. Gott selbst machte sich zum innersten Lebensprinzip der Kirche. Sie ist keine bloße Struktur oder erstarrte Form, sondern sie lebt.

Was lebt, muss sich beständig erneuern. Und so kennt auch die Kirche das Prinzip der Reform. Diese kann jedoch nur darin bestehen, Überflüssiges wegzunehmen, um das Wesentliche, den Kern des christlichen Ereignisses immer wieder neu aufscheinen zu lassen. Kirchliche Institutionen und rechtliche Gestaltungen sind nichts Schlechtes, im Gegenteil, bis zu einem gewissen Grad einfach nötig und unentbehrlich. Aber sie veralten, sie drohen, sich als das Wesentliche auszugeben, und sie verstellen so den Blick zum wirklich Wesentlichen. Darum müssen sie immer wieder, wie überflüssig gewordene Gerüste, abgetragen werden.

In diesem Sinne waren die großen Konzilien der Kirche immer Reformkonzilien. Das gilt für das erste, das Apostelkonzil in Jerusalem, das festlegte, dass sich die Heidenchristen nicht der Beschneidung und dem jüdischen Gesetz zu unterwerfen hätten, wie auch für das letzte, das Zweite Vatikanische Konzil, das etwa in der Frage der Stellung des Laien in der Kirche, zur Aufgabe der Bischöfe und ihrem Verhältnis zum Papst, zur Religionsfreiheit, zum Verhältnis zwischen Christentum und Judentum oder zur Liturgie überkommene Praktiken geprüft und von Überflüssigem und Unwesentlichem befreit beziehungsweise Ursprüngliches, Wesentliches wieder deutlich herausgestellt hat.

Der Grund aber, warum es in der Kirche nicht darum gehen kann, immer zeitgemäß zu sein, sich den derzeit geltenden politischen Ordnungsvorstellungen anzupassen oder jedes Modethema zu verinnerlichen, ist einfach der, dass die Kirche eine in sich schon vollkommene Gesellschaft ist, der zur Erreichung ihres Ziels (der Glückseligkeit ihrer Mitglieder) alle Voraussetzungen (die mit der Erlösungstat Jesu Christi erworbenen Gnadengaben) fest zugesichert sind.

Schaut man auf das Bild, das manche Medien von der Kirche zeichnen, so scheint ihr zwar die irdische Gesellschaft den Rang abgelaufen zu haben. Diese gilt zwar nicht als vollkommen, aber ihr wird dennoch zugestanden, die wahren Heiligtümer der Menschheit (Toleranz, Pressefreiheit, Menschenrechte, Religionsfreiheit, Demokratie, Sozialstaatlichkeit etc.) in den Händen zu halten, während die Kirche auf dem Weg zum wahren Fortschritt noch reichlich Nachholbedarf habe (Zulassung der Frau zum Priesteramt, Mitsprache der Laien, Befreiung der Priester vom Eheverbot).

Doch das sind weltliche Maßstäbe, über die man diskutieren darf und soll, die aber in keiner Weise den Kern, das Wesentliche berühren. Nicht die zerschundene und von unzähligen Konflikten gequälte Welt, sondern die Kirche bereitet den Weg zum Heil, das heißt sie ist jetzt schon ohne weitere Hilfe von außen und aus der ihr von Gott zugesagten Kraft dazu in der Lage, den Menschen zu erlösen. Ihr ist der Beistand des Heiligen Geistes versprochen – und nicht dem Staat oder der bürgerlichen Gesellschaft. Die Pforten der Hölle werden die Kirche nicht überwinden, den Staaten dieser Welt aber noch übel mitspielen. Die Kirche darf sich freuen, in ihrer Liturgie sogar triumphieren und das Glück, das sie mit der Frohen Botschaft in den Händen hält, auch öffentlich zeigen.

Kritisch, und damit reformträchtig, werden die Verhältnisse in der Kirche erst dann, wenn Verkrustungen, rein weltliches Denken und Agieren oder das Spiel mit der Macht das

Göttliche überdecken. Dann sind tatsächlich Reformen nötig, die aber nicht darin bestehen können, weltlichen Maßstäben oder den jeweils aktuellen politischen Ordnungsvorstellungen nachzueifern, sondern stets auf den Horizont des Ewigen verweisen müssen, auf den in der Kirche verborgenen Plan des Heils aller Menschen.

EXKURS

Wird die Kirche charismatischer?

Auf der nördlichen Hälfte des Globus ist es weniger bekannt, in der südlichen Hälfte hat es sich jedoch schon stark verbreitet: das charismatische Gesicht der Kirche. Zu Pfingsten 2017 wurde es in Rom sichtbar – mit Papst Franziskus an der Spitze.

Vor sechs Jahren erschien auf dem deutschen Buchmarkt eine Analyse des in Rom sehr bekannten Vatikankenners John L. Allen: »Das neue Gesicht der Kirche – Die Zukunft des Katholizismus«. Ein Ausblick also in das 21. Jahrhundert, den der gebürtige Amerikaner und langjährige Romkorrespondent da vorgelegt hatte. Sein Fazit: Die katholische Kirche wird am Ende des 21. Jahrhunderts evangelikaler, man kann auch sagen charismatischer sein, als sie das zu Beginn des Jahrhunderts war. Das Buch war im Original, auf Englisch, bereits 2009 erschienen. Der Autor Allen konnte damals also noch gar nicht ahnen, dass wenige Jahre später ein Lateinamerikaner Papst werden sollte, der gegenüber Evangelikalen und Charismatikern überaus aufgeschlossen ist.

Als Erzbischof von Buenos Aires war das der Jesuit Jorge Mario Bergoglio nicht von Anfang an. Er hatte die Charismatiker in Argentinien kennengelernt, aus anfänglicher Skepsis aber wurde Freundschaft – generell zu der Bewegung wie zu einzelnen Personen. Eine von diesen ist Pastor Giovanni

Traettino, wegen dem er im Sommer 2014 gleich zweimal die Stadt Caserta bei Neapel besucht hat: einmal die katholische Ortskirche, beim zweiten Mal die evangelikale Gemeinde des Pastors. Traettino war auch dabei, als Franziskus am 1. Juni 2014 mit der Katholische Charismatischen Erneuerung eine Versammlung im römischen Olympiastadion abgehalten hat, bei der er dann persönlich zu einer Jubiläumsfeier eingeladen hat, die jetzt zu Pfingsten in Rom stattgefunden hat: Fünfzig Jahre nach den Anfängen dieser Bewegung 1967 in den Vereinigten Staaten haben um die Zigtausende Charismatiker aus 120 Nationen in aller Welt mit dem Papst gefeiert. Am Abend der Pfingstvigil im römischen Circus Maximus und am Pfingstsonntag bei einem Gottesdienst auf dem Petersplatz. War das schon das neue, charismatischere Gesicht der Kirche, das der Autor John L. Allen vor wenigen Jahren vorausgesagt hat?

Vor allem die Zusammenkunft im Circus Maximus sah ganz so aus. Über fünfzigtausend Anhänger der charismatischen Bewegung füllten den langgezogenen Wiesengrund unterhalb des Palatin-Hügels, der in der Antike der Schauplatz des Martyriums vieler Christen war. Der Ort war bewusst gewählt: Heute, angesichts der neuen Wellen von Christenverfolgungen vor allem im Mittleren Osten und in Afrika, spricht man viel von der »Ökumene des Blutes«, was der Papst selber in seiner Ansprache erklärte: »Heute gibt es mehr Märtyrer als früher ... Diejenigen, die die Christen töten, fragen sie nicht zuerst: ›Bist du orthodox? Bist du katholisch? Bist du evangelisch? Bist du lutheranisch? Bist du Calvinist?‹ Nein. ›Bist du Christ?‹ – ›Ja‹: Und dann wird er sofort enthauptet. Heute gibt es viel mehr Märtyrer als in den frühen Zeiten. Und das ist die Ökumene des Blutes: Uns vereint das Zeugnis der Märtyrer von heute. In so vielen Gegenden der Welt wird christliches Blut vergossen!«

Nun war aber die Vigilfeier im Circus Maximus keine Trauerfeier, ganz im Gegenteil: Gesänge und Lobpreis, mit erhobenen Armen, wie das bei Charismatikern nun einmal ist. Die

Gesichter wie in Trance verzückt, wenn die Gebete und Lieder um die Gnade des Heiligen Geistes baten. Nicht nur katholische Charismatiker hatten sich eingefunden, auch Evangelikale, Freikirchler, Anglikaner und Protestanten. Wo charismatische Treffen stattfinden, geht es immer sehr ökumenisch zu. Lehrfragen spielen keine Rolle, auch diesmal nicht in Rom, dafür die gemeinschaftlichen Erfahrungen, unter dem Heiligen Geist zu stehen.

Papst Franziskus stand auf der Bühne, er erhob die Arme nicht zum Himmel, er hatte sie nur leicht nach oben angewinkelt, machte aber mit. Neben ihm zwei Frauen, die er wohl gut kannte, und fünf Kardinäle, unter ihnen Christoph Schönborn aus Wien, Kevin Farrell vom vatikanischen Dikasterium für Laien, Familie und das Leben, unter dessen Ägide das Treffen stattfand, und Agostino Vallini, der gerade erst emeritierte Vikar des Papstes für die Diözese Rom. Vor dem Papst sprachen Pater Raniero Cantalamessa, der Kapuziner und Prediger des Päpstlichen Hauses, der der Charismatischen Erneuerung nahesteht, und jener evangelikale Pastor aus Caserta, Giovanni Traettino, der Freund des Papstes.

Ist also Franziskus der Papst, der wesentlich dazu beiträgt, dass sich die Vision des amerikanischen Journalisten John L. Allen erfüllt? Die charismatische Bewegung ist den meisten Europäern immer noch fremd, sie ist vor allem in der südlichen Hälfte des Globus verbreitet. Aber auch im Norden gibt es deutliche Anzeichen: In der zweiten Hälfte des Pontifikats von Johannes Paul II. ist eine Jugendbewegung gewachsen, die etwa in den großen Weltjugendtagen ihren Ausdruck fand – und dann nach Rom strömte, als der polnische Papst starb. Über vier Millionen meist junge Menschen drängten sich rund um den Petersplatz, als die Nachricht von seinem Tod die Runde machte. Noch bei der Beerdigung von Paul VI. war der Petersplatz halb leer gewesen. Was war geschehen?

Träger dieser anwachsenden Bewegung waren meist nicht die klassischen Strukturen der kirchlichen Jugendarbeit gewesen, sondern junge geistliche Gemeinschaften, die sogenannten Bewegungen, und durchaus auch charismatisch inspirierte Gruppierungen. Die ökumenische Jugendarbeit von Taizé war aufgeblüht. Viele jugendliche Pilger hatten in Medjugorje zum Glauben oder einer geistlichen Berufung gefunden. Im Papst sahen sie alle eine Vaterfigur. Vor allem in traditionellen katholischen Kreisen ist auch Skepsis gegenüber den jungen geistlichen Bewegungen und Gemeinschaften zu hören, ja selbst Medjugorje und Taizé sind manchem suspekt. Diese jüngeren Gründungen mögen ihre Kinderkrankheiten haben oder nicht in das Konzept der kirchenamtlichen Pfarr- und Jugendarbeiten passen, aber sie haben alle etwas gemeinsam: Sie helfen jungen Leuten, sich – etwas spröde ausgedrückt – kirchlich zu »sozialisieren«: mit den Sakramenten zu leben sowie Gebetszeiten, Werke der Barmherzigkeit und Wallfahrten zu einem Bestandteil ihres Lebens zu machen. Damit ersetzen sie oft die, denen früher diese Formung zukam: das Elternhaus, den Religionsunterricht, die heimische Pfarrei. Auch viele evangelikale und charismatische Elemente prägen diese Form eines neuen Aufbruchs unter jungen Christen. Sicher ist: Die Einschätzung des Amerikaners Allen hat sich im letzten Jahrzehnt durchaus bewahrheitet – und Papst Franziskus ist einer der Ersten, die diese Entwicklung stärken und fördern.

3. Juni 2017

Dogma und Tradition

◇◇◇◇◇◇◇◇◇◇◇◇◇◇◇◇◇◇◇◇
DER EINWAND
◇◇◇◇◇◇◇◇◇◇◇◇◇◇◇◇◇◇◇◇

Die Kirchen werden immer leerer und die Kirchenaustritte nehmen immer mehr zu, weil die Kirche einfach nicht in der Lage ist, sich auf die aktuellen Sorgen und Probleme der Gläubigen einzustellen. Stattdessen hält sie an überkommenen Traditionen, Dogmen und alten Zöpfen fest.

Alte Zöpfe abzuschneiden, mag hin und wieder zur Verschönerung eines Hauptes beitragen, aber das Haupt bleibt dasselbe. Die Kirche hat sich laufend solcher Korrekturen des Äußeren unterzogen. Der religiös anmutende, aber doch eher irdische Handel mit Pfründen, Dispensen, Erlaubnisscheinen, schriftlichen Absolutionen, Indulgenzen, Ablasszetteln und Privilegien, der die kirchlichen Kurien noch bis ins vergangene Jahrhundert hinein beschäftigte, ist heute aus deren Alltag verschwunden.

Was blieb und was auch nach der konstantinischen Wende, der Völkerwanderung, dem Investiturstreit oder der Reformation geblieben war, ist der Grundbestand des Glaubens: das Dogma. Dogmen, Traditionen und alte Zöpfe in einem Atemzug als Ballast zu bezeichnen und sie der Zuwendung zu den aktuellen Sorgen der Gläubigen gegenüberzustellen, klingt so, als würde man einen Arzt auffordern, doch seine medizinische Kenntnis und Routine zu vergessen und sich endlich um die konkreten Leiden seiner Patienten zu kümmern. Eine Klärung der Begriffe ist hier vonnöten.

Die Kirche ist ein lebendiger Organismus. Sie als Institution darzustellen, in der Strukturen vorherrschen, nicht aber

Personen, entspringt einer eher soziologischen Betrachtungsweise, die dem Wesen der Gemeinschaft der Christgläubigen nicht angemessen ist. Die Kirche selbst bezeichnet sich als Braut Christi, als Mutter, als Volk Gottes oder Leib Christi – Begriffe, die etwas Lebendiges, Organisches, Personenhaftes zum Ausdruck bringen.

Vor allem in den Jahrzehnten vor dem Zweiten Vatikanischen Konzil reifte die Überzeugung neu heran, dass Kirche nun als etwas Innerliches erkannt und erfahren wurde, das nicht wie irgendein Apparat uns gegenübersteht, sondern in uns lebendig ist. Wenn Kirche bis dahin – also bis in die Anfänge des letzten Jahrhunderts, vielleicht auch wegen der Erfahrung einer jahrhundertelangen Einbindung der kirchlichen Macht in das politische Spiel der europäischen Mächte – vor allem als Struktur und Organisation angesehen wurde, so kam nun die Einsicht auf: Wir selber sind die Kirche; sie ist mehr als Organisation, sie ist Organismus des Heiligen Geistes, etwas Lebendiges, das uns alle von innen her umgreift.

Nicht Organisation, sondern Organismus: Diese alte – bereits in den Paulusbriefen beschriebene – Erkenntnis brach sich in den Dokumenten des Zweiten Vatikanischen Konzils neue Bahn. Romano Guardini beschrieb das in seinem Werk *Die Kirche des Herrn* so: »Kirche ist keine erdachte und konstruierte Institution, sondern ein lebendiges Wesen. Sie lebt durch die Zeit weiter; werdend wie alles Lebendige wird; sich wandelnd und dennoch im Wesen immer die gleiche, und ihr Innerstes ist Christus. Solange wir die Kirche nur als eine Organisation ansehen, als eine Behörde, als ein Zusammenschluss, haben wir zu ihr noch nicht das richtige Verhältnis. Sondern sie ist ein lebendiges Wesen und unser Verhältnis zu ihr muss selbst Leben sein.«

Das ist eins der größten Geheimnisse der Kirche, aber es prägte ihre innere Ausgestaltung im Verlauf der Geschichte: Sie ist, so sagte es der heilige Paulus, wie ein Leib – mit einem Haupt, mit Gliedern und einem inneren Lebensprinzip. Und so wie eine menschliche Person wächst und reift, so hat auch die christliche Gemeinschaft im Lauf ihrer Geschichte ein immer klareres und genaueres Wissen um das eigene Wesen entwickelt. Das ist die Tradition.

Der Vergleich mit einer menschlichen Person gilt auch in anderer Hinsicht. Gerade in den ersten Lebensjahren sammelt der Mensch Erfahrungen und Eindrücke. Er lernt und beginnt, Einsichten und Überzeugungen in sich zu tragen, die er aber oft erst später, in einem bestimmten Augenblick, bei einer beeindruckenden Begegnung oder einem wichtigen Gespräch, klar zum Ausdruck bringt. So hat auch die Kirche, sobald es die Umstände erforderten, Teile oder Aspekte ihres Glaubenswissens, das sie bereits in sich trug, später klar definiert. Das ist das Dogma.

Nach katholischem Verständnis sind Dogma und Tradition nicht aus dem Zusammenhang von Schrift und Kirche herauszulösen. Für John Henry Newman ist die Tradition das Zeugnis der lebendigen Kirche, »das bald durch den Mund der Bischöfe, bald durch die Kirchenlehrer, bald durch das Volk, bald durch die Liturgie« hervortritt. Die Offenbarung wäre kein reales Geschehen gewesen, wenn sie nicht, wie auch andere Ereignisse in der Geschichte, eine Spur im Wissen und in der Erinnerung der Menschen hinterlassen hätte. Wie viele Menschen in dieser Tradition stehen und von ihr Zeugnis geben, ist dabei zweitrangig. Und dieser wie ein Strom durch die Geschichte fließenden Überlieferung widerspricht es auch nicht, dass es ein kirchliches Lehramt gibt, das einzelne Aspekte dieses Überlieferungswissens genau definiert. In der Regel geschieht das durch das ordentliche Lehramt, das heißt durch die normale Verkündigung der Bischöfe und des Apostolischen Stuhls in Rom, in besonderen Fällen durch das außerordentliche Lehramt in Form eines ökumenischen Konzils oder einer feierlichen Definition, die der Papst ausdrücklich in seiner Eigenschaft als oberster Lehrer der katholischen Kirche (man sagt dazu *ex cathedra*) vornimmt. Diese Festlegungen durch das Lehramt sind Augenblicke, in denen die Kirche Teile oder Aspekte ihres Glaubensschatzes auch nach außen hin vernehmbar formuliert, nicht aber Versuche, von außen oder von oben das Wort Gottes und seine Geschichte unter den Menschen zu vergewaltigen.

Als etwa Papst Pius XII. im Jahr 1950 nach wiederholten Beratungen mit den Bischöfen und religiösen Gemeinschaften der ganzen Welt das Dogma von der Aufnahme Mariens in den Himmel verkündete, brachte diese feierliche Definition nur das zum Ausdruck, was das christliche Volk seit ältester Zeit geglaubt hatte. Seit dem vierten Jahrhundert kennt die Kirche das Fest Mariä Himmelfahrt und seit diesen Zeiten besteht die Überlieferung, dass die Jungfrau am Ende ihres Lebens, ohne zu sterben, mit Leib und Seele in die himmlische Herrlichkeit aufgenommen wurde, weil Gott, dessen Sohn sie zur Welt gebracht hatte, sie sofort und nicht erst nach dem Verfall der sterblichen Hölle einfach »bei sich haben« wollte. Das mag für den einen oder anderen naiv oder abwegig klingen, ist im Grunde aber vollkommen logisch. Maria war voll der Gnade, wie ihr der Engel offenbarte, das heißt, sie war von der Erbschuld befreit und damit auch von deren Folgen wie dem Tod. Mit der Aufnahme Mariens in den Himmel bekräftigte Gott nochmals die Verheißung, die an sie bei der Verkündigung ergangen war.

Ähnlich war es bei den – übrigens nicht übermäßig häufigen – Verkündigungen anderer Dogmen in der Geschichte: Sie brachten noch einmal auf den Punkt, was in der Kirche – und nicht nur in der Führungsschicht, sondern auch beim Gottesvolk – längst verbreitet war. Als das Konzil von Trient Mitte des sechzehnten Jahrhunderts die wirkliche Präsenz Jesu Christi in der Eucharistie feierlich bestätigte, hatten die Christen bereits anderthalb Jahrtausende die Messe in diesem Glauben gefeiert. Das Konzil fügte dem nichts hinzu, sondern fasste die bereits bestehende Glaubensüberzeugung nochmals präzise zusammen. Mehr nicht, aber auch nicht weniger.

Angesichts der aktuellen Entwicklung sich leerender Kirchenbänke diesen Grundbestand des Glaubens, der das Wissen der Kirche um sich selbst, sozusagen ihr Selbstbewusstsein ausmacht, zu Billigpreisen zu verhökern, um mit Blick auf aktuelle Zeitthemen doch noch das Interesse Fernstehender zu erwecken, wäre so kurzsichtig wie das Verhalten einer Schulleitung, die auf den vorgeschriebenen Lernstoff verzichtet und im Unterricht Neues und Vergängliches aus den jüngsten Jugendzeitschriften behandelt, um die Aufmerksamkeit aller Schüler zu gewinnen.

Es kann in der Kirche nicht darum gehen, den Menschen nach dem Mund zu reden. Gerade um jedem zu helfen, mit seinen Sorgen zurechtzukommen, sich in den konkreten Umständen des Alltags als Christ zu bewähren und in Schwierigkeiten und Nöten nicht die Hoffnung zu verlieren, muss die Kirche das geben, was sie wirklich zu bieten hat: Jesus Christus und sein Versprechen, bei den Seinen zu bleiben bis ans Ende der Welt.

DAS ZITAT

Friedrich Wilhelm Nietzsche: »Die Deutschen verstehen das Wesen der Kirche nicht«

Wir Europäer befinden uns im Anblick einer ungeheuren Trümmerwelt, wo einiges noch hoch ragt, wo vieles morsch und unheimlich dasteht, das meiste aber schon am Boden liegt, malerisch genug – wo gab es je schönere Ruinen? Die Kirche ist diese Stadt des Untergangs: Wir sehen die religiöse Gesellschaft des Christentums bis in die untersten Fundamente erschüttert – der Glaube an Gott ist umgestürzt, der Glaube an das christlich-asketische Ideal kämpft eben noch seinen letzten Kampf. Aber das Wunderlichste: Die, welche sich am meisten bemüht haben, das Christentum zu halten, zu erhalten, sind gerade seine besten Zerstörer geworden – die Deutschen. Es scheint, die Deutschen verstehen das Wesen der Kirche nicht.

Sind sie dazu nicht geistig genug? Der Bau der Kirche ruht jedenfalls auf einer südländischen Freiheit und Freisinnigkeit des Geistes und ebenso auf einem südländischen Verdacht gegen Natur, Mensch und Geist – er ruht auf einer ganz anderen Kenntnis des Menschen, Erfahrung von Menschen, als der Norden sie hat.

Die Luthersche Reformation war in ihrer ganzen Breite die Entrüstung der Einfalt gegen etwas »Vielfältiges«, um vorsichtig zu reden, ein grobes, biederes Missverständnis. Man übersieht heute gut genug, wie Luther in allen Kardinalfragen der Macht verhängnisvoll kurz, oberflächlich, unvorsichtig angelegt war. Er döselte auf, er riss zusammen, er lieferte die heiligen Bücher an jedermann aus – damit gerieten sie endlich in die Hände der Philologen, das heißt der Vernichter jeden Glaubens, der auf Büchern ruht. Er zerstörte den Begriff »Kirche«, indem er den Glauben an die Inspiration der Konzilien wegwarf: denn nur unter der Voraussetzung, dass der inspirierende Geist, der die Kirche gegründet hat, in ihr noch lebe, noch baue, noch fortfahre, sein Haus zu bauen, behält der Begriff »Kirche« Kraft.

Er gab dem Priester den Geschlechtsverkehr mit dem Weibe zurück: aber drei Viertel der Ehrfurcht, deren das Volk, vor allem das Weib aus dem Volk, fähig ist, ruht auf dem Glauben, dass ein Ausnahmemensch in diesem Punkt auch in anderen Punkten eine Ausnahme sein wird; hier gerade hat der Volksglaube an etwas Übermenschliches im Menschen, an das Wunder, an den erlösenden Gott im Menschen, seinen feinsten und verfänglichsten Anwalt. Luther musste dem Priester, nachdem er ihm das Weib gegeben hatte, die Ohrenbeichte nehmen, das war psychologisch richtig: aber damit war im Grunde der christliche Priester selbst abgeschafft, dessen tiefste Nützlichkeit immer die gewesen ist, ein heiliges Ohr, ein verschwiegener Brunnen, ein Grab für Geheimnisse zu sein.

»Jedermann sein eigener Priester« – hinter solchen Formeln und ihrer äußerlichen Verschlagenheit versteckte sich bei Luther der abgründige Hass auf den höheren Menschen und die Herrschaft des höheren Menschen, wie ihn die Kirche konzipiert hatte – er zerschlug ein Ideal, das er nicht zu erreichen wusste, während er die Entartung dieses Ideals zu bekämpfen und zu verabscheuen schien. Tatschlich stieß er, der unmögliche Mönch, die Herrschaft der »homines religiosi« von sich; er machte also gerade das selber innerhalb der kirchlichen Gesellschafts-Ordnung, was er in Hinsicht auf die bürgerliche Ordnung so unduldsam bekämpfte – einen Bauernaufstand. Er wusste nicht, was er tat.

Aus: Friedrich Wilhelm Nietzsche, Die Fröhliche Wissenschaft, in leicht gekürzter Fassung zitiert nach: Hans Urs von Balthasar, Der antirömische Affekt.

Eine Kirche nur der Guten?

DER EINWAND

Christus ging es vor allem um Aussätzige, Kranke und sozial Ausgegrenzte. Und so sollte sich auch seine Kirche besonders der Geschiedenen und Homosexuellen annehmen. Nicht nur, dass sie dies versäumt – sie fällt auch noch radikale Urteile über sie.

Christus ging es um alle Menschen. Und jeden, der zu ihm kam, nahm er ernst: den reichen Nikodemus wie die arme Frau, die an Blutfluss litt, oder die Samariterin am Brunnen, mit der ein frommer Jude eigentlich keinen Kontakt pflegen durfte. Nur einem einzigen gegenüber zeigte er Verachtung: Herodes Antipas, dem despotischen Lüstling und Vasallen der

Römer, der Johannes den Täufer hatte umbringen lassen und glaubte, der gefangene Jesus würde ihm ein Wunder zeigen. Wer sich ihm aber aufrichtig und ernsthaft näherte – wie zuletzt der mit ihm gekreuzigte Verbrecher –, erfuhr die ganze Zuwendung Christi.

Eine besondere Vorliebe hatte er für die Kinder. Ihre Einfachheit und ihr vorurteilsfreies Zugehen auf die Wirklichkeit stellte er den Erwachsenen immer wieder als Beispiel hin. »Wenn ihr nicht werdet wie die Kinder, werdet ihr nicht in das Himmelreich eingehen« (Mt 18,3). Wie Jesus zu den Geschiedenen gesprochen hat, berichten die Evangelien nicht. Sie berichten nur, dass er verboten hat, den Scheidebrief auszustellen. Viele, die an Aussatz litten und von der Gemeinschaft der Gesunden ausgestoßen wurden, heilte er und führte sie so in ein normales Leben zurück. Ansonsten ist nicht überliefert, wie sich Christus gegenüber sogenannten Randgruppen verhalten hat. Vor allem die gewöhnlichen, einfachen Leute sprach er an, das Volk, die normalen Menschen in den Dörfern und Städten und natürlich die Sünder, denn gerade ihnen brachte er eine wirkliche Alternative, die Befreiung von Schuld und Sünde. Die Prostituierte, die vor ihm Buße tat, der Zöllner, der den von ihm Geprellten das Zehnfache erstatten wollte, alle Reuigen liefen bei ihm offene Türen ein. In seiner Predigt geißelte er eigentlich nur den Pharisäer, der von sich glaubte, besser und gebildeter zu sein als das einfache Volk, dessen Sünde vor allem darin bestand, von der eigenen Makellosigkeit überzeugt zu sein.

Das Vorbild Jesu Christi leitet die Kirche. Ihr Auftrag ist es, die Sakramente zu spenden, das Evangelium zu verkünden, Werke der Barmherzigkeit zu üben. Sie ist dabei weder auf Eliten spezialisiert noch tritt sie an, ausschließlich Sonderfälle zu kurieren. Sie ist für alle da. Wer durch das Sakrament der Taufe Mitglied der einen, apostolischen Kirche geworden ist, dem stehen auch die anderen Sakramente offen. Die Verkündigung des Evangeliums und die karitativen Werke der Kirche richten sich an jedermann. Es wäre schlichtweg falsch, die christliche Botschaft auf eine Randgruppen-Pastoral zu verkürzen.

Dennoch: Wenn Papst Franziskus die Kirche mit einem Feldlazarett vergleicht, trägt er der Tatsache Rechnung, dass dann, wenn sich die Seelsorger wirklich unter die Menschen begeben, alles zu Tage tritt, was das Leben mit sich bringen kann: Verletzungen, berufliches oder existenzielles Scheitern, Armut, kriminelle Neigungen, Folgen von Ungerechtigkeiten wie Ausbeutung und Unterdrückung. Und wenn Franziskus dazu auffordert, in der Pastoral in die Peripherien zu gehen, ist das nicht nur geografisch gemeint, sondern betrifft auch die, denen eine soziologisch geprägte Betrachtungsweise ein Randgruppen-Dasein bescheinigt. Allerdings tut sie das nicht im Sinne eines Verständnisses von Toleranz, das zwar alle möglichen und unmöglichen Lebensstile zu akzeptieren vorgibt, in Wirklichkeit aber aus reiner Gleichgültigkeit besteht. Wer sich nur halbwegs den Blick Christi für seine Zeitgenossen zu eigen macht, der nimmt jeden Menschen ernst, ohne aber deshalb seine Überzeugungen aufzugeben. Es gibt heutzutage ein tolerantes Gehabe, das mit solchen Überzeugungen gar nichts mehr zu schaffen hat. In bundesdeutschen Talkshows gehört der »sexuelle Kick« zum Standardprogramm. Da produzieren sich Lesben, Stripper, Pornostars, und wenn das Lämpchen fürs Publikum blinkt, applaudiert und lacht man auf den Rängen – nicht aus überzeugter Anteilnahme, sondern weil es die Regeln des Medienspektakels so verlangen. Aber wie der andere, der sich da im Rampenlicht exhibitioniert, tatsächlich lebt und wie es ihm dabei geht, ist einem letztlich egal. Das mag sich Toleranz nennen, befriedigt in der Regel aber nur ganz gleich wie geartete voyeuristische Neigungen und hat mit wirklichem Interesse für den anderen nichts zu tun.

Der Blick des Christen hat die Bestimmung des Menschen vor Augen und seine Haltung gegenüber denen, die anders sind, ist deshalb weniger von Toleranz als von Barmherzigkeit geprägt. Toleranz kann auch kalt und grausam sein, zumal dann, wenn sie sich mit dem Zynismus verbindet. Barmherzigkeit läuft jedem hinterher, versucht zu helfen, zu erklären, wiederzugewinnen.

Was die unterschiedlichen sexuellen Neigungen beziehungsweise den Versuch angeht, diese Neigungen alle gleichzustellen und auch bei dauerhaften homosexuellen Verbindungen von »Ehe« zu sprechen, so hat die Kirche eine klare Haltung. Das heißt aber nicht, dass sie irgendjemanden ausgrenzt oder die Bestimmung des Einzelnen aus den Augen verliert. Da auch die Wissenschaft bis heute nicht eindeutig erklären kann, wo die Ursachen für homosexuelle Neigungen liegen, hält sich die Kirche zurück: Sie verurteilt diese Neigung an sich nicht als Sünde, sondern spricht von einem ungeordneten Zustand. Nach der christlichen Sicht des Menschen muss Sexualität, wenn sie nicht zu einer Selbstbefriedigung zu zweit verkommen will, offen für Kinder sein, was bei der gleichgeschlechtlichen Liebe nicht möglich ist. Selbst Homosexuelle erfahren ihre Sexualität als defizitär und versuchen in jüngster Zeit immer massiver, diesen Mangel durch das Recht auf Adoption von Kindern auszugleichen.

Die praktizierte Homosexualität ist für die Kirche eine ungeordnete Beziehung, sodass homosexuelle Handlungen – anders als die homosexuelle Neigung – nicht zu billigen sind. Trotz der Festigkeit in den eigenen Überzeugungen ist hier die klare Weisung erteilt, Homosexuelle nicht auszuschließen, sondern genauso wie jeden anderen zu begleiten. Den berühmten Satz, den Papst Franziskus dazu gesagt hat, muss man allerdings ganz zitieren: »Wenn einer *Gay* ist und den Herrn sucht und guten Willen hat – wer bin dann ich, ihn zu verurteilen?« Damit hat er genau das gesagt, was auch der *Katechismus der Katholischen Kirche* zu Menschen mit homosexuellen Neigungen sagt: »Sie haben diese Veranlagung nicht selbst gewählt … Man hüte sich, sie in irgendeiner Weise ungerecht zurückzusetzen. Auch diese Menschen sind berufen, in ihrem Leben den Willen Gottes zu erfüllen.«

Dass diese Haltung des Annehmens und Einbindens auch für die Geschiedenen oder Paare, deren Beziehung gescheitert ist, gilt, geht ganz eindeutig aus dem nachsynodalen Schreiben »Amoris laetitia« zu Ehe und Familie vom März 2016 hervor. Von abschätzigen oder gar radikalen Urteilen über Menschen, die nicht im Einklang leben mit den Idealen der Kirche, kann hier keine Rede sein. Ganz im Gegenteil: Da die christliche Pastoral keine erlesenen Zirkel der moralisch Vollkommenen errichten will, sondern jedem bis vor die Pforten der Hölle hinterherlaufen würde, ist sie immer gewillt, dem Suchenden bei der dramatischen Bewältigung seines Lebenswegs beizustehen. Nur muss dieser anerkennen, dass das Leben als Suche nach Heil und Erlösung tatsächlich etwas Dramatisches ist, in dem es Spannungen auszuhalten gilt und man nicht jeder kritischen Selbstprüfung dadurch ausweichen kann, selbstzufrieden den jeweils eigenen Lebensstil als den allein seligmachenden hinzustellen.

Christ ist nicht, wer ein moralisch möglichst vollkommenes Leben führt. Christ ist der, der die Selbstoffenbarung Gottes anerkennt und sie als für sein eigenes Leben bestimmend anerkennt. Darum kann ein unmoralischer, skandalöser und verkommener Mensch der Erlösung näher sein als ein Tugendbold. Der reiche Jüngling, von dem das Evangelium berichtet, war ein moralisch guter Mensch. Aber er scheiterte, weil er nicht jene Spannung, jenes Drama begriff, vor das er sich plötzlich in der Person Christi gestellt sah – letztlich hatte er nur die Bestätigung des Rabbi Jesus gewollt, ein guter und braver Mensch zu sein. Der Zöllner Matthäus hingegen – ein Mafioso seiner Zeit – und die Prostituierte begriffen plötzlich, dass vor ihnen der Sinn ihres Lebens, der Sinn aller Dinge und des ganzen Universums stand, und sie ließen sich fahren, sie gaben sich auf beziehungsweise einem anderen hin, trotz aller Unmoral und Verkommenheit, die bis eben noch ihr Leben bestimmt hatte. Doch jetzt beharrten sie nicht weiter darauf, Mitbürgern nach wie vor überhöhte Steuern abjagen oder das Geschäft der Prostitution dennoch betreiben zu dürfen. Sie wollten keinen Kompromiss. Sie gaben ihre kleine Welt auf und folgten Ihm nach – und siehe da, es änderte ihr

Leben. In der Beziehung zwischen Gott und Mensch liegt eine ungeheure Spannung. Sich dieser Spannung auszuliefern, ist ein Drama. Wer sich aber dieser Dramatizität bewusst ist, dem reicht die Kirche die Hand.

Verbotsmoral

DER EINWAND

Wie kommt es, dass die Kirche beinahe alles, was Spaß macht, verbietet? Auf jeden Fall beweist das ihre Lust an Willkür und Unterdrückung.

Arme Kinder! Alle tollen Sachen verbieten ihnen die Erwachsenen: das Spielen mit den lustigen Streichhölzern, das Bemalen der Wände, die Fernsehfilme nach zwanzig Uhr. Nun sind aber die Kinder noch Kinder und müssen lernen und die Erwachsenen besitzen Erfahrung und den Überblick. Das Leben ist kein Kinderspiel, überall lauert Gefahr. Kinder sind bildlich gesprochen nun einmal an die Leine zu nehmen.

Sollte das in der Kirche anders sein? Sind nicht auch die Gläubigen – zumal die jungen – vor den Verlockungen und Gefahren dieser Welt zu bewahren? (Vorausgesetzt, man versteht die »Sünde« als eine solche Gefahr!) Weisen nicht Lust und Spaß nur zu oft den Weg ins Verderben, sodass Verbote eher wie Wegweiser erscheinen, mit denen die Kirche die ihr anempfohlenen Christen führen will?

Der Gedanke liegt nahe und geht dennoch in die vollkommen falsche Richtung. Gott hat sich nicht offenbart und seinen Sohn in die Welt gesandt, um die Menschen unter die Fuchtel einer Verbotsmoral zu nehmen. Natürlich gibt es in der Kirche Gebote (Du sollst nicht töten, … du sollst nicht ehebrechen, ... du sollst nicht begehren deines Nächsten Weib ... etc.). Es sind nicht viele und die wichtigsten werden in einem späteren Kapitel dieses Buches noch ausführlich behandelt.

Doch kein ernsthaft denkender Mensch könnte je annehmen, dass ganze Legionen von Märtyrern wegen einiger Verbote ihr Leben gelassen haben, dass die Baumeister der gotischen Kathedralen Jahrhundertwerke sakraler Architektur geschaffen haben, nur um Geboten einen würdigen Tempel zu errichten, oder dass Männer und Frauen aller christlicher Jahrhunderte den Weg der vollkommenen Hingabe, der Armut und Zurückgezogenheit gegangen sind, weil eine willkürlich verkündete Verbotsmoral sie in den Bann geschlagen hat.

Der Inhalt der christlichen Botschaft besteht vielmehr in der Verheißung eines neuen Lebens, das alle Erwartungen des menschlichen Herzens übersteigt. »Ich bin gekommen, damit sie Leben haben und es in Fülle haben«, beschreibt Jesus seinen Auftrag als Hirte (Joh 10,10). Und jede christliche Erziehung, die der Eltern wie auch die der Kirche insgesamt, die ja die Lehrmeisterin des Glaubens ist, zielt darauf ab, den Menschen nicht Verbote, sondern die Erfüllung anzubieten, ihnen nicht eine Regel zu geben, sondern das Glück zu zeigen. Glauben heißt nicht, sich der Willkür eines kirchlichen Gesetzgebers zu unterwerfen, sondern sich an der Fülle des Lebens zu erfreuen.

Das Erste, was eine christliche Erziehung vermittelt, ist deshalb der »Geschmack am Leben«. Die Schöpfung, die Natur, die eigene Person, all das hat eine Bedeutung, einen tiefen Bestand in dem, der Himmel und Erde geschaffen hat. Es macht froh, bei der Frage nach dem Sinn der eigenen Existenz nicht bei der Antwort stehen bleiben zu müssen, letztlich kaum mehr als jener »Tropfen Schleim im Loch des Nichts« (Jean Paul Sartre) zu sein. Das Geheimnis Gottes ist unergründlich. Doch es schien auf, als sich Gott in Jesus Christus offenbart hat, in dem Menschen, der von sich sagte, er sei »der Weg, die Wahrheit und das Leben«. In einer konkreten Person wurde es möglich, in Beziehung zu dem Geheimnis zu treten, das die gesamte Schöpfung trägt.

Und so hat derjenige Glück im wahrsten Sinne des Wortes, der unter Menschen ist, in deren Gesichtern sich dieses Geheimnis widerspiegelt. »Seht, wie sie einander lieben«, lautete das Urteil der heidnischen Umgebung über die ersten Christen in der Weltstadt Rom. Liebe und Zuneigung hängen gewöhnlich von der Sympathie ab, die Menschen füreinander empfinden. Der heilige Paulus verwendet das Bild des Leibes. Dieser mystische (das heißt geheimnisvolle) Leib ist Christus, der die Kirche ist. Und zu wissen, dass auch der andere – das Kind, der Mann, die Frau, der Freund und Kollege – Teil des einen Leibes ist, hebt das Verhältnis zum Nächsten auf ein ganz anderes Niveau.

Nicht die weltlichen, sondern ganz andere Maßstäbe entscheiden über Wert und Bedeutung des eigenen Lebens. Titelbilder der Illustrierten, Fernsehserien und die allgegenwärtige Werbung propagieren den dynamischen und selbstbewussten Menschen, der Erfolg und Freiheit miteinander zu verbinden weiß. Eine Leistungsgesellschaft prämiert den Aufsteiger, den Durchsetzungsstarken, nicht aber den schwachen, geschweige denn den kranken oder alten Menschen.

Christliche Erziehung vermag es dagegen, diesem gängigen Bild eine andere, kritischere Sicht der Lebenswirklichkeit entgegenzustellen, die wesentlich mehr Faktoren berücksichtigt als die platte Optik einer Konsum- und Wohlstandsgesellschaft. Kritik ist hier im positiven Sinn gemeint. Die wachsame Frage »Was steckt dahinter?« ist nicht der ständige Versuch, um jeden Preis das Anstößige zu suchen und anzuprangern, sondern es ist die Frage nach dem Guten und Wahren, das wirkliche Hinwendung und Aufmerksamkeit verdient. Indem die Kirche die Menschen zur Kritik erzieht, bewahrt sie sie gerade vor Willkür und Unterdrückung und will sie befähigen, frei von Ballast ihrer wirklichen Bestimmung zu folgen.

Eine Frau, die in der Lage ist, eine begnadete Ballerina zu werden und darin auch ihre Erfüllung zu finden, sollte sich um ihres eigenen Glücks willen nicht in jungen Jahren durch den übermäßigen Genuss von süßen Schleckereien in ein kleines Tönnchen verwandeln, das schon beim Treppensteigen ins Schnaufen gerät. Und ein Mann, der ein erfolgreicher Politiker werden könnte, wäre schlecht beraten, als Jugendlicher im Drogenmilieu seine ganze Kraft zu lassen. Aber es geht nicht allein um die berufliche Karriere – es geht um die »Karriere« als Mensch, der im Laufe seines Lebens die Schönheit der christlichen Berufung, das heißt der Gotteskindschaft, entdecken kann.

Wenn er will. Hier spielt sich das Drama der menschlichen Freiheit ab. Der Schriftsteller C. S. Lewis hat dieses Drama in seinem Roman *Die große Scheidung* in einen imaginären Vorhimmel verlegt: Das irdische Leben ist abgeschlossen, mit einem Bus fahren die Menschen in eine paradiesisch anmutene Landschaft, wo sie vollkommen frei zwischen Gut und Böse, zwischen Himmel und Hölle entscheiden können. Auch der Zotenreißer und sexuelle Lüstling erscheint, sein Laster trägt er auf seiner Schulter in Gestalt einer roten Eidechse, beständig wispert sie ihm Anweisungen ins Ohr. Ein Engel bietet sich an, ihn von dem Tier zu befreien – ein zähes Ringen beginnt und erst nach langem Zureden ist der Lüstling bereit, sich von der Eidechse befreien zu lassen. Sofort beginnt eine ungeahnte Veränderung: Der Zotenreißer wächst zu einem hochgewachsenen Jüngling heran, aus dem Reptil wird ein herrliches Pferd. Wenige Augenblicke später jagen beide in die Freiheit davon.

In dichterischer Form ist hier Anklage gegen die weitverbreitete Haltung erhoben, das Christentum knechte die Menschen mit einer willkürlichen Verbotsmoral, nur um sie klein zu halten. Natürlich ist es möglich, sich bereits in jungen Jahren sexuell vollkommen auszuleben, um dann ausgebrannt und nach immer stärkeren Reizen suchend in die Ehe zu gehen. Aber ist ein Mann nicht männlicher und ist eine Frau nicht fraulicher und sind sie beide nicht freier, wenn sie ihre Sexualität beherrschen, statt sie zu jenem kleinen Reptil werden zu lassen, das mit der Zeit sein Eigenleben führt und um seiner selbst willen ständig befriedigt werden will? Es ist ein Ammenmärchen der heutigen Zeit, dass derjenige sich am besten entwickelt, der seine Triebe und Leidenschaften am meisten auslebt. Richtig ist vielmehr, dass derjenige seine »Höchstform« und wahre Größe findet, der Kräfte wie die Sexualität in ihren Sinnzusammenhang einzuordnen weiß.

Zurück zum Thema: Alle Menschen aber, und das gilt nicht nur für die Getauften, haben die Möglichkeit, die Vernünftigkeit des Glaubens an Gott und das ewige Leben der unsterblichen Seele zu erkennen. Sich diese Erkenntnis, die die einzig wirkliche Begründung der Würde der Person liefert, durch eine Haltung zu verbauen, die die Größe des Menschen gar nicht mehr wahrnehmen will, weil sie nihilistisch, materialistisch oder ganz einfach platt und oberflächlich ist, würde nicht nur das Glück des Einzelnen mindern, sondern ihm auch die Freiheit nehmen, sich seiner wahren Bestimmung entsprechend zu entwickeln. Eine christliche Erziehung ist deshalb immer Erziehung zur Kritik, die jedem Versuch wehren will, die Krone der Schöpfung, das Wesen Mensch, zu unterdrücken.

2. Glaube und Lehre der Kirche

Die Evangelien als authentische Quelle?

DER EINWAND

Kann man die Evangelien als authentische Quellen ernst nehmen? Sind sie nicht viel zu spät geschrieben worden? Haben die Evangelisten nicht voneinander abgeschrieben?

Ein »viergestaltiges Evangelium« – so hat Bischof Irenäus von Lyon die Berichte des Neuen Testaments über das Leben Jesu Christi genannt. Als Autoren zählte er Matthäus, Markus, Lukas und Johannes auf. Und er war sich der Echtheit ihres Zeugnisses so sicher, dass er in seiner Schrift *Adversus haereses* über die vier Evangelisten schrieb: »Nicht durch andere haben wir die Ordnung unseres Heils kennengelernt als durch diejenigen, durch die das Evangelium zu uns gekommen ist. Was sie jedoch damals mündlich verkündet haben, das haben sie später nach Gottes Willen in Schriften uns überliefert als zukünftiges Fundament und Säule unseres Glaubens.«

Irenäus schrieb diese Sätze nieder, als er gerade Bischof von Lyon geworden war: im Jahre 177 oder 178 nach Christus. Er stammte aus Kleinasien und war dort ein Schüler des heiligen Polykarp gewesen, des Vorstehers der Gemeinde von Smyrna, der wiederum als junger Mann aus dem Munde des Apostels Johannes von den Heilstaten Jesu erfahren hatte. In einem Brief an einen im Glauben schwankenden Freund, den römischen Presbyter Florianus, erinnert Irenäus daran, wie sie beide in ihrer Jugend Polykarp predigen hörten, »wie dieser von seinem Umgang mit Johannes und den Übrigen, welche den Herrn gesehen hatten, erzählte …, wie er über Jesu Wundertaten und seine Lehre predigte, als einer, dem es von solchen, die das Wort des Lebens mit eigenen Augen gesehen hatten, zugekommen war«.

Mündliche und schriftliche Überlieferung waren im zweiten Jahrhundert noch so miteinander verwoben, dass Männer wie Irenäus die Echtheit der Evangelien selber überprüfen konnten. Es gibt weitere Zeugnisse über die Authentizität der Evangelien, wie das von Papias oder Klemens von Alexandrien. Irenäus ist jedoch der herausragende Zeuge, da er sowohl die kleinasiatischen wie auch die römische und gallische Überlieferungstradition überblickte. So kann er in *Adversus haereses* in aller Klarheit schreiben: »Matthäus hat in der den Hebräern eigenen Sprache die Schrift des Evangeliums herausgegeben, als Petrus und Paulus in Rom das Evangelium verkündeten und die Kirche gründeten. Nach ihrem Exodus hat Markus, der Schüler und Hermeneut des Petrus, auch selbst das von Petrus Verkündete schriftlich uns überliefert. Auch Lukas, der Gefährte des Paulus, hat das von Paulus verkündete Evangelium in einem Buche niedergelegt. Danach hat Johannes, der Jünger des Herrn, der an der Brust des Herrn ruhte, auch selbst das Evangelium herausgegeben, als er in Ephesus in Asien weilte.«

Erst im späten achtzehnten und im neunzehnten Jahrhundert begann eine vom Rationalismus geprägte Theologie, den Ursprung des Neuen Testaments als legendär zu betrachten. Da die Evangelien von Wundern und Weissagungen Jesu berichten, die dem Rationalismus als Verstoß gegen die Naturgesetze und deshalb von vornherein als unmöglich galten, behauptete man, die Evanglien könnten nur in einer Zeit und in einem Milieu entstanden sein, in dem Zeugen des Lebens Jesu nicht mehr am Leben waren und Erinnerungen an die wirklichen Taten und Worte Jesu nur noch bruchstückhaft fortlebten. So hätten die Evangelien weniger den wirklichen Jesus im Blick gehabt als vielmehr ein Wunschbild von Christus nach Art antiker Kult- und Heilandsvorstellungen.

Um die Frage nach der geschichtlichen Echtheit der Evangelien nicht der Willkür mehr oder weniger (fantasie-)begabter Theologen zu überlassen, versuchten die deutschen Gelehrten Friedrich Dibelius und Rudolf Bultmann, den Werdeprozess der neutestamentlichen Texte streng nach literarischen Maßstäben zu beurteilen. Für sie und die darauf folgenden Forschergenerationen trat damit die Entstehungsgeschichte der Evangelien in den Vordergrund. Jede Perikope ging durch die Mühlen der Textkritik, jeder Satz wurde in seine Einzelteile zerlegt. Indem man die in den Evangelien berichteten Wunder, Berichte, Symbole, Gleichnisse gewissen Traditionen zuordnete, glaubte man die Urgemeinde zu verstehen, in der die Evangelien entstanden waren. Aber je mehr das Interesse dem Buch als literarischem Produkt galt, desto mehr schwand die Aufmerksamkeit für den Inhalt, das heißt für das Ereignis, das die Evangelien mitteilen. Die Menschwerdung Gottes in der Person Jesu Christi geriet zur Nebensächlichkeit, zu einem literarischen Stoff, den man umschreiben oder neu interpretieren kann.

Gegenüber den nur auf Vermutungen ruhenden Theorien mancher Textkritiker gilt es jedoch festzuhalten, was man aller Wahrscheinlichkeit nach über die Entstehung der Evangelien annehmen muss:

In den ersten Jahren nach Tod und Auferstehung Jesu erübrigte sich die Niederschrift seiner Taten und Worte, denn die Apostel schöpften aus ihren eigenen Erinnerungen. Antiochien, die erste große Missionskirche mit vor allem hellenistisch geprägten Diasporajuden und bekehrten Heiden, besaß aber bereits eine Sammlung von Reden Jesu, die sogenannte Logiensammlung, deren Niederschrift auf den Apostel Matthäus zurückgehen kann.

Nachdem Petrus wegen der Verfolgung des Herodes Agrippa in den Jahren 41 bis 44 Jerusalem erstmals verlassen hatte, wurden dort die Geschehnisse während des Abendmahls Jesu Christi mit seinen Aposteln, seiner Passion und Grablegung sowie die Ereignisse am Ostermorgen schriftlich niedergelegt, so wie sie bis dahin Petrus selbst der Urgemeinde vorgetragen hatte. Es dürfte sich dabei um einen Text gehandelt haben, der in Umfang und Wortlaut den Hauptteilen des Markusevangeliums von Kapitel 8,27 bis Kapitel 16,8 entspricht. Schon diese Niederschrift besorgte wahrscheinlich Johannes Markus, dessen elterliches Haus in Jerusalem Treffpunkt der Urgemeinde war (siehe Apostelgeschichte, Kapitel 12).

In der Zeit zwischen den Jahren 46 bis 48 kehrte Markus nach Jerusalem zurück, nachdem er sich von Paulus und Barnabas getrennt hatte, die zu ihrer ersten Missionsreise nach Antiochia und Pisidien aufgebrochen waren. Anschließend ging Markus nach Rom, um Petrus zu helfen. Als katechetischer Helfer unterstützte er Petrus und verfasste aller Wahrscheinlichkeit nach hier den Hauptteil seines Evangeliums, in das er das ältere Evangelium der Urgemeinde integrierte. In jedem Fall entstand das Markusevangelium vor dem des Lukas (das, wie gleich zu zeigen ist, um das Jahr 60 niedergeschrieben worden sein muss), da unbestreitbare Argumente dafür vorliegen, dass das Evangelium des Markus dem Arzt Lukas bei der Abfassung seines Evangelienberichts vorlag.

Zwar haben die Verfasser der beiden späteren synoptischen Evangelien, das des Matthäus und das des Lukas, den Text von Markus benutzt, der als Ausdruck petrinischer Tradition in Ansehen stand. Sie haben zugleich aber auch zahlreiche zusätzliche Erinnerungen und Erfahrungen aus der apostolischen Zeit verarbeitet und Teile der alten Logiensammlung der antiochenischen Missionskirche aufgenommen. Das Matthäusevangelium ist mit großer Sicherheit in einer Gemeinde entstanden, in denen gläubig gewordene Heiden und Judenchristen zusammenlebten.

Über den Verfasser dieses Evangelienberichts sind keine sicheren Angaben zu machen; dass es den Namen des Apostels und Zöllners Matthäus trägt, geht auf alte kirchliche Tradition zurück. Der Autor der Endfassung des Evangeliums hatte mit Sicherheit neben der erwähnten Logiensammlung noch eine Sonderquelle als Unterlage für seine Arbeit vorliegen, die tatsächlich auf Matthäus zurückgehen kann. Der in Mt 24,2 berichtete Satz Jesu beim Anblick des Tempels in Jerusalem: »Kein Stein wird hier auf dem anderen bleiben«, ist für viele Exegeten ein Hinweis darauf, dass die endgültige Abfassung des Matthäusevangeliums erst nach 70 n. Chr., dem Jahr der Zerstörung Jerusalems, erfolgt sein kann, da der Autor Christus sonst unmöglich eine solche Prophezeiung in den Mund gelegt haben könnte.

Dass Christus aber den Untergang Jerusalems tatsächlich vorausgesehen hat und die entsprechende Weissagung Eingang in ein vor 70 n. Chr. geschriebenes Evangelium fand, klingt modernen Exegeten wieder verdächtig nach Wunderbericht, dürfte gläubige Christen aber nicht daran hindern, auch eine Datierung vor 70 n. Chr. anzunehmen. Da die Rolle des Apostels Petrus und dessen Autorität im Matthäusevangelium stark herausgestrichen werden, liegt es jedoch nahe, eine Abfassung des endgültigen Evangeliums für die Zeit nach dem Martyrium Petri im Jahr 65 anzunehmen.

Lukas, der Arzt, ist der Bruder, der wegen seiner Verkündigung des Evangeliums in allen Gemeinden Anerkennung findet (2 Kor 8,18). Er begegnet dem Leser in Troas, von wo er mit Paulus nach Philipi geht. Lukas begleitet ihn auch am Ende der dritten Missionsreise und gehört zu jenen, die die Kollekte für die Mutterkirche von Jerusalem überbringen (vgl. 2 Kor 8,22). Um die Jahre 61 bis 63 begleitete der Arzt Paulus auf seiner Reise nach Rom, er erlitt mit ihm Schiffbruch. Er war auch sein Gefährte während der Gefangenschaft. Und in Rom vollendete er während dieser zweijährigen Haft die Apostelgeschichte, wohl kurz vor der Befreiung von Paulus im Jahre 63. Denn in seinem Bericht fehlte nicht nur jeder Hinweis auf die Zerstörung Jerusalems im Jahre 70, sondern auch auf den Tod des Völkerapostels. Paulus starb unter der Verfolgung des Nero im Jahr 64. Hätte Lukas seinen Evangelienbericht in den Jahren danach abgefasst, wäre ein Hinweis auf den Märtyrertod des Völkerapostels, der ja im Mittelpunkt der Apostelgeschichte steht, dringend zu erwarten. Stattdessen endet die Apostelgeschichte mit der Freilassung des Paulus aus römischer Haft und relativ wohlwollenden Worten über die Römer, was nach der Neronischen Verfolgung kaum der Fall gewesen wäre. Weitgehend unbestritten ist, dass Lukas auch der Autor des nach ihm benannten Evangeliums ist und dieses vor der Apostelgeschichte niedergeschrieben hat, möglicherweise während seiner Zeit in Troas, das er im Jahre 58 verließ.

Der Verfasser des Johannesevangeliums kennt Markus und wahrscheinlich auch Lukas und setzt deren Überlieferungsstoff in seiner Gemeinde als bekannt voraus, bringt jedoch ein eigenes theologisches Konzept zur Geltung, das durch die Christusanamnese im liturgischen Leben der frühen Kirche (Passahfeier, Eucharistie, Taufe) geprägt ist. Zusätzlich verarbeitet der vierte Evangelist eine solche Fülle zeitgeschichtlicher, kult- und rechtsgeschichtlicher sowie topografischer Vorgegebenheiten aus der Lebenszeit Jesu, dass nicht nur ein Rückgriff auf Augenzeugen vorliegen dürfte, sondern der Autor selber Augenzeuge der Ereignisse war. So haben archäologische Ausgrabungen die Beschreibung des Teichs Betesda im Johannesevangelium vollauf bestätigt. Überhaupt legt der Bericht immer wieder den Eindruck nahe, dass der Autor in der Person des jungen Apostels Johannes bei den geschilderten Ereignissen dabei war, so etwa bei der ersten Begegnung mit Jesus: ...es war um die zehnte Stunde (Joh 1,39). Eine Zeitangabe, wie sie jemand macht, der sich an einen unvergesslichen Augenblick erinnert.

Auch die frühchristliche Bezeugung für den Apostel Johannes als Verfasser ist von einzigartiger Deutlichkeit. Der heilige Irenäus beruft sich dabei auf Polykarp von Smyrna und Papias, die selber noch mit Johannes Umgang hatten. Auch Polykrates von Ephesus bezeugt um das Jahr 190 in einem Brief an den römischen Bischof Victor die Rolle des Evangelisten als

»Zeuge« und »Lehrer« und beruft sich für diese Tradition auf Polykarp, Sagaris von Laodica, Meliton von Sardes und sieben andere Bischöfe. Mag das Johannesevangelium nicht als Erstes niedergeschrieben worden sein, so sprechen dennoch zahlreiche Argumente dafür, dass es der Lieblingsjünger selber gegen Ende seines Lebens niedergeschrieben hat.

Einer der nie kritisch aufgearbeiteten Grundsätze der modernen Exegese seit Bultmann und Dibelius war es, dass die Ereignisse so, wie die Heilige Schrift sie schildert, nicht gewesen sein können; man müsse nur die Methoden finden, nach denen der sich dort wiedergegebene Mythos gebildet habe. Fast zweihundert Jahre haben sich ganze Generationen von Bibelforschern dem Diktat eines naturwissenschaftlichen Weltbildes unterstellt und den Gott der Heiligen Schrift ins Unfassbare, Unweltliche und Mysteriöse verwiesen. Aber Gott mit einem Weltbild entgegenzutreten, ist ungefähr so, als wolle man der Entwicklungsgeschichte der Galaxien unseres Universums mit der Straßenverkehrsordnung beikommen.

Die moderne Exegese hat Großes geleistet und in vielen Einzelfragen Klarheit geschaffen und kluge Beobachtungen angestellt. Aber sie hat den großen Zusammenhang verloren: Der Mensch kann nicht von sich aus zu den Geheimnissen Gottes vordringen. Wohl aber kann Gott in den Menschen hineindringen – wie es geschehen ist, als Gott Fleisch geworden ist, konkrete Gestalt annahm, sich den einen zeigt, den anderen nicht. Die Zeugen des Wirkens Jesu Christi haben diese Begegnung mit Gott, dieses einzigartige Ereignis in der Geschichte der Menschheit aufgezeichnet, mit all ihren Schwächen, Erinnerungslücken und Begrenzungen in der Interpretation. Aber herausgekommen ist ein plastisches, klares und zutiefst glaubwürdiges Bild des Menschen- und Gottessohns. Ihn zu verleugnen hieße, ein Stück Geschichte austilgen zu wollen.

DAS ZITAT

C. S. Lewis: Bultmann gegen die Welt

Und nun das Johannesevangelium. Lesen Sie die Dialoge: jenen mit der Samariterin am Brunnen oder das Gespräch, das der Heilung des Blindgeborenen folgt. Oder betrachten Sie die Bilder: Jesus, wie er tändelnd (wenn ich so sagen darf) mit dem Finger in den Sand schreibt; das unvergessliche »Es war aber Nacht« (13,30). Ich habe mein Leben lang Gedichte, Epen, Visionsliteratur, Mythen gelesen. Ich weiß, wie sie aussehen. Ich weiß, dass keines von ihnen dem gleicht. Über diesen Text gibt es nur zwei mögliche Ansichten. Entweder ist er eine Berichterstattung – obwohl auch manches Irrige darin enthalten sein mag –, die ziemlich genau den Tatsachen folgt. Oder aber es hat irgendein namenloser Schriftsteller im zweiten Jahrhundert, ohne bekannte Vorgänger oder Nachfolger, plötzlich die ganze moderne, romanhafte, realistische Erzähltechnik vorweggenommen.

Wenn die Sache nicht wahr ist, muss sie eine Geschichte dieser Art sein. Der Leser, der das nicht sieht, hat einfach nicht lesen gelernt … Stattdessen heißt es bei Bultmann: »Nur so ist es auch zu verstehen, dass bei Paulus und Johannes die Lehre des geschichtlichen Jesus keine oder so gut wie keine Rolle spielt … ja, die Tradition der Gemeinde hat auch nicht etwa unbewusst ein Bild seiner Persönlichkeit bewahrt, jeder Versuch, es zu rekonstruieren, bleibt ein Spiel subjektiver Fantasie« (Rudolf Bultmann, Theologie des Neuen Testaments, Tübingen 1948, S. 35f.). So ist also im Neuen Testament keinerlei Persönlichkeit unseres Herrn zu finden. Was ist in diesem gelehrten Deutschen vorgegangen, dass er blind geworden ist für etwas, das außer ihm die ganze Welt sieht? Welchen

Beweis haben wir dafür, dass er eine Persönlichkeit erkennen würde, falls sie vor ihm stünde? Hier steht Bultmann gegen die Welt. Wenn irgendetwas allen Gläubigen, und sogar manchen Ungläubigen, gemeinsam ist, dann das Bewusstsein, sie seien im Evangelium einer Persönlichkeit begegnet.

Aus: Clive Staples Lewis, Was der Laie blökt. Christliche Diagnosen. Johannes Verlag, Einsiedeln 1972.

Widersprüche der Evangelienberichte

DER EINWAND

Vergleicht man die Evangelien, so stellt man fest, dass sie voller Widersprüche sind.

Wer behauptet, die Evangelien seien »voller Widersprüche«, verwechselt Widersprüche mit Darstellungsunterschieden, Geschichtsschreibung der Antike mit moderner Historiografie, die literarische Gattung Evangelium mit der Biografie, das Glaubenszeugnis der Evangelien für Jesus, den Christus, mit einem chronologischen Protokoll der Taten und Worte des irdischen Jesus.

Die Apostel und Jünger Christi waren keine Chronisten, die sich laufend Notizen machten, sondern Augenzeugen, die vom Gang der Ereignisse vollkommen überrascht wurden. Als es später zur Verschriftung der Berichte über das öffentliche Wirken Jesu kam, geschah das, was in der Memoirenliteratur gang und gäbe ist. Ein Beispiel: Jesus hielt sich nach den Evangelien des Markus und des Lukas zunächst im Hause des Petrus auf und heilte dann einen Aussätzigen. Bei Matthäus ist es umgekehrt: Auf die Heilung des Aussätzigen folgt der

Besuch bei Petrus zuhause. Für jemanden, der Erfahrung mit historischen Quellen hat, ist das jedoch kein Problem. Wenn die Abfolge von Ereignissen nicht einer zwingenden Logik folgen muss oder durch eine eindeutige zeitliche Beziehung zu bestimmten Fixpunkten geordnet ist, können sich Unstimmigkeiten zwischen den Berichten verschiedener Autoren ergeben.

Viele Einzelheiten des öffentlichen Wirkens Jesu lassen sich also chronologisch nicht genau rekonstruieren. Dennoch übertrifft der historische Gehalt der Jesusdarstellung der Evangelien an Dichte und Vielzahl der gesicherten Details alles, was antike Geschichtsbeschreibung über andere Religionsstifter oder Weisheitslehren mitzuteilen weiß. Das geht so weit, dass israelische Archäologen in den vier Evangelien sichere Anhaltspunkte für die Rekonstruktion des alten Jerusalems finden konnten. Das aber schließt nicht aus, dass bei den Evangelisten jeweils unterschiedliche Perspektiven bei der Abfassung ihrer Berichte zum Tragen kamen.

Andere vermeintliche Widersprüche sind Darstellungsunterschiede, die zu Widersprüchen erst dann werden, wenn man sie unsachgemäß als empirische Beschreibung von Ereignissen missversteht und auf dieser Ebene miteinander vergleicht. Ob die Frauen am Ostermorgen einen Engel (wie bei Markus und Matthäus) oder zwei Engel (wie bei Lukas) zu sich sprechen hörten, ergibt keinen Widerspruch, da der jeweilige Bericht nicht ein oder zwei sichtbare Engelgestalten dingfest macht, sondern das leere Grab als von Gott verbürgtes Zeichen der Auferstehung darstellen will.

Auch bestehen viele der vermeintlichen Widersprüche in Darstellungsunterschieden zwischen den synoptischen Evangelien von Matthäus, Markus, Lukas und und dem Evangelium des Johannes andererseits. Bei ersteren scheint es nur ein Jahr der öffentlichen Wirksamkeit Jesu zu geben, bei Johannes sind es mehr als zwei Jahre mit Einschluss von drei Passahfesten. In den johanneischen Offenbarungsreden scheint sogar ein anderer Jesus zu sprechen als bei den Synoptikern. Nach

Johannes feierte Jesus das letzte Abendmahl schon am Vortag des jüdischen Passah und starb zur Stunde, als die Passahlämmer im Zuge der üblichen Festvorbereitung im Tempel geschlachtet wurden. Diese Widersprüche sind jedoch leicht zu lösen, denn die Synoptiker bieten nicht die Chronologie eines Jahres, sondern konzentrieren sich auf die Passionsgeschichte als Grundbestand des Lebens Jesu und ordnen das öffentliche Wirken in diese Darstellungskonzeption ein.

Sonstige vermeintliche Widersprüche in der Wiedergabe von Jesusreden in den Evangelien entsprechen Abweichungen, wie sie in der antiken Geschichtsschreibung verschiedener Autoren häufig sind, in denen Reden gemäß der eigenen Einfühlung in die jeweilige Situation gestaltet werden. Bei alldem bleibt aber bemerkenswert, in wie großer Übereinstimmung die Evangelien, besonders Matthäus und Lukas, Gleichnisse und andere Worte Jesu überliefern, sodass vielfach hierbei an die Wiedergabe wirklicher Erinnerung von Ohrenzeugen zu denken ist. Denn Jesus predigte eindringlich und bediente sich, wie es in der rabbinischen Überlieferung üblich war, des Öfteren auch memotechnisch einprägsamer Sprachformen.

In Fällen, in denen die sorgfältige historische Forschung und ein sicherer Befund beim Vergleich der Evangelien dennoch bei einem der Evangelisten Erinnerungslücken oder einen Verständnismangel gegenüber dem tatsächlichen Tun Jesu oder sonstige Wissensmängel feststellt, sind deshalb das betreffende Evangelium als Darstellung der Offenbarung und seine Würde als Wort Gottes nicht entwertet. Denn die Evangelisten bleiben trotz des inspirierenden Einwirkens des Geistes Gottes menschliche Verfasser mit den natürlichen Begrenztheiten ihrer geistigen Kapazität. Im deutschen Katholischen Erwachsenen-Katechismus heißt es, dass uns das Wort Gottes »nur durch menschliches Wort« erreicht. Und deren Verfasser »haben das Wort Gottes in der Sprache ihrer Zeit, den Bedingungen ihrer Zeit und Kultur entsprechend, mit Hilfe der damals üblichen literarischen Gattung zum Ausdruck gebracht«. Auch die unterschiedliche Herkunft der Apostel und Jünger, die sich Jesus angeschlossen hatten, ist dabei zu beachten: Unter ihnen waren strenge Thorajuden, andere standen der Sekte der Essener nahe, wieder andere waren kämpferische Gegner der römischen Besatzungsmacht, die alle, bereits als sie Jesus hörten, das Gesagte vor dem Hintergrund verschiedenster Erfahrungen aufnahmen und später weitergaben.

Aus der unterschiedlichen Art der Darstellung, den unterschiedlichen individuellen theologischen Sichtweisen der Evangelisten sowie aus der auf den jeweiligen Adressaten abzielenden besonderen Charakteristik eines jeden Evangeliums ergibt sich in Wirklichkeit eine wechselseitige Bestärkung der Glaubwürdigkeit, nicht aber deren Verminderung. Dies gilt auch für den Fall, dass periphere Widersprüche sich nicht ausräumen lassen. Der an antiker Literatur geschulte Historiker wertet solches als Stimmenvielfalt der Zeugen, die aber der Glaubwürdigkeit keinen Abbruch tut. Denn völlige Konformität der Aussagen würde auf Abhängigkeit der Zeugen voneinander schließen lassen und die Mehrstimmigkeit und innere Vielfalt des Zeugnisses der Evangelien einschränken.

DAS ZITAT

Benedikt XVI.: Der Jesus der Evangelien – eine historisch stimmige und sinnvolle Figur

… Für meine Darstellung Jesu bedeutet dies vor allem, dass ich den Evangelien traue. Natürlich ist das alles vorausgesetzt, was uns das Konzil und die moderne Exegese über literarische Gattungen, über Aussageabsicht, über den gemeindlichen Kontext der Evangelien und ihr Sprechen in diesem lebendigen Zusammenhang sagen. Dies alles – so gut ich konnte – aufnehmend, wollte ich doch den Versuch machen, einmal den Jesus der Evangelien als den wirklichen Jesus, als den »historischen Jesus« im eigentlichen Sinn darzustellen. Ich bin überzeugt und hoffe, auch die Leser können sehen, dass diese Gestalt viel logischer und historisch betrachtet viel verständlicher ist als die Rekonstruktionen, mit denen wir in den letzten Jahrzehnten konfrontiert wuden. Ich denke, dass gerade dieser Jesus – der der Evangelien – eine historisch sinnvolle und stimmige Figur ist.

Nur wenn Außergewöhnliches geschehen war, wenn die Gestalt und Worte Jesu das Durchschnittliche aller Hoffnungen und Erwartungen radikal überschritten, erklärt sich seine Kreuzigung und erklärt sich seine Wirkung. Schon etwa zwanzig Jahre nach Jesu Tod finden wir im großen Christus-Hymnus des Philipperbriefs (2,6–11) eine voll entfaltete Christologie, in der über Jesus gesagt wird, dass er Gott gleich war, aber sich entäußerte, Mensch wurde, sich erniedrigte bis zum Tod am Kreuz, und dass ihm nun die kosmische Huldigung, die Anbetung, zukommt, die Gott beim Propheten Jesaja (45,43) als ihm allein gebührend ankündigte.

Die kritische Forschung stellt sich mit Recht die Frage: Was ist in diesen zwanzig Jahren seit der Kreuzigung Jesu geschehen? Wie kam es zu dieser Christologie? Das Wirken anonymer Gemeindebildungen, deren Träger man ausfindig zu machen versucht, erklärt in Wirklichkeit nichts. Wieso konnten unbekannte kollektive Größen so schöpferisch sein? So überzeugen und sich durchsetzen? Ist es nicht auch historisch viel logischer, dass das Große am Anfang steht und dass die Gestalt Jesu in der Tat alle verfügbaren Kategorien sprengte und sich nur vom Geheimnis Gottes her verstehen ließ? Freilich, zu glauben, dass er wirklich als Gott Mensch *war* und dies in Gleichnissen verhüllt und doch immer unmissverständlich zu erkennen gab, überschreitet die Möglichkeiten der historischen Methode. Umgekehrt – wenn man von dieser Glaubensüberzeugung her die Texte mit historischer Methode und der inneren Offenheit für Größeres liest, öffnen sie sich und es zeigt sich ein Weg und eine Gestalt, die glaub-würdig sind.

Aus: Joseph Ratzinger – Benedikt XVI.: Jesus von Nazareth. Erster Teil, Herder Verlag, Freiburg 2006.

Gott ja, Kirche nein?

DER EINWAND

Ich bin Christ und glaube an Gott – aber bitte hören Sie mir mit der Kirche auf! Mein Verständnis von Christsein hat mit Kirche nichts zu tun.

Welches Selbstverständnis hatten die ersten Christen? Wie sahen sie sich selbst? Was dachten sie wohl, wer sie seien – damals, als es noch keine Kirchen gab, keine Bischofskonferenzen und keinen römischen Papst, keine Hirtenbriefe, Konzilien und keine vatikanischen Instruktionen? Sie sahen sich als Heilsgemeinschaft. »Brüder, ihr Söhne aus Abrahams Geschlecht und ihr Gottesfürchtigen«, rief Paulus den Leuten in einer jüdischen Synagoge zu, »uns wurde das Wort des Heils gesandt« (Apg 13,26). Dieses Heil aber, und kein Kirchenvater hat je etwas anderes behauptet, ist Christus. »In keinem anderen ist Heil zu finden«, erklärte Petrus den Ältesten und Priestern freimütig, als ihn die Juden festnahmen, »denn es ist uns Menschen kein anderer Name unter dem Himmel gegeben, durch den wir gerettet werden können« (Apg 4,12).

Man hat es also mit einer Gemeinschaft zu tun, die sich im Besitz des Heiles weiß. So sahen sich die Mitglieder der ersten christlichen Gemeinden von Jerusalem, Antiochien, Ephesus, Rom. Sie waren eine soziologische Größe, eine deutlich auszumachende Gruppe mit Mitgliedern und solchen, die auch Christen werden wollten, mit Versammlungsorten, mit Vorstehern und Presbytern, mit einem klaren Wissen um das, was sie zusammengeführt hatte. Sie hielten fest an Christus und nicht im Traum wären sie auf den Gedanken gekommen, diese ihre Gemeinschaft der Christusgläubigen zu verlassen.

Beides gehörte für sie zusammen. Und mit der Kirche von heute und ihren Gläubigen verhält es sich genauso.

Manchem mag der Hinweis auf die ersten Christen als Erklärung für aktuelle Kirchenfragen wie ein Griff in die Klamottenkiste erscheinen, als billiger rhetorischer Trick, um tatsächlich bestehende Probleme mit dem Zuckerguss verklärter Urchristen-Romantik à la »Ben Hur« und »Quo vadis« zu verkleistern. Doch wer die Grundordnung der Bundesrepublik verstehen will, muss sich mit den Vätern der deutschen Verfassung und ihren Erfahrungen befassen. Und wer wissen will, wie Kirche heute ihr Verhältnis zu Christus definiert, kommt nicht umhin, zu den Wurzeln zurückzugehen.

Die aber legen ein beredtes Zeugnis dafür ab, dass gerade das Christsein, die Zugehörigkeit zu Christus, die Menschen zur Kirche führte. Sie, die Kirche, war keine Interessenvertretung oder ein Schutzbündnis, um sich des Misstrauens und der Verfolgungen einer heidnischen Umwelt zu erwehren, sie war auch kein Apparat, den die Kleriker später erfanden, um ihre Machtposition in der christlichen Welt zu sichern und auszubauen. Die Kirche war seit ihren Anfängen das Werk und die Gründung Christi. »Du bist Petrus«, sagte Jesus zum Ersten der Apostel, »und auf diesen Felsen werde ich meine Kirche bauen« (Mt 16,18). Als die Jünger des gekreuzigten Christus am ersten Pfingsttag aus ihren Verstecken heraustraten und offen verkündeten, was sie gesehen und erlebt hatten, traten sie bereits als Kirche, als Gemeinschaft auf, die Christus selbst gestiftet hatte. »Christus ist das Haupt der Kirche. Er hat sie gerettet, denn sie ist Sein Leib« (Eph 5,23).

So lehrt das Zweite Vatikanische Konzil in seiner Erklärung über die Religionsfreiheit: »Gott selbst hat dem Menschengeschlecht Kenntnis gegeben von dem Weg, auf dem die Menschen, ihm dienend, in Christus erlöst und selig werden können. Diese einzige wahre Religion, so glauben wir, ist verwirklicht in der katholischen, apostolischen Kirche, die von Jesus dem Herrn den Auftrag erhalten hat, sie unter allen Menschen zu verbreiten.«

Eine Trennung Christi von seiner Kirche würde einer völligen Beliebigkeit Tür und Tor öffnen. Wer Christ ist und an Gott glaubt, muss sich deshalb fragen: Wie erfährt er etwas über Christus und Gott? Wie lernt er, was der Glaube an Gott und Christus konkret für sein Leben bedeutet? Und wo oder wie kann er Schwierigkeiten abklären, vor die ihn sein Glaube an Christus und Gott stellt?

Es muss einen Ort geben, an dem der Glaubende in seinen tiefsten Fragen nach dem Woher und Wohin des Menschen, nach dem Sinn des Lebens und seinem persönlichen Heil wie der Erlösung aller wahre, verlässliche Antworten erhält und nicht betrogen wird. Gott selbst will es so, er will, wie Paulus schreibt, »dass alle Menschen gerettet werden und zur Erkenntnis der Wahrheit gelangen« (1 Tim 2,4). Gott ist kein Spieler, der um die, die an Christus glauben, Labyrinthe baut und sie sich zu Tode suchen lässt. Ich bin der Weg, die Wahrheit und das Leben, verhieß Christus seinen Jüngern. Aber wie gelangt er zu uns? Wie gelangen die Wahrheit und das Leben durch die Nebelschwaden und Irrungen der menschlichen Geschichte bis in die Gegenwart, sodass handfeste und realistische Menschen darauf ihr Leben aufbauen können, ohne sich sagen zu müssen, dass sie im Grunde unvernünftig seien?

Ein theoretischer Weg wäre der, dass Gott immer wieder Mensch wird, so wie er in Christus Mensch geworden ist. Alle Jahre wieder ... Offenbar ist das aber bis jetzt nicht geschehen und es liegt nach den in dieser Hinsicht unmissverständlichen Aussagen der Heiligen Schrift auch nicht in Gottes Absicht, in mehr oder weniger regelmäßigen Abständen seine Menschwerdung zu wiederholen. Vielmehr hat Gott endgültig durch seinen Sohn zu den Menschen gesprochen, dieser hat sich »ein für alle Mal« für die Sünden der Menschen hingeopfert (Hebr 7,27) und wird erst am Ende der Zeiten wiederkommen, um die Welt zu richten (Mt 25,31).

Eine zweite Möglichkeit wäre, dass Gott seine Erlösungsbotschaft jedem Einzelnen durch eine private Offenbarung mitteilt, durch eine Art Geistesblitz, der jeden Getauften zum

Beispiel am Tag der Firmung durchzuckt. Auch hiervon ist allerdings in den heiligen Schriften nichts zu lesen – wobei diese Art der geistigen »Überrumpelung« auch schwer damit zu vereinbaren wäre, dass der Christ ja ein freies, ganz persönliches »Ja« zu Gott sagen und nicht wie ein Roboter programmiert werden soll.

Die dritte Möglichkeit wäre, dass der menschgewordene Gott durch Menschen zum Menschen gelangen und seine Menschwerdung damit in der Geschichte quasi fortsetzen möchte. Das hieße, dass Christus seine Jünger für die getreue Weitergabe seines Erlösungswerks an alle Menschen bis ans Ende der Zeit verantwortlich macht. Dass das Christentum wie ein Strom durch die Zeit fließen muss, in dem ein Tropfen den anderen bewegt, der Großvater dem Enkelkind, die Mutter dem Sohn, der Lehrer den Schülern und ein Freund dem anderen mitteilt, dass Gott Mensch geworden und damit alles ganz anders geworden ist. Sowohl nach der übereinstimmenden Erfahrung der gläubigen Christen, die alle durch Menschen den Glauben kennengelernt haben, als auch nach den ausdrücklichen Worten Jesu Christi ist das tatsächlich der Weg, den Gott gewählt hat. »Geht zu allen Völkern«, sagt er im Matthäusevangelium, »lehrt sie, alles zu befolgen, was ich geboten habe … Ich bin bei euch alle Tage bis zum Ende der Welt« (28,19–20).

Da ausnahmslos alle Menschen für Irrtümer anfällig sind – einschließlich derer, die in der Kirche Leitungsämter innehaben –, wäre aber eine unverfälschte Weitergabe der in Jesus Christus geoffenbarten Wahrheit Gottes an die Menschen aller Zeiten unmöglich, wenn Gott seine Kirche auf ihrem Weg durch die Jahrhunderte nicht an der nur ihm eigenen Unfehlbarkeit teilhaben lassen würde. Genau das aber versprach Jesus seinen Jüngern: »Ich werde den Vater bitten, und er wird euch einen anderen Beistand geben, der für immer bei euch bleiben soll. Es ist der Geist der Wahrheit … Er wird euch alles lehren und euch an alles erinnern, was ich euch gesagt habe« (Joh 14,15–16.26). Dieses Versprechen erfüllte sich am ersten Pfingsttag, als der Heilige Geist auf die Jünger Christi herabkam. Es war die Geburtsstunde der Kirche.

Jesus Christus hat die Kirche gegründet, indem er Menschen um sich sammelte und ihnen Vollmacht gab, in seinem Namen zu lehren, indem er seinen Jüngern den Heiligen Geist verheißen und gesandt sowie das Petrusamt als Garant der Einheit und Unfehlbarkeit eingerichtet hat. All das sind keine ausgefeilten Definitionen des Katechismus oder Lehrentscheide irgendwelcher Konzilien. Es ist Geschichte. Nachzulesen bei den Autoren der vier Evangelien, deren Historizität gerade in den vergangenen Jahrzehnten durch immer mehr Forschungsergebnisse bestätigt wird. Und diese Geschichte hat die Christen von heute erreicht – sie stehen mittendrin.

Es gibt also eine horizontale Dimension der Kirche, die der Begriff »Volk Gottes« zum Ausdruck bringt: Ähnlich wie das erste Gottesvolk der Heilsgeschichte, nämlich Israel, lässt sich auch die Kirche als geschichtliche, menschliche Größe verstehen, die ihren Weg durch die Welt nimmt. Und es gibt eine vertikale Dimension, wie sie das auf den heiligen Paulus zurückgehende Wort »Leib Christi« deutlich macht: Das Haupt der Kirche ist Jesus Christus, ihr Lebensprinzip ist der Heilige Geist, das heißt, sie steht in einer lebendigen Einheit mit Gott.

Außerhalb der Kirche kein Heil?

DER EINWAND

»Extra ecclesiam nulla salus« – Außerhalb der Kirche gibt es kein Heil. Dieser Absolutheitsanspruch ist doch eine unglaubliche Anmaßung. Sind nicht alle Religionen letztlich gleich? Haben wir nicht alle denselben Gott?

Natürlich sind alle Religionen letztlich gleich. Da es dem Menschen unmöglich ist, sich ein zutreffendes Bild von Gott zu machen, haben alle Gottesvorstellungen, die die Kulturen zu je unterschiedlichen Zeiten an unterschiedlichen Orten hervorgebracht haben, ihre Berechtigung.

Mit einer Ausnahme: Im Falle des Christentums haben sich nicht Menschen eine Vorstellung von Gott gemacht, sondern Gott hat sich Menschen geoffenbart. Die ewige Suchbewegung des Menschen hin zu Gott wurde um 180 Grad gedreht. In Jesus Christus suchte Gott den Menschen auf. Somit ist das Christentum letztlich keine Religion. Es ist eine Geschichte, die Geschichte, die mit dem Zusammentreffen zwischen Jesus von Nazaret und einigen Fischern und deren Freunden und Frauen vor ungefähr zweitausend Jahren ihren Anfang nahm und sich bis heute entwickelt hat.

Das ist der einzigartige Anspruch des Christentums. Die meisten Religionen kennen Propheten oder Religionsstifter. In Christus aber hat Gott selbst gesprochen, weswegen ihn der heilige Johannes in seinem Evangelium das »Wort« nennt. Wenn sich Gott aber tatsächlich mitteilt, verändert das die Lage des Menschen. Er wird herausgefordert: Nimmt er die Offenbarung an? Wird er gläubig? Oder behauptet er seine Unabhängigkeit und sein Recht, sich sein eigenes Gottesbild zu zimmern beziehungsweise die Gottesfrage gar nicht erst zu stellen?

Die Kirche sieht sich als »unter dem Wort« stehend. Sie behauptet den einzigartigen Anspruch des Christentums vor der ganzen Welt. Und wird entsprechend heftig kritisiert. Vor allem den kirchlichen Autoritäten, die diesen Anspruch auch öffentlich aufrechterhalten, wird Anmaßung vorgeworfen: Sie würden so tun, als besäßen sie die Wahrheit und könnten über das Heil verfügen. Starrsinnig, so heißt es, halte die Kirche an einer Lehre fest, die ja doch nur eine Heilslehre unter vielen sei. Und wie das krönende Sahnehäubchen schwimme auf diesem Sud von Arroganz und Scheinheiligkeit auch noch jenes »Extra ecclesiam nulla salus« (Außerhalb der Kirche kein Heil), mit dem man ganze Völkerscharen und Generationen in die Hölle verpflanze.

Dieser eilfertige Vorwurf übersieht, dass sich die Kirche selbst gar nicht als Herrin über das versteht, was sie so anspruchsvoll verkündet. Es ist eben nicht das geistige Erbe eines Religionsstifters, das da immer wieder neu zu interpretieren und der Zeit anzupassen ist. Die Kirche verfügt nicht über eine Heilslehre, wie man über Besitz oder Untergebene verfügt. Als Papst Johannes Paul II. aus Anlass der Debatte um die Frauenordination in der anglikanischen Gemeinschaft definitiv erklärte, dass es in der katholischen Kirche keine Priesterinnen geben könnte, tat er das unter Berufung auf das Vorbild Jesu, der – obwohl er auch ganz anders hätte handeln können – nur Männer zu Aposteln berufen hatte, was in der gesamten Kirchengeschichte als normsetzend akzeptiert wurde.

Über den Zölibat – eine Festlegung, die die Kirche selbst getroffen hat – kann man reden. Über die Priesterweihe der Frau, sagte der Papst, kann man das nicht. Das war kein rethorischer Trick, sondern erklärt sich aus dem Selbstverständnis der Kirche. Sie setzt sich nicht absolut. Auch die größten Kritiker und Gegner müssen zu verstehen suchen, dass die Kirche nicht in eigener Machtvollkommenheit handelt, sondern sich an das gebunden fühlt, was Jesus Christus gelehrt und eingesetzt hat. In diesen Aussagen des Gottessohns über die Dreifaltigkeit, die Menschwerdung und die Auferstehung, über das Gericht und das Leben nach dem Tod, über die Verpflichtung zur Nächstenliebe und die hohe Würde des Menschen als Kind Gottes sieht das Christentum das Offenbarwerden einer allgemeinen Wahrheit, die über allen Menschen steht und über die auch die Kirche nicht verfügen kann. Denn ihr geht es im Letzten nicht um die Behauptung einer Position und einer festen Anhängerschaft im Konzert der Weltreligionen, sondern um eben diese Wahrheit, die unverhofft in Jesus Christus deutlich geworden ist.

»Liberalität in Dingen, die nicht von letzter Bedeutung sind, ist nützlich. Liberalität dagegen hinsichtlich der letzten Fundamente, der theoretischen oder der praktischen Vernunft, ist Schwachsinn.« Dieses Zitat von C. S. Lewis unterstreicht, dass das Christentum nur ein Fundament haben kann, nicht zwei, drei oder vier. Nichtchristen mögen denken, was sie wollen. Aber in der Kirche wäre jeder Relativismus mental tödlich. Von »Zank und Streit« unter den Christen berichtet Paulus in seinem Brief an die Römer. Es war ihm zu Ohren gekommen, »dass jeder von euch etwas anderes sagt: Ich halte zu Paulus – ich zu Apollos – ich zu Kephas – ich zu Christus«. Doch niemand solle eine andere Wahrheit einführen, mahnt der Völkerapostel: »Denn einen anderen Grund kann niemand legen als den, der gelegt ist: Jesus Christus.«

Hinsichtlich der letzten Wahrheiten des christlichen Glaubens kann es keinen Pluralismus geben. Entweder hat sich das göttliche Geheimnis in Jesus Christus zu erkennen gegeben und offenbart oder es hat das nicht getan. Bei Sachverhalten, die dem Menschen vorgegeben sind und nicht in seiner Verfügungsgewalt stehen, ist jeder Relativismus unlogisch. Entweder regnet es oder es regnet nicht. Entweder ist die Erde rund oder sie ist eine Scheibe. Man kann Schwierigkeiten haben, das eine oder andere zu erkennen – weil man dösend im Bett liegt und das Geräusch des Regens nur undeutlich wahrnimmt oder weil man das Jahr 850 nach Christus schreibt und von der Krümmung der Erdoberfläche und dem Sonnensystem noch nichts weiß. Wer aber triefend im Regen steht, kann nicht mehr sagen, es regne nicht, und wer die Erde umflogen hat, kann nicht behaupten, sie sei eine Scheibe. So hat auch die Kirche nicht eifersüchtig die Privatmeinung einiger Theologen zu verteidigen oder mittelalterliche Theorien zu rechtfertigen. Sie steht vielmehr vor einer Wahrheit, die sie nicht selbst geschaffen hat, sondern die sich in Jesus Christus zeigte. Sie steht »unter dem Wort«, nicht darüber.

Darum ist das Christentum in der Lage, den Religionen der Weltgeschichte mit Aufmerksamkeit und Respekt gegenüberzutreten. Es steht nicht in irgendeinem religiösen Konkurrenzkampf. Christen müssen nicht befürchten, dass morgen eine Religion auftaucht, die ein noch ausgeküngelteres religiöses System, ein noch fantastischeres Gottesbild entwickelt. Bereits Augustinus sprach von den Spuren der einen Wahrheit, die in den anderen Religionen und Kulturen enthalten sind. Und das Zweite Vatikanische Konzil hat betont, dass die Kirche »nichts von alldem ablehnt, was in diesen Religionen wahr und heilig ist«.

Da ist das Judentum. »Unsere älteren Brüder im Glauben« nannte Papst Johannes Paul II. die Gemeinschaft der Juden, als er 1985 die Synagoge in Rom besuchte. Mit der Religion Israels teilt das Christentum nicht nur ein gemeinsames reiches Erbe, es respektiert auch die besondere Erwählung der Juden als dem Volk, dem sich Gott zuerst offenbarte. Auch der Islam, als weitere monotheistische Weltreligion, verdient die Achtung der Christen, etwa wegen seiner Treue zum Gebet, zumal seine Lehre zu einem großen Teil auf der alttestamentlichen und der christlichen Offenbarung gründet.

Aber das Christentum bewahrt nicht das Wissen um Gott, wie es ein Prophet oder ein weiser Religionsgründer verkündet hat, sondern das Gedächtnis an Jesus Christus, der unter den Menschen seiner Zeit als Sohn Gottes aufgetreten ist. Nichtchristen mögen über die christlichen Kirchen denken, was sie wollen, aber sie müssen akzeptieren, dass es sich bei ihren Mitgliedern durch alle Jahrhunderte hinweg um Menschen handelte, für die der Glaube ein absolut unverfügbares Gut ist, dem man sich nicht willkürlich bestimmend, sondern nur mit der demütigen Bitte nähern kann, das einmal Geoffenbarte besser zu verstehen.

»Niemand kommt zum Vater als durch mich«, sagt Jesus Christus im Johannesevangelium. Und indem er betont, dass zum Heil der Glaube an ihn und die Taufe notwendig sind – »Wer glaubt und sich taufen lässt, wird gerettet; wer aber nicht glaubt, wird verdammt werden« (Mk 16,16) –, betont er auch die Notwendigkeit der Kirche, in die man durch die Taufe eingegliedert wird. Der Kirchenlehrer Cyprian von Karthago (gest. 258 n. Chr.) prägte darum den Satz: »Außerhalb der Kirche ist kein Heil.«

Was aber ist mit den Menschen, die die Kirche nicht kennenlernen oder sie – räumlich oder als Mitglieder einer anderen Religionsgemeinschaft – aus einer solchen Ferne erleben, dass sie für sie nie als wirkliche Alternative in Frage kommt? Die Kirche lehrt, dass Gott Menschen auch ohne ihre unmittelbare Vermittlung zum ewigen Heil führen kann. Das bereits zitierte »Extra Ecclesiam nulla salus« bedeutet, dass es für die Menschen, die die Kirche kennen und als den wahren Weg zu Gott erkannt haben, heilsnotwendig ist, in der Gemeinschaft der Gläubigen zu verbleiben. Wer ohne eigenes Verschulden keine Kenntnis von der Kirche hat, kann von Gott auch auf einem anderen Weg zum Heil geführt werden.

Allerdings mindert das nicht die Bedeutung Jesu Christi und seiner Kirche für die gesamte Heilsgeschichte aller Menschen. So wie Jesus Christus sein Ja zum Willen des Vaters stellvertretend für alle Menschen gesprochen hat, so ist auch die Kirche das universale Heilssakrament für das ganze Menschengeschlecht. »Alle Völker«, heißt es in der Erklärung des Zweiten Vatikanischen Konzils zu den nichtchristlichen Religionen, »sind nämlich eine Gemeinschaft und haben einen Ursprung, da Gott das ganze Menschengeschlecht auf dem gesamten Antlitz der Erde hat wohnen lassen; auch haben sie ein letztes Ziel, Gott, dessen Vorsehung, Zeugnis der Güte und Heilsratschlüsse sich auf alle erstrecken.«

Stellvertretend und nicht ausgrenzend, für alle und nicht für einige Auserwählte steht die Kirche inmitten der Menschheit und geht auf das letzte Ziel, Gott, zu. Ihr erstes Ziel ist es, das Sakrament der tiefen Vereinigung der Menschen mit Gott zu sein, aller Menschen. Das gilt selbst für die, denen Christus während ihres irdischen Lebens ein Unbekannter bleibt. Auch für sie ist der Sohn Gottes gestorben, auch sie sind erlöst und berufen, die Herrlichkeit Gottes zu schauen.

Umwelt- und Naturschutz

DER EINWAND

Die Schöpfung ist ein großer Schatz, für den wir Christen besonders verantwortlich sind. Deshalb sollte die Kirche sich mehr um Fragen des Umwelt- und Naturschutzes kümmern als um traditionelle Gebote und Verbote.

Dass Papst Franziskus 2015 bereits seine zweite Enzyklika dem Schutz der Umwelt und der Bewahrung der Natur gewidmet hat, liegt wohl auch in seiner geistigen Nähe zu dem großen Heiligen begründet, von dem sich der Argentinier Bergoglio seinen Papstnamen lieh: »Ich glaube«, heißt es auf den ersten Seiten der Enzyklika, »dass Franziskus das Beispiel schlechthin für die Achtsamkeit gegenüber dem Schwachen und für eine froh und authentisch gelebte ganzheitliche Ökologie ist.« Und so beginnt das Schreiben mit Worten aus dem berühmten Sonnengesang des Heiligen aus Assisi: »Laudato si'

– Gelobt seist du, mein Herr, mit all deinen Geschöpfen.« Die ganzheitliche Ökologie, die die Kirche lehrt, trennt die Natur nicht von Gott und den rechten Umgang mit der Natur nicht vom rechten Umgang mit den Menschen.

Auch die Enzyklika »Caritas in veritate« (2009) von Benedikt XVI. über »die ganzheitliche Entwicklung des Menschen in der Liebe und in der Wahrheit« legt einen starken Akzent darauf, dass man die Bewahrung der Umwelt nicht trennen kann von Ehrfurcht gegenüber Gott und der Verantwortung gegenüber der ganzen Menschheit, insbesondere gegenüber den Armen und gegenüber den zukünftigen Generationen. Umwelt- und Naturschutz ist ein genuin christliches Projekt, dass jedoch von dem Glauben an den Schöpfergott nicht zu trennen ist.

Dagegen hat der neue grüne Mensch, wie ihn die Chefideologen der Ökologiebewegung hervorbringen wollten, mit dem Christsein nichts mehr gemein. Einer von ihnen war der New Age-Apostel Fritjof Capra. Für ihn ist Ökologie »ein Bewusstseinszustand, in dem sich der individuelle Mensch mit dem ganzen Kosmos verbunden fühlt«. »Nach dem Weltbild der tiefen Ökologie«, so Capra, »ist der Mensch Mitglied der gesamten biosphärischen Gemeinschaft.« Der Einzelne konzentriert sein Denken und Handeln so sehr auf die ihn umgebende Umwelt, dass »die Biosphäre selbst – Gaja – zum Gegenstand besonderer Zuneigung wird«. Es ist eine neue Religion. »Diese *religio*«, fasst Capra zusammen, »dieses Wiederverbinden, ist das tiefste Anliegen des neuen ganzheitlichökologischen Denkens.«

Die Ökologiebewegung ist dort unchristlich, wo sie die Natur, die Biosphäre, zum Gott macht. Die Umwelt zu schützen, mit der Natur pfleglich umzugehen und die Vergiftungen von Luft und Wasser in Grenzen zu halten, sind Gebote der Klugheit, denen auch die Kirche Nachdruck verleiht. Die Herrschaft über die belebte und die unbelebte Natur, heißt es im *Katechismus der Katholischen Kirche*, »die der Schöpfer dem Menschen übertragen hat, ist nicht absolut; sie wird gemessen an der Sorge um die Lebensqualität des Nächsten, wozu auch die künftigen Generationen zählen; sie verlangt Ehrfurcht vor der Unversehrtheit der Schöpfung«.

Anders aber als beim »ganzheitlich-ökologischen« Denken der New Age-Bewegung ist die Natur im christlichen Denken Schöpfung Gottes und dem Menschen anvertraut, damit er sie für sich nutze. Zugleich aber ist sie ein Zeichen der Herrlichkeit Gottes, wie gleich noch zu sehen sein wird. Und sie kennt eine Hierarchie, wie sie bereits die Schöpfungsgeschichte der Genesis lehrt. Die Krone der Schöpfung ist der Mensch, geschaffen nach dem Ebenbild Gottes. Nach dem Menschen kommen das Tier, die Pflanzen und dann die unbelebte Materie. Dass im bunten Blätterwald der grünen Betroffenheits-Postillen der Schutz von Kröten oft vor dem Schutz der Kinder und zumal der ungeborenen Kinder rangiert, ist eine mentale Verirrung, die der Schöpfung widerspricht. Dass man Batterien beflissentlich als Sondermüll entsorgt, aber die Oma ins Altersheim und die eigene Frau zum Teufel jagt, ist eine ebenso perverse Folge des irrationalen Ökologismus wie jener grüne Moralismus, der gebieterisch verlangt, jeden Joghurt-Becher vor dem Wegwerfen auszuwaschen und den Hausmüll säuberlich zu trennen, sich aber über einen klinisch zerstückelten Fötus überhaupt keine Gedanken mehr macht.

Nun steht die Kirche ohnehin nicht im Verdacht, ein großer »Umweltsünder« zu sein. Stattdessen bewahrt sie in ihrer Tradition Aussagen und Beispiele größter Verehrung der Natur. Mehr noch als jeder zeitgenössische Ökologe wussten die christlichen Autoren die den Menschen umgebende Umwelt zu rühmen. So schreibt der heilige Augustinus: »Es gibt eine Stimme der stummen Erde: Das ist das schöne Antlitz der Erde. Du blickst umher und erschaust ihr Antlitz, du siehst ihre Fruchtbarkeit, siehst ihre Kräfte, wie sie den Samen empfängt, wie sie in Fülle auch Ungesätes hervorbringt. Während du sie aber bewundernd durchforschest und durchmusterst und große Gewalt, große Schönheit, herrliche Kraft entdeckst, … da kommt es dir plötzlich zum Bewusstsein, dass sie nicht von sich sein kann, sondern nur von jenem Schöpfer. Und was du in ihr gefunden hast, das ist die Stimme ihres Lobpreises, mit der sie den Schöpfer rühmt.«

In den vergangenen Jahrzehnten war es weniger die Schönheit der Natur, die in den Bann zog, als vielmehr ihre Anfälligkeit für die Folgen des technischen Fortschritts und ihre zunehmende Zerstörung durch den Abfall und die Belastungen der modernen Industriegesellschaft. Es ist kein Zufall, dass gerade christliche Autoren die Bedrohungen durch Wissenschaft und Technik frühzeitig erkannten. Als Romano Guardini im Wintersemester 1947/48 vor seinen Studenten in Tübingen über Anfang und Ende der Neuzeit las, lieferte er bereits damals eine tiefgehende Analyse des Zustands, in dem sich Natur und Umwelt heute befinden und die er mit den Begriffen vom »nicht-humanen Menschen« in der »nicht-natürlichen Natur« umschrieb. Guardini wusste nicht, dass dreißig Jahre später ein Waldsterben Europa beunruhigen oder vierzig Jahre später giftige Gase ein Loch in die Ozonschicht sprengen würde. Er wusste nichts von der Klimaerwärmung. Aber er wusste, dass die Macht des Menschen über die Natur und die geschaffenen Dinge »in einem immer ungeheuerlichen Maße« angestiegen war, ohne dass der Ernst der Verantwortlichkeit, die Klarheit des Gewissens und die Kraft des Charakters mit diesem Anstieg Schritt gehalten hätten.

Zwar gibt es auch andere Kritiker des blinden Fortschrittsglaubens der Neuzeit. Doch handelt es sich hierbei meist um Kurskorrekturen oder partielle Warnungen, die das Wesentliche außer Acht lassen. In seinem Buch *Das Ende der Neuzeit*, in das seine Tübinger Vorlesung eingegangen ist, schreibt Romano Guardini: »Nur die christliche Kritik geht tiefer. Sie kennt von der Offenbarung her die Gefahr, dass der Mensch sich an Welt und Werk verliere, weiß vom ›einen Notwendigen‹ und vermag so den zuerst enthusiastischen, dann zum Dogma gewordenen Fortschrittsoptimismus zu durchschauen. Sie erkennt die Unwahrheit des Autonomiegedankens und weiß, dass ein Kulturaufbau, der Gott wegtut, nicht gelingen kann, aus dem einfachen Grund, weil Gott ist.« Solange das christliche Denken seinen Ursprüngen treu bleibt, besitzt es ein untrügliches Gespür für die Gefährdungen der natürlichen Ordnung, so wie die oben zitierten Autoren ein Gespür für die Schönheit der Natur besaßen.

Damit ist zugleich das Bild des Menschen skizziert, für den die Bewahrung der Umwelt ein wirkliches Anliegen ist. In einer Zeit wie der heutigen, in der Profitstreben, aber auch viel Gedankenlosigkeit und betriebsblindes Herumfuhrwerken mit den natürlichen Ressourcen der Erde zu ökologischen Katastrophen führen, braucht man auf allen Ebenen verantwortungsbewusst Handelnde, die wissen, welchen Schatz die Zivilisation mit der sie umgebenden Natur in den Händen hält. Klar ist, dass die Kirche nicht den ethisch-moralischen Ausputzer in einer ansonsten umweltverachtenden Welt spielen kann. Klar ist aber auch, dass derjenige, der in der Kirche gelernt hat, die Natur als Schöpfung und Gabe Gottes zu ehren, ein sehr geeigneter Mitstreiter ist im Kreise derjenigen, die für den Schutz der Umwelt eintreten.

Jeder nach seiner Façon ...

DER EINWAND

Voltaires Verständnis von Toleranz, jeder solle nach seiner Façon glücklich werden, ist doch völlig richtig.

»Bei mir kann jeder nach seiner Façon selig werden.« Dieser Ausspruch Friedrichs II. von Preußen, dessen Hofphilosoph der Aufklärer Voltaire war, ist recht einfach dahingeredet. Die Erfahrung beweist jedoch, dass er nicht umsetzbar ist. So haben weder Friedrich II. noch Voltaire mit ihrer Façon Erfolg gehabt. Der Preußenkönig war am Ende seines Lebens einsam und verbittert, Voltaire, der auf dem Sterbebett nach dem Priester rief, so verzweifelt, dass sein Tod allen, die dabei waren, wie ein Alptraum erschien. Dabei hatten beide jede denkbare Möglichkeit, durch Einfluss, Vermögen und Bildung ihre Maxime zu verwirklichen. Doch umsonst. Wer der eigenen Nase folgt, ist immer in der Gefahr, zu schielen und nicht über deren Spitze hinauszublicken. Es stimmt einfach nicht, dass »jeder seines eigenen Glückes Schmied« sei. Wer glücklich werden will, braucht dazu immer andere. Niemand macht sich selber selig, kaum jemand ist ein guter Ratgeber in den entscheidenden eigenen Angelegenheiten.

Die christliche Alternative zur eigenen Façon ist das Gewissen. Grob betrachtet mag darin kaum ein Unterschied liegen. Doch der Anschein täuscht. Während sich die eigene Façon, die eigene Art oder Sicht der Dinge, an relativ oberflächlichen Werten oder Vorlieben festmachen können, geht die Frage nach dem Gewissen an den Kern der menschlichen Person. »Das Gewissen«, so definiert der *Katechismus der Katholischen Kirche,* »ist ein Urteil der Vernunft, in welchem der Mensch erkennt, ob eine konkrete Handlung, die er beabsichtigt, gerade ausführt oder schon getan hat, sittlich gut oder schlecht ist.« Diese Erkenntnis stellt nach der Lehre der Kirche für jeden Menschen die oberste Richtschnur seines Handelns dar. So heißt es im *Katechismus der Katholischen Kirche* weiter: »Dem sicheren Urteil seines Gewissens muss der Mensch stets Folge leisten. Würde er bewusst dagegen handeln, so verurteilt er sich selbst.«

Der überaus hohe Stellenwert, den das christliche Menschenbild dem Gewissen beimisst, geht einher mit dem dringenden Gebot, die Maßstäbe des eigenen Handelns nicht dem Zufall oder irgendwelchen Launen zu überlassen, sondern sie fortlaufend auf ihre Richtigkeit hin zu überprüfen.

»Ich habe kein Gewissen! Mein Gewissen heißt Adolf Hitler«, erklärte Hermann Göring gegenüber dem Danziger Senatspräsidenten Rauschning. Worte, die recht klar zeigen, was es heißt, das Gewissen preiszugeben. Doch es besteht nicht nur die Gefahr, dass jemand gewissenlos ist, sein Gewissen an eine höhere Macht oder einen Vorgesetzten verkauft. Wesentlich häufiger ist wohl der Fall des allmählichen Abstumpfens, der immer lauer werdenden eigenen Beurteilung dessen, was man tut und was man unterlässt. Wer täglich stiehlt, wird kaum noch analysieren, dass sein Verhalten »sittlich schlecht« ist. Der Primat des Gewissens ist so mit einer hohen Verantwortung verbunden, während sich das Beharren auf der eigenen Façon oft als Anspruch herausstellt, das Leben möglichst nach eigenem Gutdünken gestalten zu können.

Damit nun das Gewissen nicht abstumpft oder immer lauer wird, muss es geformt werden. Das ist keine Erfindung des Christentums. Überall auf der Welt hält man diejenigen hoch in Ehren, die in Vergangenheit oder Gegenwart Charakter bewiesen, sich dem Bösen nicht ergeben und auch in ausweglose Lage Haltung bewiesen haben. Doch der »aufrechte Gang« kommt nicht von irgendwo her. Die Wahrnehmung der inneren Urteilsfähigkeit über Gut und Böse beginnt schon im Kindesalter. Furcht, falsche Schuldgefühle, Selbstgefälligkeit oder Stolz sind Regungen, die eine umsichtige Erziehung zu korrigieren weiß, um den heranwachsenden Menschen die Freiheit und den Frieden des Herzens zu bewahren. Aber das sind leicht zu gefährdende Güter. Ein Leben lang besteht Gewissensbildung darin, sich das klare Gespür dafür zu erhalten, dass es zutiefst der Natur und der Bestimmung des Menschen entspricht, das Gute zu tun.

Doch schnell haben Leidenschaften, falsche Vorbilder oder die massiven Einflüsse der Medien, der Werbung und eines effekthaschenden Kulturbetriebs dieses Gespür für das Gute betäubt. Und: Was ist das Gute überhaupt? Liegt nicht eine Gefahr bereits darin, das Gute, das Wahre und Schöne zu einer Sache des persönlichen Geschmacks zu machen und so zu tun, als sei alles, aber auch wirklich alles, je nach den Umständen und dem eigenen Gutdünken zu beurteilen?

Der Mythos des hehren und unbestechlichen Gewissens zerfällt sehr rasch, wenn man hinter die Kulissen blickt und den Menschen so sieht, wie er nur allzu oft ist: schwach, hilflos und nicht selten von der nihilistischen Geisteshaltung der heutigen Zeit geprägt, der nichts mehr wirklich wichtig ist. Wenn also das Gewissen reifen und sich orientieren muss, braucht es Maßgaben. Und da vor allem der heranwachsende Mensch kaum dazu zu bewegen sein dürfte, gelehrte Schriften über Demokratie und Menschenrechte oder über das *Summum Bonum* und die Güte Gottes zu verinnerlichen, ist die Frage der Bildung des Gewissens eine Frage der Vorbilder. In dem Maße, in dem sich das Gute, das Schöne und Wahre in anderen Personen zeigt – in den Eltern, den ersten Lehrern, älteren Freunden –, entsteht eine Anziehungskraft, ein Wunsch, dem Positiven, das sich in einem anderen zeigt, zu folgen.

Ein Gewissen lässt sich nicht drillen oder nach Regeln formen. So wie am Anfang einer christlichen Moralität stets die Liebe stehen muss, so kann auch das Gewissen nicht abstrakt oder nach dem Regelwerk theoretischer Ethiken und Morallehren herangebildet werden. Es braucht Menschen, denen es folgen kann (meist sind das Vater und Mutter, Verwandte und andere, denen der Mensch in seiner Kindheit und Jugend begegnet) –, womit auch deutlich wird, wie weit eine christliche Sicht der richtigen Lebensführung von dem Konzept der »eigenen Façon« entfernt ist. Man kann nicht »selig« werden, ohne hierfür eine Anleitung zu haben, ein Vorbild, ein Modell – also etwas, dem man nachfolgen kann.

In wohl allen Kulturen und Religionen spielen solche Leitfiguren eine große Rolle. In der christlichen Kultur oder besser in dem Volk, das mittels der Offenbarung Gottes eine neue, unverwechselbare Identität gefunden hat, ist dieses Vorbild Christus. Und dieses Vorbild war so prägend, dass aus der Christenheit ein Subjekt wurde, das trotz aller historischen Bedrängnisse und Umwälzungen seine Moralität und seine Ideale bewahren konnte.

Das Sonntagsgebot

DER EINWAND

Warum soll ich gerade sonntags in die Kirche gehen? Ich bete, wann und wo ich will.

Das Trauerspiel in vielen Kirchen scheint nicht darin zu bestehen, dass den Gottesdienstbesuchern angesichts des hohen Anspruchs katholischer Glaubenswahrheiten die Spucke wegbleibt, sondern Langeweile um sich greift. Ob man sich das denn Sonntag für Sonntag antun müsse, mögen auch gläubige Katholiken fragen, für die es eigentlich selbstverständlich ist, die Kirchengebote zu achten. Und für diejenigen, die seit längerer Zeit kein Gotteshaus mehr von innen gesehen haben, stellt nicht zuletzt das monotone Gebaren bei der »sonntäglichen Pflichterfüllung« einen Hauptgrund dar, es mit der Wiederaufnahme des regelmäßigen Kirchenbesuchs erst gar nicht richtig zu versuchen.

Trotz allem – für das Sonntagsgebot der Kirche gibt es gute, ja sogar sehr gute Gründe. Das ist das eine. Das andere aber ist, dass es auch viele Christen gibt, die dieses Gebot Sonntag für Sonntag erfüllen, ohne dass man es ihnen anmerkt. Besser gesagt: Ein nicht praktizierender Christ, der sich zufällig einmal in einen Gottesdienst verirrt, muss nicht unbedingt fasziniert sein von seinen Mitbürgern, die – im Gegensatz zu ihm – zur »besseren Hälfte« der Christenheit gehören. Den meisten Menschen teilt sich der Glaube durch das Sehen mit. Kinder sehen ihre Eltern, eine Lehrerin oder einen Lehrer, Heranwachsende einen Freund, einen Priester oder einen Kreis junger Christen. In diesen engen und persönlichen Beziehungen entscheidet sich alles. Wie anders als durch das

Schauen auf die bereits Glaubenden sollte sich der Sinn des Glaubens erkennen lassen. Und wie soll jemand den Zugang zu den liturgischen Feiern und zum Gottesdienst der Kirche finden, wenn nicht diejenigen, die bereits daran teilnehmen, die Schönheit dieser Augenblicke bezeugen. Zwar mag eine hart am Wind des Zeitgeists segelnde Verkündigung mit ihrer etwas dünnflüssigen Sprache nicht immer anziehend auf bodenständige Realisten wirken. Den lautlosen Auszug aus den Kirchen jedoch ganz den Pfarrern auf der Kanzel zuzuschreiben, wäre sicherlich auch nicht richtig.

Die Gestalt, die hier wohl mehr Schaden angerichtet hat, ist eine »Erfindung« der Neuzeit. Gemeint ist der Sonntagschrist, der Wanderer zwischen den Welten, das existenzielle Chamäleon. Übrigens kein schlechter Kerl: Im Hochamt singt er kräftig mit, in den Klingelbeutel gibt er reichlich und beim Friedensgruß wird es ihm richtig warm ums Herz. Auch im zivilen Leben ist er eine respektable Persönlichkeit. Nicht nur, dass er regelmäßig Miete und Steuern zahlt. Am Arbeitsplatz steht er seinen Mann, er sorgt sich um seine Kinder und ist am Stammtisch ein gern gesehener Gast. Nur dass man ihm hier, unter Kollegen und im Freundeskreis, überhaupt nicht anmerkt, dass er laut Taufschein und der Häufigkeit des Kirchenbesuchs zufolge eigentlich ein praktizierender Christ ist.

So musste der arme Sonntagschrist schon oft Prügel einstecken – gilt er doch auch ein wenig als Heuchler, als Mann impotenter Überzeugungen oder gar als notorischer Wendehals. Zugleich aber wird man zugeben müssen, dass es die Christen früher einmal leichter hatten, ihren Glauben zu leben: öffentlich, frei, in aller Ungezwungenheit. Doch für die Kirche sind die Zeiten in der christlichen Gesellschaft und im christlichen Staat vorbei. Und da, wo sich ein katholisches oder protestantisches Milieu noch hält, bröckelt es bereits gewaltig.

Während des Übergangs von der ständischen und zutiefst christlich geprägten Gesellschaft in die Epoche der modernen säkularen Nationalstaaten hat die Kirche viel geleistet. Durch Revolutionen, Säkularisierung und Verstaatlichung der Kirchengüter selber in ihren materiellen Strukturen tief getroffen, musste sie gleichzeitig ihre Seelsorge und ihr Glaubenszeugnis mit einer gewaltigen Kraftanstrengung auf neue Verhältnisse einstellen: In den schnell wachsenden Städten und Metropolen entstanden vor allem im neunzehnten Jahrhundert ganz neue Bevölkerungsschichten von Angestellten, Arbeitern und Beamten, die sogenannte industrielle Revolution verwandelte schlagartig die gesellschaftliche Ordnung.

Überall gab es Laien und Priester, die das Gebot der Stunde erkannten. Don Bosco in Turin, Adolph Kolping im Rheinland, die Vinzenzkonferenzen in Frankreich. Aber genauso musste die Kirche erkennen, dass vielerorts ein kirchliches Vakuum entstanden war. Inmitten des städtischen Proletariats, das sich innerhalb weniger Jahrzehnte bildete, brodelten bereits die ideologischen Giftküchen und sollten ihre Wirkungen in den Jahrzehnten der Totalitarismen des zwanzigsten Jahrhunderts voll entfalten. Die Kirche aber, geschwächt durch den – im Grunde segensreichen, damals zunächst jedoch schwer zu verdauenden – Verlust ihrer weltlichen Macht, kam zu spät. Breite Schichten der Bevölkerung entfernten sich von ihr, ein Prozess der Entchristianisierung setzte ein, der bis heute anhält. Vielleicht lag hier die Geburtsstunde des »Sonntagschristen«, Produkt einer Atomisierung und Individualisierung der Gesellschaft, die sich nicht mehr als christliche empfindet.

Die Kirche ist das Volk Gottes. Doch wenn dieses Volk versprengt und Glaube zur reinen Privatsache, zum Teil der Intimsphäre, wird, verändert sich der Einzelne, er verliert die Fähigkeit, das christliche Charisma mitzuteilen. Eine Versammlung von Christen ist nie die Summe der einzelnen dort Anwesenden, sie ist immer die Summe der Anwesenden plus Christus. »Seid gewiss, ich bin bei euch alle Tage« (Mt 28,20), sagte Christus den Aposteln zum Abschied, und »wo zwei oder drei in meinem Namen versammelt sind, da bin ich mitten unter ihnen« (Mt 18,20), sicherte er den Jüngern zu.

Damit ensteht einer Verbundenheit aller Christen, die nicht in der gleichen Rasse, politisch-kulturellen Gesinnung oder Erziehung besteht, sondern in der Gnade, die Christus seiner Kirche mitteilt. Durch die Taufe wird jeder Christ Teil des Leibes Christi und Empfänger der Gaben des Heiligen Geistes. »Durch den einen Geist wurden wir in der Taufe alle in einen einzigen Leib aufgenommen, Juden und Griechen, Sklaven und Freie; und alle wurden mit dem einen Geist getränkt«, schreibt Paulus an die Korinther. Dieses Durchtränktsein mit dem einen Geist bewirkt auch jene Veränderung, die jeder Gläubige erfährt, wenn er die Gegenwart Christi in der Kirche ernsthaft anerkennt, wenn er zwar in, aber nicht mehr von dieser Welt ist, das heißt die Maßstäbe seines Handelns wechselt. Wer es ernst meint, wird Teil jener »Gemeinschaft der Heiligen«, des Leibes Jesu Christi, der innerhalb der Geschichte fortbesteht und alle, die an Christus glauben, einlädt, die Wirksamkeit der heilswirkenden Gnade Gottes zu erfahren.

Damit das aber in der Welt einen sichtbaren und objektiven Ausdruck findet, kommen die Getauften am ersten Tag der Woche – dem Tag der Auferstehung Christi – zusammen, um den Neuen Bund mit Gott und die Gemeinschaft mit Jesus Christus zu feiern. Deswegen ist der Besuch der Sonntagsmesse ein Kirchengebot. Hätte dieser gemeinschaftliche Akt keinen verbindlichen Charakter, würde der sichtbarste Ausdruck der Einheit des Leibes Christi der Beliebigkeit verfallen. »Die Kirche ist das Volk, das Gott in der ganzen Welt versammelt«, heißt es im *Katechismus der Katholischen Kirche*. Sie besteht in den Ortsgemeinden und verwirklicht sich als liturgische, vor allem als eucharistische Versammlung. Sie lebt aus dem Wort und dem Leib Christi und wird dadurch selbst Leib Christi. Hier liegt der Sinn der sonntäglichen Gottesdienste. Und nur deswegen ist es zu verstehen, dass jemand mit Freude zur Messe geht. Er weiß, dass er dieser »Gemeinschaft der Heiligen«, diesem Leib Christi immer mehr zugehört, dass er mehr und mehr in die Kirche hineinwächst, nicht in eine Institution, sondern in das mit Jesus Christus als Haupt durch die Geschichte ziehende Volk Gottes.

Was eigentlich ist die Eucharistie?

DER EINWAND

Die Hostie ist nur ein Symbol für Christi Leib, eine Realpräsenz gibt es nicht. Die Eucharistie kann deshalb nur ein Symbol für Gemeinschaft sein.

Dem Augenblick, in dem Jesus Christus zum ersten Mal von dem sprach, was die Kirche Eucharistie nennt, verdankt das Neue Testament eine seiner dramatischsten Erzählungen. Nach der Vermehrung der Brote und der Speisung einer großen Menschenmenge in der Wüste hatte sich Jesus mit seinen Jüngern auf die andere Seite des Sees Gennesaret zurückgezogen. Das Volk suchte ihn, weil er ihm Brot gegeben hatte, und wollte ihn zum König machen. In diesem Augenblick hätte sich Jesus an die Spitze Tausender ihm bedingungslos ergebener Anhänger stellen können, er hätte der messianische Befreier werden können, auf den die Juden so sehnsüchtig warteten.

Stattdessen hielt er kurz darauf in der Synagoge von Karfanaum eine Rede, die selbst seine treuesten Jünger vor den Kopf stoßen musste. »Ich bin das Brot des Lebens«, sagte er, und wer von diesem Brot esse, werde in Ewigkeit leben. Und als die Juden angesichts dieser Worte zu streiten begannen, fügte er noch deutlicher hinzu: »Wenn ihr das Fleisch des Menschensohns nicht esst und sein Blut nicht trinkt, habt ihr das Leben nicht in euch. Wer mein Fleisch isst und mein Blut trinkt, hat das ewige Leben und ich werde ihn auferwecken am Letzten Tag.«

Wie sehr hätten Petrus, Andreas und die anderen Apostel eine flammende Rede ihres Meisters gewünscht, in der er alle

Wünsche und Erwartungen der geknechteten Juden zusammengefasst und ihnen neue Hoffnung gegeben hätte. Stattdessen so etwas. Auch viele Jünger zogen sich zurück und wanderten nicht mehr mit ihm umher. »Wollt auch ihr weggehen?«, fragte Jesus die Zwölf und stellvertretend für sie antwortete Simon Petrus: »Herr, zu wem sollen wir gehen? Du hast Worte des ewigen Lebens« (Joh 6,22–71). Die Zwölf blieben, aber auch in ihrem Kreis hatte die Eucharistierede Jesu Zweifel gesät: Judas Iskariot sollte die bittere Enttäuschung aller Hoffnungen auf einen politischen Messias nicht verkraften.

Dann, als Jesus vor seiner Verhaftung mit den Aposteln ein letztes Mahl hielt, sprach er wieder von seinem Fleisch und Blut, und wieder in überaus deutlichen Worten. Es war am Vorabend des Passahfestes, an dem die Juden den Auszug ihres Volkes aus Ägypten feierten und des alten Bundes zwischen Gott und den Israeliten gedachten. Auch Jesus beging mit den Zwölfen das Mahl. Mit »großer Sehnsucht«, so sagt er bei Lukas, »hat mich verlangt, dieses Mahl mit euch zu essen« (Lk 22, 15). Etwas Bedeutungsvolles kündigte sich an. Er nahm Wein und Brot, sprach das Dankgebet, brach das Brot und reichte es mit den Worten: »Das ist mein Leib, der für euch hingegeben wird. Tut dies zu meinem Gedächtnis.« Dann reichte er ihnen den Wein: »Dieser Kelch ist der neue Bund in meinem Blut, das für euch vergossen wird« (Lk 22,19.20).

Jesus sagte das zu Männern, die nicht gewohnt waren, in Symbolen zu reden, und sich auch nicht wie die Sprachgelehrten unserer Zeit mit Begriffsdeutungen und Wortinterpretationen abgaben. Er wusste, dass sie ihn wörtlich nehmen würden. Trotzdem oder gerade deswegen sprach er so deutlich von seinem Leib und seinem Blut, vom neuen Bund und erteilte den Auftrag, diese Handlung zu seinem Gedächtnis weiterhin zu begehen.

Die Theologie hat bis heute die allergrößten Schwierigkeiten, zu erfassen, was geschieht, wenn der Priester in der Messe getreu dem Wort Christi »Tut dies zu meinem Gedächtnis« das Dankgebet spricht und über den Hostien, das heißt ungesäuertem Brot, und dem Wein stellvertretend für Christus die Wandlungsworte spricht. Es war Martin Luther, der sagte, dass der Theologe gegen die Gewalt der Worte »Das ist mein Leib« und »Das ist mein Blut« nicht ankomme. Das Unverständnis der Welt ist hier besonders groß, bis zu dem Punkt, dass Ungläubige im Empfang der Kommunion eine Art von Kannibalismus sehen.

Ganz anders der französische Journalist und Schriftsteller André Frossard, der kurz nach seiner Konversion zum christlichen Glauben über die Eucharistie schrieb: »… dass die göttliche Liebe diesen einzigartigen Weg gefunden hatte, sich mitzuteilen, erregte mein höchstes Staunen, und vor allem dass sie zu diesem Zweck das Brot erwählt hatte, die Speise der Armen und die liebste Nahrung der Kinder. Von allen vor mich hingestreuten Gaben des Christentums war diese die schönste.«

Die Kirche hat zweitausend Jahre an dem Auftrag Jesu festgehalten, in der Liturgie der Messe nach den Wandlungsworten aber auch den Ruf »Mysterium fidei! – Geheimnis des Glaubens« eingefügt. Die Verwandlung von Brot und Wein in den Leib Christi – und zwar nicht der Bedeutung und dem Sinn nach, sondern wirklich und tatsächlich – bleibt ein undurchdringliches Offenbarungsgeheimnis. Es wäre Anmaßung, wenn der Mensch versuchen wollte, das, was dort vor zweitausend Jahren geschehen ist und sich seither in jeder heiligen Messe wiederholt, nach dem jeweiligen Wissensstand seiner Zeit einordnen und irgendwie greifbar machen zu wollen. Dennoch kann man einige Antworten auf die Frage geben, warum Jesus Christus unter den Gestalten von Brot und Wein gegenwärtig sein wollte, wenn die Christen im Gedenken an sein Leiden, seinen Tod und seine Auferstehung zusammenkommen.

So wie das gemeinsame Mahl immer schon Ausdruck von Freundschaft und Zusammengehörigkeit unter Menschen war, so wollte auch Jesus Christus mit den Aposteln vor seinem Tod ein Mahl feiern. Aber es war kein Abschiedsmahl. In den Tagen seines Leidens, seines Sterbens und seiner Auferstehung stiftete er eine Gemeinschaft (die Kirche), die bis zum heutigen Tag fortbesteht und in der er gegenwärtig bleiben wollte. Seine wirkliche Präsenz bei dem Mahl, das die Apostel und ihre Nachfolger »zu seinem Gedächtnis« auch weiterhin feiern sollten, lässt ihn in der von ihm gestifteten Gemeinschaft auf eine Weise weiter lebendig sein, die weit über das reine Wachhalten einer Erinnerung hinausgeht. Die Eucharistiefeier während des Gottesdienstes ist eine Wiederholung des Mahls am ersten Gründonnerstag. Als Gedächtnisfeier ist sie somit viel echter und wirklicher, als es unter Menschen übliche Erinnerungsfeierlichkeiten sein können.

Christus sprach beim Mahl mit den Aposteln von seinem »Leib, der für euch hingegeben wird«, und von seinem »Blut, das für euch vergossen wird« (Lk 22,19.20). Diese Worte weisen auf etwas hin, das noch geschehen sollte. Es war ja kein Abschiedsessen, das Jesus dort beging. Er selber machte vielmehr deutlich, da dieses Mahl in enger Verbindung mit seinem kurz bevorstehenden Tod am Kreuz steht, mit dem er die Menschen von ihrer Schuldenlast befreite. Der für uns hingegebene Leib und das für uns vergossene Blut sollten den Neuen Bund besiegeln, den Gott mit seinem Volk schloss. Indem Christus sein Opfer von Karfreitag mit dem eucharistischen Mahl verband, das er damals mit seinen engsten Gefährten feierte, fügte er beides zusammen: seinen Opfertod und die Eucharistie. Und indem er den Auftrag gab, die Mahlfeier in der Gemeinde fortzuführen, machte er sein Opfer am Kreuz zum unauslöschlichen Bestandteil des Lebens der Kirche.

Hier wird das Geheimnisvolle sehr dicht. Das eucharistische Mahl ist die sakramentale Vergegenwärtigung der Heilstat Christi am Kreuz. Es ist die unblutige Wiederholung des Opfertodes Christi, eines Opfers allerdings, bei dem nicht mehr der Mensch eine Gabe opfert, um Gott zu versöhnen, sondern der Sohn Gottes sich selbst hingibt. Nicht der Mensch mit seinen Gaben, sondern Gott selbst als Opfergabe ist Herr der Eucharistie, die der Kirche auf ihrem Weg mitgegeben ist, über die sie aber nicht frei verfügen kann.

Die Einsetzung der Eucharistie ist zugleich Offenbarung. »Gott sagt, was er will, und was er will, ist«, schrieb Guardini zu diesem großen Geheimnis des Glaubens. Die Realpräsenz Christi in der Messe ist kein Bild, das man deuten kann oder hinter dem eine immer weiter zu ergründende Symbolik liegt. Den Gläubigen – von den Päpsten und Kardinälen angefangen bis zum einfachen Laien in der Kirchenbank – bleibt nichts anderes übrig, als den Wunsch Christi zu akzeptieren. Er wollte bei uns bleiben bis ans Ende aller Tage, wirklich und spürbar, nicht bloß in der Erinnerung, doch verborgen unter den Gestalten von Brot und Wein, sodass sich ihm jeder in freier Entscheidung nähern muss.

Kommuniongemeinschaft mit Nichtkatholiken

DER EINWAND

Warum soll denn ein Protestant nicht in einer katholischen Messe die Kommunion empfangen dürfen? Wir sind doch alle Christen – und das ist das Entscheidende!

Auch im ökumenischen Dialog lohnt es, nicht immer gleich mit der Tür ins Haus zu fallen. So sollten Katholiken nicht versuchen, Protestanten zur Anerkennung des Papsttums und ihres Verständnisses von apostolischer Sukzession zu zwingen. Die Anbindung des Dienstes am Wort Gottes an das Amt und die hierarchische Kirchenordnung ist für Protestanten eine Einschränkung ihrer Freiheit und Unverfügbarkeit der Heiligen Schrift – und das ist zunächst einmal zu respektieren.

Umgekehrt sollten Protestanten davon ablassen, von ihrem Abendmahlsverständnis her die katholische Kirche immer gleich zur Interkommunion zu drängen, da für die Katholiken das Geheimnis der Kirche als Leib Christi untrennbar mit der Eucharistie als sakramental gegenwärtigem Leib Christi verbunden ist. Wie es im Katholischen Erwachsenen-Katechismus der deutschen Bischöfe heißt, ist die Eucharistie ein Glaubensgeheimnis, »das den gemeinsamen Glauben voraussetzt, und sie ist als Sakrament der Einheit an die Einheit der Kirche gebunden. Wo der gemeinsame Glaube oder die Einheit der Kirche fehlt, ist vom Wesen der Sache her eine gemeinsame Teilhabe am Tisch des Herrn nicht möglich.«

Die Eucharistie gilt Katholiken also nicht als Mittel, um die Gemeinsamkeit zu fördern und der Einheit näherzukommen. Sie ist vielmehr Ausdruck, Feier und Besiegelung dieser Einheit. Im familiären oder geschäftlichen Leben geht es oft ähnlich zu: Erst streiten die Geschwister um das elterliche Erbe, man sieht sich vor dem Anwalt, es folgt die Suche nach einer einvernehmlichen Lösung – und ist diese da, speist und feiert man wieder zusammen. Oder die Kontrahenten in schwierigen Verhandlungen täuschen, bluffen, drohen, dann ist der Kompromiss zum Greifen nahe, ein letzter Kraftakt, und an der Hotelbar begießt man die erzielte Einigung.

Doch es liegt auf der Hand, dass diese Beispiele nicht an die tiefe Bedeutung heranreichen, die die katholische Kirche der »Exklusivität« der Eucharistie beimisst. Zwar gibt es Parallelen zum ganz normalen Leben, wo das gemeinsame festliche Mahl ebenfalls Ausdruck der Gemeinsamkeit und nicht Mittel zu diesem Zweck ist. Aber warum sollte die Kirche nicht Ausnahmen zulassen, etwa bei einem ökumenischen Kirchentag, bei Stadtfesten oder Jubiläumsfeiern der ganzen Nation?

Wie so oft, wenn die katholische Kirche gegen das allgemeinde Zeitempfinden und auch öffentlichen Druck unbeirrt an einer »Eigenart« festhält, ist der Grund dafür der, dass es um eine Sache geht, von der sie glaubt, nicht selber über sie verfügen zu dürfen. Von jeher hält die Kirche daran fest, dass es das letzte Abendmahl Jesu Christi mit seinen Aposteln war, das der eucharistischen Feier und Ort der Einsetzung dieses Sakraments war.

Die Evangelien nach Matthäus, Markus und Lukas berichten sehr genau über diesen Augenblick. Jesus hatte viele Festmähler gehalten: mit Aposteln und Jüngern, mit Freunden und Verwandten, mit Zöllnern und Sündern. Jetzt aber versammelte er den engsten Kreis seiner Jünger um sich, die zwölf Apostel. Es lag etwas Intimes über diesem Mahl. Nach Johannes war es der Moment der großen Abschiedsrede Jesu und seines Gebets um die Einheit der Jünger. Es war ein außergewöhnliches Zusammensein, ganz anders etwa als die Speisung der Tausenden, die gefolgt waren, ihn zu hören. Und es war der Augenblick, als er den Aposteln unter den Gestalten von Brot und Wein seinen Leib und sein Blut reichte, verbunden mit der Aufforderung, dieses auch weiterhin zu seinem Gedächtnis zu tun.

Es ist Glaube der katholischen Kirche, dass in jeder Messe, die in diesem Gedächtnis gefeiert wird, Jesus Christus selber wirkt und sich den Seinen als Speise gibt. Und es ist in der Kirche nie anders gewesen, dass nur die befugt sind, Brot und Wein in den Leib und das Blut Jesu Christi zu verwandeln, die ausgehend von den Aposteln durch die Weihe die Vollmacht hierzu erhalten haben. Der Kommunionempfang setzt diesen Glauben voraus. Nicht das eigene Gefühl, die private Meinung oder allgemeines Dafürhalten sind hier das Maß der Dinge, sondern das Handeln Jesu Christi, der die Eucharistie so und nicht anders eingesetzt hat.

Wäre die heilige Messe nur ein Gemeinschaftsmahl der Gemeinde, wäre es nicht zu begründen, warum Nichtkatholiken von der Teilnahme an der Kommunion auszuschließen sind. Da es aber ein Mahl ist, das Christus selbst denen bereitet, die ihm in ihren Vorstehern, das heißt den Bischöfen und Priestern, folgen, setzt es auch den Glauben an dieses Handeln Christi voraus. Die Eucharistie ist ein Sakrament der Einheit. Christus sagte, dass in diesem Mahl der Neue Bund mit Gott geschlossen wird. Aber auch untereinander werden die Gläubigen, die den Leib des Herrn empfangen, zu einer Gemeinschaft zusammengeschlossen, sie werden ein Leib, der die Kirche ist. Die Kommunion ist die tiefste Vereinigung mit Gott und bezeugt, dass die Kommunizierenden untereinander im Glauben, in den Sakramenten und in der kirchlichen Leitung eins sind. Das alles betrachtet die Kirche als Geschenk, als Gabe, die sie zu verwalten hat, über die sie aber nicht frei verfügen kann.

Ein anderes kommt hinzu: Im katholischen Gottesdienst handelt der Priester in der Person Jesu Christi, er leiht ihm Gestalt, Stimme und Gesten, um dann auch in der Wandlung die Worte sprechen zu können: »Das ist mein Leib ..., das ist mein Blut ...« Niemand dürfte im Namen Jesu sprechen, wenn ihm nicht dazu das Recht und die Gewalt gegeben ist. Das aber tut die Kirche mit der Priesterweihe. Sie leitet diese Gewalt aus dem Auftrag ab, den Christus im Abendmahlssaal den Aposteln gegeben hat. Von daher sind Weihe und Eucharistie eng miteinander verbunden.

Um die Kommunion würdig zu empfangen, bedarf es also bestimmter Bedingungen: der Einheit mit der katholischen Kirche, der Rechtgläubigkeit, des Freiseins von schwerer Sünde. Mit den orthodoxen Kirchen ist die Einheit der Kirche nahezu ganz gegeben, da sie den katholischen Glauben fast vollständig bekennen, alle Sakramente gültig gespendet werden und sie, obwohl sie den Papst nicht als Oberhaupt anerkennen, doch gültig geweihte Bischöfe und Priester haben.

So dürfen Katholiken, denen es physisch oder moralisch unmöglich ist, einen katholischen Spender aufzusuchen, die Sakramente der Buße, der Eucharistie und der Krankensalbung von nichtkatholischen Spendern empfangen, in deren Kirche diese Sakramente gültig gespendet werden. Der Katholik in Griechenland darf in der orthodoxen Kirche die Eucharistie empfangen, wenn er nicht in der Lage ist, eine katholische Messfeier aufzusuchen. Mit den aus der Reformation hervorgegangenen kirchlichen Gemeinschaften ist eine solche Einheit nicht gegeben. Diese lehnen zumindest im deutschsprachigen Raum das Sakrament der Eucharistie nach katholischem Verständnis ab. Ein gemeinsamer Gottesdienst mit Eucharistiefeier und Kommunion würde eine Einheit vorspielen, die so einfach noch nicht gegeben ist.

Maria – eine Göttin?

DER EINWAND

Die Mutter Jesu wird von den Katholiken wie eine Göttin verehrt. Das widerspricht vollkommen dem Geist und dem Inhalt des Evangeliums.

Die Marienverehrung ist das nach außen hin vielleicht auffälligste Merkmal des katholischen Glaubens. Ein Mensch, der nie von der Kirche gehört hat und dem Christentum zuerst an einem marianischen Wallfahrtsort begegnet, könnte tatsächlich zunächst den Eindruck gewinnen, hier verehrten fromme Leute eine junge Frau als Göttin oder Himmelskönigin. Zugleich würde er aber so etwas wie eine starke religiöse Innigkeit und Wärme feststellen, die diesen merkwürdigen Kult umgibt. Die Marienverehrung mag auf den ersten Blick als bunt, volkstümlich und teilweise folkloristisch erscheinen, als Ausdruck eines Hangs zum Mütterlichen und Fraulichen in der Religion. Daher mag es für den einen oder anderen verständlich sein, dass es selbst innerhalb der katholischen Kirche Bestrebungen gibt, das Marianische – so wie in der protestantischen Kirche bereits geschehen – in den Hintergrund zu drängen, um, wie es heißt, das Wesentliche, die Botschaft Jesu Christi, unverfälscht hervortreten zu lassen.

Dennoch ist der Marienglaube nach wie vor ein Prüfstein für das richtige Verständnis der Kirche und ihres Glaubens.

Es gibt heute die weitverbreitete Meinung, die Kirche sei ein Zusammenschluss von Menschen, die sich das geistige Erbe Jesu Christi zu eigen gemacht hätten und nach bestem Wissen und Gewissen dafür arbeiteten, die Idee oder die Sache Jesu weiterzutragen. In so einer Kirche hätte Maria tatsächlich keinen oder kaum noch einen Platz.

Selber machen, rational und überlegt handeln, planen und Geplantes umsetzen, das war nicht das Leben jener jungen Hebräerin, die mit dem Handwerker Josef von Nazaret verlobt war und eigentlich wie jede andere Frau ihres Volkes eine normale Familie gründen wollte. Völlig unerwartet erhielt dieses Leben eine ganz andere Bestimmung. »Fürchte dich nicht, Maria, denn du hast bei Gott Gnade gefunden« (Lk 1,30). Mit diesem Gruß deutete der Engel eine ungeheure Gabe an. Völlig unverdient, ohne eigenes Verdienst sah sich Maria mit dem Privileg ausgezeichnet, frei zu sein von der Last der Erbsünde, von jener Unordnung der natürlichen Anlagen und Triebe, die ansonsten jeder Mensch empfindet. Dies war sozusagen die göttliche Mitgift für den ganz besonderen Bund, den Gott mit der jungen Frau schließen wollte: »Du wirst ein Kind empfangen, einen Sohn wirst du gebären: dem sollst du den Namen Jesus geben. Er wird groß sein und Sohn des Höchsten genannt werden« (Lk 1,31f.). Nichts Eigenes hatte Maria zu dieser Auserwählung und Auszeichnung beigetragen. Alles war Geschenk und Gnade – wozu sie allerdings in aller Einfachheit Ja sagte: »Ich bin die Magd des Herrn; mir geschehe, wie du gesagt hast« (Lk 1,38).

Maria steht damit am Ursprung des Christentums. Dessen zentraler Aspekt, die Menschwerdung Gottes in Jesus Christus, ist untrennbar mit dem Glauben an die Gottesmutterschaft Mariens verbunden. Die gesamte Symbolik des Weihnachtsfestes bringt diesen Wesenszusammenhang zum Ausdruck. Da ist das Kind in der Krippe, aber im Mittelpunkt steht Maria, die in diesem Augenblick der sichtbare Konzentrationspunkt ist, von dem aus sich das größte Glaubensgeheimnis der gesamten Heilsgeschichte widerspiegelt.

Dann, nach der Geburt Jesu, tritt die historische Gestalt Mariens wieder in den Hintergrund (erst mit dem Tod ihres Sohnes am Kreuz übernimmt sie nochmals eine wichtige Aufgabe im Kreis der Apostel) und auch als theologische Figur macht sie dem Christusgeheimnis Platz. Dennoch kann sich niemand zu dem konkreten, in die Menschheitsgeschichte eingetretenen Jesus Christus bekennen, ohne Maria den ihr gebührenden Rang anzuerkennen. Mehr noch: Die Uraussage des Christentums von der Beseitigung des unendlichen Abstands zwischen Gott und Mensch durch die Fleischwerdung findet – auf Seite des Geschöpflichen – ihre Hauptfigur in Maria. »In der Mutterschaft Marias gegenüber dem Sohn Gottes«, schreibt der Theologe Leo Scheffczyk, »liegt die stärkste Garantie für die Konkretion des Göttlichen im Geschöpflichen, des Übernatürlichen im Natürlichen, des absolut Geistigen im geschichtlich Leiblichen.«

Die Konkretion des Göttlichen im Geschöpflichen: Das ist auch eine Beschreibung der Kirche. Darum ist Maria Urbild und Modell der Kirche, aber nicht einer Kirche, die sich – wie oben beschrieben – selber konstruiert, sondern der Kirche Jesu Christi, in der Er nicht nur ein »Markenzeichen«, sondern wirklich gegenwärtig ist. Das Wirken Gottes an der jungen Hebräerin Maria hilft, das Wesentliche des Christentums und auch die Natur der Kirche zu verstehen: Gott ist ein Geheimnis, zu groß und zu unermesslich für die menschliche Vorstellungskraft, als dass man sich ein auch nur annähernd stimmiges Bild von ihm machen könnte. Doch Gott hat diese unendliche Distanz überwunden. Er zeigte sich nicht nur, wie er es bei einigen Propheten des Alten Testaments getan hatte, sondern nahm selber Fleisch an und offenbarte sich als Freund der Menschen. Der Weg, den Gott hierzu wählte, war Maria. Gnadenhaft, ungeschuldet und ohne eigenes Verdienst sah sich die Mutter Jesu zu dieser Aufgabe bestimmt. Und ebenso gnadenhaft und ohne Zutun der Menschen schuf sich Gott in der Kirche den Ort, um mitten in der Welt gegenwärtig zu sein.

Für fast alle christlichen Jahrhunderte war die Menschwerdung Gottes ein faszinierendes Ereignis. Der entsprechende Satz aus dem im Jahre 381 in Konstantinopel formulierten Glaubensbekenntnis – »Für uns Menschen und zu unserem Heil ist er vom Himmel gekommen, hat Fleisch angenommen durch den Heiligen Geist und von der Jungfrau Maria und ist Mensch geworden« – wird heute noch während der feierlichen Gottesdienste gebetet. Aber wie wenig vermag diese im wahrsten Sinne des Wortes »frohe Botschaft« heute noch christliche wie nichtchristliche Gesellschaften zu elektrisieren, so wie das jahrhundertelang der Fall war.

Die säkularisierte Kultur hat genug Gründe gefunden, sich die Frage nach der Erlösungsbedürftigkeit des Menschen weit vom Halse zu halten. Leben, als ob es Gott nicht gibt, lautet die Devise, womit auch die Menschwerdung Gottes überflüssig wird – und ebenso natürlich Maria, die das Instrument für diese göttliche Heilstat war. Dass die Marienverehrung und die herausragende Stellung Mariens im Heilsplan Gottes auf Unverständnis stoßen oder allenfalls noch als folkloristische Verzierung eines religiösen Brauchtums gesehen werden, hat seinen Grund wohl vor allem in der allgemeinen Glaubenskrise der Neuzeit, für die das Eingreifen Gottes in die Menschheitsgeschichte ein frommer Mythos geworden ist.

Wer sich aber von der Glaubwürdigkeit des durch die Kirche überlieferten Wissens um Jesus Christus überzeugen lässt, der wird an Maria nicht vorbeikommen – wobei es zweitrangig ist, ob er zu einer besonderen Verehrung der Gottesmutter neigt oder nicht, ob er den Rosenkranz betet, Novenen zum Unbefleckten Herzen Mariens hält oder eine eher reservierte Haltung an den Tag legt, wenn die Kirche in ihrem liturgischen Leben die Großtat Gottes an jener jungen Hebräerin feiert und begeht. In jedem Fall aber muss er anerkennen, dass Maria ein herausragendes Geschöpf ist. In ihr erfüllte sich die mehr oder wenig bewusst zum Ausdruck gebrachte Hoffnung unzähliger Generationen auf ein Sichtbarwerden

Gottes – auch wenn dies dann ganz anders aussah, als es sich die religiösen Eliten von damals vorgestellt hatten.

In Maria berührte sich die vergängliche, irdische Welt des Menschen physisch und konkret mit der Erhabenheit Gottes, mit dem Geheimnis, das alles umfasst und trägt. Die Gottesmutter ist der sichtbarste Ausdruck der Kernbotschaft des Christentums, des Glaubens an die Menschwerdung Gottes, und nur zu gut lässt es sich nachvollziehen, dass die Künstler, die Gläubigen wie die theologischen Gelehrten der christlichen Zeit ihr jenen Ehrenplatz und jene Verehrung zugedacht haben, die heute, wo die Kernbotschaft des christlichen Glaubens in Vergessenheit geraten ist, als überholt und übertrieben erscheint.

Da der Menschensohn Jesus Christus eine ganz natürliche Beziehung zu seiner leiblichen Mutter hatte und da es nur allzu verständlich ist, dass Gott den von ihm für sein Erlösungswerk erwählten Menschen mit allen nur denkbaren Gnadengaben ausgestattet hat, ergeben sich eigentlich alle sogenannten Mariendogmen von ganz alleine. Der Glaubenssatz von der Unbefleckten Empfängnis, den die Kirche am 8. Dezember feiert, bringt zum Ausdruck, dass Maria vom ersten Augenblick ihrer Existenz an von der Erbsünde und somit für ihr gesamtes Leben von jeder eigenen Sünde frei war. Diese einzigartige Auszeichnung steht in unmittelbarem Zusammenhang mit der Aufgabe Mariens: Gott wollte jene Frau, die ihm wie kein anderes Geschöpf so nahestehen sollte, vor jeder Gottferne, das heißt Sünde, bewahren.

Hieraus ergibt sich folgerichtig der Glaube der Kirche daran, dass Maria am Ende ihres Lebens sofort mit Leib und Seele in die göttliche Herrlichkeit aufgenommen wurde, ohne den Tod zu durchleiden, wie er jeden anderen Menschen trifft. Der Tod ist der Sünde Sold, schreibt Paulus im Brief an die Römer. Maria war von jeder Sünde frei und blieb deshalb vom Tod verschont. Das entsprechende Fest Mariä Himmelfahrt feiert die Kirche am 15. August.

Marienerscheinungen

◇◇◇◇◇◇◇◇◇◇◇◇◇◇◇◇◇◇◇◇◇
DER EINWAND
◇◇◇◇◇◇◇◇◇◇◇◇◇◇◇◇◇◇◇◇◇

Muttergotteserscheinungen – so etwas kann man doch einem aufgeklärten Menschen nicht ernsthaft vorsetzen.

Es ist kaum möglich, sich dem Phänomen der Marienerscheinungen allzu theoretisch oder über den Weg lehramtlicher Definitionen zu nähern. Auch die Kirche behandelt diese Frage mit größter Vorsicht. Es gibt Orte, die durch eine Marienerscheinung bekannt geworden sind, an denen Wallfahrten und religiöse Kulte entstanden, die jahrzehntelange Tradition und ein Eigengewicht gewonnen haben. Wenn an solchen Orten nichts geschieht, was dem Glauben und der kirchlichen Praxis widerspricht, sieht die Kirche keinen Grund, hier eine besondere Verehrung Mariens zu untersagen. Allerdings legt sie auch niemandem auf, an Marienerscheinungen zu glauben. Man könnte damit zur Tagesordnung übergehen, zumal ja die Kirche seit jeher der Auffassung ist, dass die Offenbarung, das heißt jede Form der übernatürlichen Mitteilung Gottes, mit der Verkündigung durch Jesus Christus abgeschlossen wurde. Warum also soll man sich dann mit angeblichen Erscheinungen der Gottesmutter oder anderer Heiligen abgeben? Selbst die Kirche legt anscheinend keinen gesteigerten Wert auf diese Ereignisse, bei denen sogenannte Seher (normale Menschen oder vielleicht doch psychologische Außenseiter mit medialen Fähigkeiten?) auf ein übernatürliches (aber möglicherweise auch natürlich erklärbares?) Phänomen stießen und so viele Gläubige (oder eben jene Wundersüchtigen und religiösen Fanatiker, die überall anzufinden sind?) anzogen, dass daraus ein religiöser Kultbetrieb wurde.

Die Schwierigkeit – wenn man also schon das Thema Marienerscheinung eher den religiösen Absonderlichkeiten zuordnen will – besteht jedoch nicht so sehr in theologischen Überlegungen oder in den Erfahrungen, die die Psychologie mit religiösen Empfindungen gesammelt hat, sondern in den Erscheinungen selbst. Sie liegen nicht sonderlich weit zurück (zum Beispiel La Salette 1846; Lourdes 1858; Fatima 1917), sind hervorragend dokumentiert und müssen selbst dem hartgesottensten Agnostiker zu denken geben – wenn er sich nur darauf einließe.

Betrachten wir exemplarisch die Marienerscheinung in Lourdes etwas näher: Hier etwa haben die örtlichen Behörden von Beginn an die Ereignisse um die vierzehnjährige Müllerstochter Bernadette Soubirous bis ins Detail festgehalten. Ihr fehlte jegliche Bildung, sie konnte weder lesen noch schreiben, kannte nur einige Brocken Französisch und drückte sich ansonsten im örtlichen Dialekt aus. Alles hatte um die Mittagsstunde des 11. Februar 1858 begonnen, als sie gemeinsam mit ihrer Schwester Toniette und ihrer Freundin Jeanne Holz sammeln ging. Dabei mussten sie eine Stromschnelle der Gave überqueren. »Als ich mir die Strümpfe auszog, um durch das Wasser zu waten«, berichtet Bernadette in einer ersten Vernehmung durch den Reichsprokurator Dutour, der die Rechtsgewalt in jenem Dörfchen nahe der spanischen Grenze ausübte, »hörte ich ein Geräusch wie bei einem Windstoß und erhob meine Augen zur Grotte hin. Da habe ich dann *aquerò* gesehen.«

Das Wörtchen *aquerò* hieß im örtlichen Dialekt »jene Sache«. Mit diesem Namen bezeichnete Bernadette schon seit Tagen das, was sie gesehen hatte. Seit der ersten Erscheinung versuchten alle, das Mädchen davon zu überzeugen, dass *aquerò* die Jungfrau Maria sei. »Bernadette, du hast also die heilige Jungfrau gesehen«, hatte ihr Kommissar Jacomet bereits beim Verhör vom 21. Februar gesagt. »Ich sage nicht, dass ich die heilige Jungfrau gesehen habe«, antwortete sie. Über das Verhör fertigte Prokurator Dutour einen genauen Bericht an.

Bernadette hatte sich an jenem Tag in der Grotte recht eigenartig verhalten. Sie hatte zwischen den Steinen der Grotte gegraben und sich mehrmals Lehm zu den Lippen geführt. »Du hast Gras gegessen, wie die Tiere!«, hält ihr der Prokurator vor. Bernadette antwortet nur: »Denken Sie, was Sie wollen: Es interessiert mich nicht. Alles, was ich getan habe, habe ich getan, weil *aquerò* es so wollte.« *Jene Sache* hatte Bernadette gebeten, »vom Wasser der Quelle zu trinken und sich damit zu waschen«. Das Mädchen war daraufhin in Richtung des Flusses gegangen, doch *aquerò* hatte sie aufgefordert, »unter den Fels« zu gehen. »Ich fand dort«, so erzählt sie, »etwas Wasser im Schlamm. Es war so wenig, dass ich es kaum mit der Hand schöpfen konnte. Dreimal habe ich es weggeschüttet, weil es so dreckig war. Beim vierten Mal gelang es mir, davon zu trinken.«

Aus der Lache wurde jene Quelle, die bis heute fließt und wegen ihrer Heilkraft Jahr für Jahr große Pilgerströme anzieht. »Jene Sache«, die sich Bernadette schließlich am 24. März als die »Unbefleckt Empfangene« (Papst Pius XI. hatte das Dogma von der Empfängnis Mariens ohne jede Befleckung durch die Sünde erst vier Jahre zuvor, am 8. Dezember 1854, verkündet) zu erkennen gab, erschien der Seherin bis zum 16. Juli 1858. Bernadette starb am 16. April 1879 im Alter von 35 Jahren und wurde 1933 von der Kirche heiliggesprochen.

Lourdes zieht jedes Jahr sechs Millionen Pilger an. Und jedes Jahr geschehen hier Heilungen, die das strenge Bureau Médical als völlig unerklärlich bewertet. Von den etwa siebentausend Heilungen seit 1858 hat die Kirche bisher 68 als Wunder anerkannt – zuletzt war es im Jahr 2012 der Fall der italienischen Nonne Luigina Traverso, die an einer Beinlähmung litt und in der Mariengrotte geheilt wurde. Dabei ist jedes Mal eine umfangreiche Prozedur zu durchlaufen, bis zwei verschiedene Gremien, eines in Lourdes und ein weiteres in Rom, zu der Gewissheit gelangen, dass jede natürliche Erklärung für die Heilung auszuschließen ist.

Auf der anderen Seite hat die rigorose Haltung der Kirche gegenüber jeder Form von Marienerscheinungen dazu geführt, dass allein in den vergangenen siebzig Jahren 210 solcher Erscheinungen kirchenamtlich untersucht, allerdings nicht bestätigt wurden. Bereits der heilige Augustinus hat sich Visionen gegenüber sehr zurückhaltend gäußert und der große Theologe des Mittelalters, Thomas von Aquin, meinte zu Prophetien und anderen mystischen Gnadengaben, dass sie zwar das sittliche und religiöse Leben der Gläubigen beflügeln könnten, aber der Offenbarung nichts hinzufügen würden. Beide Positionen haben die theologische Diskussion bis heute maßgeblich beeinflusst.

Die Lektüre von Büchern und Aufsätzen zum Thema Marienerscheinungen kann bisweilen sogar den Eindruck erwecken, die Theologen und selbst die kirchlichen Autoritäten wären froh, wenn es solche Phänomene gar nicht gäbe, der kirchlichen Glaubenslehre geschähe damit kein Abbruch. Doch dann steht man vor einem Fall wie Lourdes – und hält man sich an das Kriterium aus der Heiligen Schrift »An ihren Früchten werdet ihr sie erkennen« (Mt 7,16) –, dann muss man jenem Theologen recht geben, der über Lourdes urteilte: »Die Visionen Bernadettes waren ja der Anfang einer ganzen Kette erstaunlicher Ereignisse, die sich zugleich durch überraschende Spontaneität und sinnvolle Zusammenordnung auszeichnen. Es ist sicher eine kaum lösbare Aufgabe, alles, was in Lourdes geschah und noch geschieht, auf rein immanente paranormale Kräfte zurückzuführen.«

Wenn man aber nur einmal zugibt, dass sich an einem Ort tatsächlich etwas Übernatürliches ereignet hat – wie etwa eine Erscheinung der Gottesmutter Maria –, dann kann man grundsätzlich nicht mehr ausschließen, dass sich zu anderen Zeiten und an anderen Orten Ähnliches zugetragen hat. Und mag es auch mühsam sein, im konkreten Einzelfall Klarheit zu schaffen, so wird man dann festhalten müssen: Die Kirche ist unterwegs, mit unterschiedlichen Charismen und gnadenhaften Ereignissen, wozu auch Marienerscheinungen zählen können.

EXKURS

Fatima 1917–2017: ein Heiligtum auf der Suche nach einer neuen Identität

Etwa eine Million Gläubige kam nach Fatima, als Papst Franziskus dort am 13. Mai 2017 die beiden Seherkinder Francisco und Jacinta heiligsprach. Es war ein Höhepunkt der Hundertjahrfeiern eines Erscheinungsorts, der ein Marienheiligtum der jüngsten Neuzeit ist.

Der Hang katholischer Heiligtümer und Stätten der Volksfrömmigkeit zur Versüßlichung geht auch an Fatima nicht vorbei. Pünktlich zur Ankunft von Papst Franziskus in dem portugiesischen Wallfahrtsort, der das hundertjährige Jubiläum der Erscheinungen der Gottesmutter vor drei Hirtenkindern begeht, sind die Devotionalienläden rund um den gewaltigen zentralen Platz zwischen der alten und neuen Basilika prall gefüllt mit dem üblichen religiösen Tand – und viele Bilder oder Postkarten oder Gipsfigürchen zeigen die drei Kinder Lucia, Francisco und Jacinta, von denen der Papst heute die beiden letzteren heiligspricht. Zu sehen sind sie als fromme, friedliche, die Schau des ewigen Heils bereits auf den Gesichtszügen tragende Kinder der ganz unschuldigen Art. Nun zeigen alle historischen Aufnahmen der Seherkinder genau das nicht. Auf den Fotos der Dreien aus jener Zeit sieht man ernste Kindergesichter, durchaus auch verkniffen, wenn die Sonne sie blendete. Und das von ihnen in den Visionen Geschaute war eben nicht nur »Licht und Friede«, was jetzt zum Motto der Hundertjahrjubiläums von Fatima geworden ist, wie das eine eigene Ausstellung den Pilgern auf dem Gelände des Heiligtums nahebringen will.

Schwere, fast schwarze Wolken hängen über Fatima, der Westwind lässt vom Atlantik her immer neue Regenwolken über den Wallfahrtsort ziehen. Starke Schauer wechseln sich ab mit plötzlich aufblitzender Sonne, die dann wieder sofort hinter dem nächsten Schub der nicht abreißenden Schlechtwetterfront verschwindet. Aber sie kommen – mit Bussen, Autos und in Wohnmobilen: die Pilger, die sich das Fatimajubiläum mit Franziskus nicht entgehen lassen wollen. Von der modernen Basilika, einem weißen Rundbau, der als »Kirche von der Allerheiligsten Dreifaltigkeit« im Jahr 2007 eingeweiht wurde und mit neuntausend Sitzplätzen die viertgrößte katholische Kirche der Welt ist, ziehen sie über den Kirchenvorplatz – er ist der größte seiner Art auf dem gesamten Globus – Richtung »Basilica Antiga«, der alten, nach 35-jähriger Bauzeit 1953 geweihten Wallfahrtskirche, um die zwischen beiden Gotteshäusern gelegene Erscheinungskapelle mit der Marienstatue zu erreichen.

Diese Kapelle ist das »Herzstück« von Fatima und das Ziel der Pilger. Nach den Marienerscheinungen des Jahres 1917 bei der Steineiche errichtete die Bevölkerung in deren Nähe eine kleine Kapelle, ohne staatliche oder kirchliche Genehmigung durch weltliche oder kirchliche Behörden. Am 6. Juni 1922 wurde diese Kapelle durch Sprengsätze beinahe komplett zerstört. Ein Jahr später hat man sie im ursprünglichen Zustand wieder aufgebaut. Den genauen Erscheinungsort markiert eine Marmorsäule, auf der die weltberühmte Statue der Jungfrau von Fatima steht. Papst Paul VI. übergab 1965 dem Heiligtum die »Goldene Rose«, die er zuvor selbst geweiht hatte. Die Steineiche existiert nicht mehr, da sie in vielen kleinen Teilen als Souvenir mitgenommen wurde. Die Kapelle und deren Umgebung ist heute komplett überdacht, damit Pilger darunter Schutz vor Regen und Sonne finden können.

Die Gräber der drei Seherkinder werden in diesen Tagen von vielen Pilgern besucht. Die jetzt heiligzusprechende Jacinta und die ältere Lucia – für sie, die 2005 Verstorbene, läuft ein Seligsprechungsverfahren – liegen unter schlichten Steinplatten in der linken Seitenkapelle vor dem Hauptaltar der »Basilica Antiga«, ihnen gegenüber, in der Kapelle auf der anderen Seite der Kirche, der zweite Heilige des heutigen Tages, Francisco. Es waren keine Erbaulichkeiten, die sie die Gottesmutter 1917 sehen ließ und die als die »drei Geheimnisse« oder »das Geheimnis in drei Teilen« von Fatima in die Geschichte eingegangen sind – ganz im Gegenteil, sie waren weder kindgerecht noch jugendfrei. Die erste Schau: eine Höllenvision. Die zweite: ein Krieg, große Leiden und der Untergang von ganzen Völkern, es ging um Russland und dessen Weihe an das Unbefleckte Herz Mariens. Die dritte schließlich: ein Gemetzel, ein »Bischof in Weiß« sinkt tödlich getroffen vor dem Kreuz nieder, um ihn herum viele Tote.

Von diesem Verstörenden der Botschaft von Fatima findet sich heute an diesem Heiligtum wenig oder besser gesagt gar nichts. Stattdessen Kitsch und süßlich Frommes in den Souvenirläden und normaler, katholischer Wallfahrtsbetrieb in der Pilgerstätte mit den beiden Basiliken und der Erscheinungskapelle. Hinter der Kapelle raucht es in der verrußten Wachsverbrennungsanlage. Die Pilger kaufen große und kleine Kerzen, aber auch Kinderpuppen oder Nachbildungen menschlicher Gliedmaßen aus Wachs, um sie als Dankopfer für Heilungen und Erhörungen in die eisernen Gerüste zu werfen, in denen die Kerzen nicht friedlich abbrennen, sondern vom lodernden Feuer sogleich entflammt und zerschmolzen werden. Mit den gesittet abbrennenden Opferkerzen in Altötting oder Kevelaer hat das weniger zu tun.

Dass Fatima ein typisch südeuropäischer und kein besonderer Zielpunkt für deutschsprachige Pilger ist, zeigt die Beichtstatistik. Der modernen Basilika vorgelagert, befinden sich unterirdisch drei große, nüchtern gestaltete Kapellen, die über eine lange Treppe oder eine ebenso lange Rampe zu erreichen sind – sozusagen als Bunker der frommen Seelen. Während in diesen Tagen in der »Kapelle des Todes unseres Herrn Jesus Christus« eine gut besuchte Messe nach der anderen gefeiert wird und in der Sakramentskapelle viele Menschen vor dem Allerheiligsten knien, besteht in der »Kapelle der Versöhnung« Beichtgelegenheit. Elektronische Hinweistafeln zeigen an, welcher Pater in welcher Sprache gerade frei ist, um das Sakrament der Buße zu spenden. Die Sprachen sind Portugiesisch, Spanisch, Italienisch, Französisch und Englisch – Deutsch ist nicht im Angebot. Im Vorraum gibt eine Statistik Auskunft über das Beichtaufkommen im Jahr 2016: 125.000 Beichtgespräche wurden gezählt, gut über über hunderttausend waren Einheimische, über zwanzigtausend ausländische Besucher. Wenn auch Deutsche darunter waren, mussten sie ihre Beichte in einer fremden Sprache ablegen.

Fatima ist ein Heiligtum der jüngsten Neuzeit. Nach den sechs Erscheinungen der Gottesmutter mit dem abschließenden Sonnenwunder im Oktober 1917 kam die in allen europäischen Regionen unruhige Zwischenkriegszeit, dann der Zweite Weltkrieg. In den Vierzigerjahren zeichnete Schwester Lúcia dos Santos die drei Geheimnisse von Fatima auf, dann erst begann der Wallfahrtsbetrieb im heutigen Stil. Ab Paul VI. suchten – bis auf Johannes Paul I. – alle Päpste das Heiligtum auf, der Pilgeransturm wurde größer, die 1953 eingeweihte Basilika erhielt erst vor zehn Jahren ihr modernes Gegengewicht – mit all den Fragwürdigkeiten, die zeitgenössische sakrale Architektur und Kunst in sich bergen: Der Christus am Kreuz in der neuen Basilika sieht aus wie ein Neandertaler und der überdimensionale Gekreuzigte vor dem Kirchenbau wie ein eisernes Strichmännchen, das unter eine Dampfwalze geraten ist.

»Licht und Friede« sind heute das Motto des Heiligtums, auch wenn nicht Licht und Friede der Inhalt dessen waren, was Maria den drei kleinen Kindern zeigte, sondern der ernste Aufruf zu Umkehr und Buße. Licht und Friede – und ein sehr lukrativer Pilgertourismus sind inzwischen Kennzeichen des Wallfahrtsbetriebs in Fatima. So als suche Fatima eine neue Identität. Auch wenn Franziskus heute zwei der Seherkinder heiligspricht, scheint das von ihnen Geschaute in Fatima nicht mehr hoch im Kurs zu stehen.

13. Mai 2017

Schöpfung und Evolution

DER EINWAND

Warum leugnet die Kirche immer noch die Evolution? Es ist doch wissenschaftlich erwiesen, dass der Mensch vom Affen abstammt. Was soll das dann mit Adam und Eva?

Für den Gläubigen, meinte der Physiker Max Planck einmal, stehe Gott am Anfang aller Dinge, für den Naturwissenschaftler am Ende. Tatsächlich?

Mühsam haben sich Biologen, Geologen, Paläontologen durch die Erdgeschichte gearbeitet. Und der Kosmologie ist es in den vergangenen Jahrzehnten gelungen, erstaunlich viele Erkenntnisse über die Enstehung des Sonnensystems und des gesamten Kosmos zu sammeln. Nachdem Edwin Powell Hubble 1929 die beständige Ausdehnung des Universums entdeckt hatte, formulierte George Gamow Ende der Fünfzigerjahre seine Theorie vom Big Bang, dem Urknall zu Beginn der Geschichte des Universums. Die Entdeckung des kosmischen Hintergrund-Echos jenes Urknalls im Jahr 1964 durch Arno Penzias und Robert Wilson hat diese Theorie erhärtet und sie war auch Grundlage für die Mission des Forschungssatelliten Cobe, der 1992 eine Gesamtkarte des Universums in seinem Anfangsstadium aufzeichnete.

Das sind gewaltige Forscherleistungen. Doch am Ende nach all diesen Triumphen der Naturwissenschaften steht dann doch die Frage, wie es zu jenem Big Bang kam, welche Kraft die energetischen Prozesse in Gang gesetzt hat, die zur Entstehung der Galaxien und des Sonnensystems führten. Bleibt die Wissenschaft ihren Methoden treu, stößt sie hier auf einen fundamentalen Faktor der Realität, den sie als jenseitig oder unbegreiflich anerkennen muss. Die Gottesfrage hat die Wissenschaft wieder eingeholt.

Die Lehre von der Evolution des Lebens auf der Erde, wie sie von Charles Darwin begründet wurde, belegt nur einen winzigen Teil auf der zeitlichen Skala der Geschichte des Universums. Dass es Selektion und Mutation ebenso wie die Isolation und die Rassenbildung durch Zuchtwahl gibt, kann niemand ernsthaft bestreiten. Auch die Kirche tut es nicht. Allerdings ist es auch so, dass sie nicht ausdrücklich die Abstammung des Menschen vom Affen lehrt. Ihr geht es um etwas anderes. Die Welt, so heißt es im Alten wie im Neuen Testament, stammt von Gott. Und der Mensch ist die Krone der Schöpfung, das heißt die einzige Kreatur, die Gott um ihrer selbst willen geschaffen hat. Das aber, was den Menschen zum Menschen macht – und ihn meilenweit vom noch so entwickelten Menschenaffen abhebt – ist die Seele.

»Die Kirche lehrt«, heißt es im *Katechismus der Katholischen Kirche*, »dass jede Geistseele unmittelbar von Gott geschaffen ist – sie wird nicht von den Eltern ›hervorgebracht‹ – und dass sie unsterblich ist.« Dass der Leib des Menschen aus einer langen Reihe evolutionärer Selektion und Mutation hervorgegangen ist, bevor ihm Gott eine Seele gab (das Buch Genesis spricht bildhaft vom »Lehm«, den Gott zum Menschen formte und dem er dann seinen Atem einhauchte), widerspricht in keiner Weise der christlichen Offenbarung. Stattdessen ist gerade der Lehm, dem Gott dem Alten Testament zufolge am Ende seines Schöpfungswerks Menschengestalt gab, ein durchaus treffendes Bild für die Tierreihe, die sich langsam bis zum Menschen hin entwickelte, um dann die Seele aufzunehmen. Hier also liegt nicht das Problem.

Schwieriger wird es erst, wenn die Jünger Darwins Gott vom Thron stoßen und den »König Zufall« an seine Stelle setzen. Tierische Lebewesen, die im Meer entstanden und später an Land gegangen sind, haben sich, wenn es nach den Zufallstheoretikern geht, durch zufällige Veränderung der Erbinformation stets verändert, wobei infolge der Auslese im Kampf um das Dasein nur die Tüchtigsten überlebten. Auf diesem Wege habe sich ein Entwicklungsstrang über die niederen, dann die höheren Säugetiere bis zu den Menschenaffen immer weiter entwickelt und schließlich den *homo sapiens* hervorgebracht. Damit stünde nicht ein schöpferischer Wille hinter und über der Menschheitsgeschichte, sondern das »Gesetz« des Zufalls. Einem Gott – wenn überhaupt noch vorhanden – käme dann allenfalls die Rolle eines Beobachters jener willkürlichen Spiele der Natur zu, nicht aber die Eigenschaft des aus freiem Willen heraus handelnden Schöpfers, wie es das Buch Genesis beschreibt.

Man wird es sehen. Je mehr die Mikrobiologie und Biochemie die Mechanismen und Gesetze der lebenden Natur dechiffrieren, desto deutlicher wird, dass selbst die kleinsten Organismen unvergleichlich kühner und genialer gebaut sind als die raffiniertesten Maschinen des Menschen. Zudem betreiben sich die Organismen von innen heraus, nach Gesetzmäßigkeiten, nach festliegenden »Projektentwürfen«, und müssen nicht von außen gelenkt oder betätigt werden. Auch hat jeder Organismus die Kraft, sich selbst zu reproduzieren, wobei trotz aller Vielfalt an Formen, Farben und Größen jede Art, jeder Entwurf erhalten bleibt. Wer regiert hier? Zufall oder doch eine schöpferische Vernunft? Man wird es sehen, doch kann sich die christliche Weltsicht mit ihrem Glauben an den schöpferischen Geist Gottes immer sicherer fühlen, je mehr die Wissenschaft die Genialität der in der belebten Welt herrschenden Gesetze enthüllt.

Bleibt noch die Frage nach Adam und Eva. Stand am Anfang der Menschheitsgeschichte ein Elternpaar oder hat sich der Mensch mehrfach und an verschiedenen Orten entwickelt? Dass selbst die Biochemie und Mikrobiologie mit ihren Erkenntnissen über die Weitergabe des menschlichen Erbguts diese Möglichkeit offenlässt, ist die in der Genesis berichtete Geschichte von der Existenz eines einzigen und ersten Elternpaares nach wie vor ernst zu nehmen. Und die damit allen

Zeiten und Völkern verkündete Botschaft ist wichtig: Alle Menschen stammen von den gleichen Stammeltern ab, das gesamte Menschengeschlecht bildet eine Einheit. Es gibt keine von Grund auf verschiedene Menschen, weder eine »höhere« Rasse noch den »Untermenschen«. Die Heilige Schrift verwirft jeden Rassismus und erklärt, dass alle Menschen nach Gottes Bild und Gleichnis geschaffen sind.

Hier liegt der große Unterschied zur Haltung all jener, die den Menschen mit der in gewisser Hinsicht vielleicht richtigen, doch überhaupt nicht den Kern treffenden Bemerkung, der Mensch stammt vom Affen ab, weit unter das christliche Menschenbild auf die Ebene eines intelligenten Tieres herabdrücken. Ein hilfreiches Beispiel aus einer Schrift von Kardinal Joseph Ratzinger (*Im Anfang schuf Gott – Konsequenzen des Schöpfungsglaubens*) soll diesen Aspekt nochmals klar herausstellen:

»Das Wesen eines Bildes besteht darin, dass es etwas darstellt. Wenn ich es sehe, erkenne ich zum Beispiel den Menschen, den es abbildet, oder die Landschaft usw… Es verweist auf ein Anderes außerhalb seiner selbst. Das Eigentliche des Bildes besteht also nicht in dem, was es bloß in sich selber ist. Öl, Leinwand und Rahmen; sein Eigentliches als Bild besteht darin, dass es über sich hinausweist, dass es etwas zeigt, was es nicht in sich selbst ist. So bedeutet auch Gottesebenbildlichkeit zuallererst, dass der Mensch nicht in sich geschlossen sein kann. Versucht er dies, verfehlt er sich. Gottesebenbildlichkeit heißt: Verwiesenheit. Sie ist Dynamik, die den Menschen in Bewegung bringt auf den Ganzanderen hin. So bedeutet sie Beziehungsfähigkeit, ist die Gottfähigkeit des Menschen. Dann ist er folglich am meisten Mensch, wenn er aus sich heraustritt; wenn er fähig wird, zu Gott Du zu sagen. Ja, auf die Frage: Was unterscheidet eigentlich den Menschen vom Tier, was ist sein ganz Neues – muss man antworten: Er ist das Wesen, das Gott zu denken vermag; er ist das Wesen, das beten kann.«

Die Erbsünde

DER EINWAND

Das Böse und der Teufel, Sünde und Erbsünde – das sind doch kirchliche Erfindungen, um die Menschen in Abhängigkeit und Angst zu halten.

Die Kirche hat nichts von der Existenz der Sünde – und wenn, dann nur Ärger. Wie viel beliebter könnte sie sich machen, wenn sie nicht von so unangenehmen Dingen sprechen müsste, von Geboten und deren Übertretungen, von Sünde, Bekehrung und Buße. Ist die Kirche vielleicht auf die Sünde fixiert? Schön wäre es. Die christliche Theologie besäße heute genügend intellektuelle Kraft, um eine derartige Fehlbeurteilung auszumerzen und einer realistischeren Sicht des Menschen und seines Handelns Geltung zu verschaffen. Doch ein solcher Befreiungsschlag steht nicht in Aussicht. Es ist der Mensch selber, der die Frage nach der Sünde aufrechterhält. Und das erst recht heute. Nach Auschwitz, Kolyma und den sich bis in die allerjüngste Gegenwart wiederholenden Massenvernichtungen unschuldiger Menschen wäre es unheilvoll und wirklichkeitsfremd, die Existenz dessen, was die Kirche Sünde nennt, ausblenden zu wollen.

Während die Sünde an sich wohl unbestreitbar zur menschlichen Erfahrung gehört – die Frage ist nur, was zu verschiedenen Zeiten und in verschiedenen Gruppierungen unter Sünde verstanden wird –, ist die christliche Lehre von der Erbsünde etwas Besonderes und für viele keineswegs einsehbar. Dennoch ist sie von zentraler Bedeutung, wenn es um das christliche Menschenbild und die Frage geht, was das Christentum unter Sünde versteht. Die Kirche bezeichnet die Erbsünde in ihrer offiziellen Sprache Latein als »Peccatum originale«. Der Begriff lässt sich mit »ursprüngliche Sünde« oder »Ursünde« übersetzen und ist damit genauer als der deutsche Ausdruck »Erbsünde«, der den Eindruck vermittelt, als könne eine Sünde, die ja immer eine persönliche Tat sein muss, durch Vererbung weitergegeben werden.

Statt einer Tat ist jedoch ein Zustand gemeint, und zwar ein Mangel an Gemeinschaft mit Gott, den sich alle Menschen teilen und der auf jeden neugeborenen Menschen übergeht. Nach den Erzählungen der Genesis, des ersten großen Buchs des Alten Testaments, herrschte am Ursprung der Menschheitsgeschichte ein friedvolles und inniges Verhältnis zwischen Mensch und Gott, das der Mensch dann aber durch die Ursünde – sein zu wollen wie Gott – zerstörte. Als Adam und Eva, so erzählt das erste Buch des Alten Testaments, von der Frucht des ihnen verbotenen Baums aßen, hielten Sünde und Tod Einzug in die Menschheitsgeschichte.

Der Offenbarungsbericht vom Sündenfall verwendet zwar eine bildhafte Sprache, lässt aber keinen Zweifel daran, dass der von den Stammeltern provozierte Bruch mit Gott bis heute alle Nachfahren des ersten Menschenpaars beschäftigt. Eine ganze Sündenflut, so schildert es die Genesis, überschwemmte die Welt: Kain ermordete Abel, immer wieder übertraten die Menschen die Gebote Gottes, führten Kriege und unterjochten Völker. Selbst David, den Stammvater des Geschlechts Jesu, ließ die Sünde der Welt, wie sie beim Evangelisten Johannes heißt, wegen der Begierde nach einer Frau zum Mörder werden. *Gaudium et spes*, einer der wichtigsten Texte des Zweiten Vatikanischen Konzils, sagt dazu: »Was uns aufgrund der göttlichen Offenbarung bekannt wird, stimmt mit der Erfahrung selbst überein. Denn der Mensch erfährt sich, wenn er in sein Herz schaut, auch zum Bösen geneigt und in vielfältige Übel verstrickt, die nicht von seinem guten Schöpfer herkommen können.« Woher kommen sie dann?

Viele Theologen und Verkünder der Frohen Botschaft des Evangeliums sehen heute davon ab, vom Teufel zu sprechen.

Was immer die Gründe hierfür sein mögen, die Wirkung ist fatal. Sensationsgier und das Geschäft mit dem Nervenkitzel haben das Satanische zum Markenzeichen einer ganzen Welle von Filmen, Comics und Jugendkulten werden lassen – im Grunde alles unbewusste oder auch bewusste Verharmlosungen eines Phänomens, das der Glaube immer sehr ernst genommen hat. Doch es hat gar keinen Zweck, den Teufel an die Wand zu malen, wenn dieser Glaube nachlässt oder unsicher wird. Zu groß ist die Gefahr, eher eine Neugier zu befriedigen, als wirklich dem auf den Grund zu gehen, was die Offenbarung über das Böse sagt.

Und sie sagt viel. Anfang und Ende der Heiligen Schrift, das heißt Genesis und Apokalypse, berichten von der Schlange beziehungsweise vom Drachen, beide Sinnbilder des Widersachers, des Feindes der Sache Gottes. Dann die Zeit Jesu. Es scheint so, als habe sich in den Jahren, in denen sich das Wort Gottes wie jeder andere Mensch auf der Erde bewegte, so etwas wie eine Generalmobilmachung des Bösen ereignet: Christus wird in der Wüste vom Teufel versucht, Dämonen fahren in eine ganze Herde von Schweinen, die sich dann in einem See ertränken, Besessene werden zu Jesus gebracht, damit er sie von ihrer Plage befreie. Jesus spricht vom Widersacher, vom Versucher, vom »Mörder von Anfang an« (Joh 8,44). Welche bösen Mächte sind das, von denen das Evangelium berichtet? Wer führt da gegen wen diesen die gesamte Heilsgeschichte umfassenden Kampf, der im Bild der Apokalypse von der sonnenumkleideten Frau und dem nach ihr greifenden Drachen einen dramatischen Ausdruck findet?

Das sind Dinge, die sich letztlich dem Urteil und der Erkenntnisfähigkeit des Menschen entziehen. Aber die Grundaussage der Heiligen Schrift ist klar: Der Mensch ist frei, niemand zwingt ihn mit unwiderstehlicher Gewalt, das Gute oder das Böse zu tun. Aber das Böse existiert und übt eine verführerische Wirkung auf die Menschen aus. Und das Böse ist nicht nur eine unpersönliche Gewalt oder die Verdichtung alles Schlechten, was sich auf der Welt ereignet. Das Böse bringt die Kirche immer mit dem Bösen in Zusammenhang, mit der Person des Teufels, des gefallenen Engels, der sich unwiderruflich gegen Gott entschied. »Die Teufel und die anderen Dämonen«, definierte das vierte Laterankonzil im Jahre 1215, »wurden zwar von Gott ihrer Natur nach gut geschaffen, sie wurden aber selbst durch sich Böse.« Der Sohn Gottes aber, heißt es im ersten Johannesbrief, »ist erschienen, um die Werke des Teufels zu zerstören« (1 Joh 3,8).

Das Böse – und das ist der Grund, warum die Kirche das Evangelium die »Frohe Botschaft« nennt – ist mit Christus bereits besiegt. Es wurde sozusagen demaskiert, indem sich das Heil in seiner ganzen Barmherzigkeit, in seiner Anziehungskraft und Schönheit zeigte und dazu noch in der Auferstehung triumphierte. Aber das Böse darf noch weiterbestehen. Es ist eins der größten Geheimnisse der Heilsgeschichte, aber bereits in einem Gleichnis Christi verbürgt: Weizen und Unkraut sollen bis zum Ende wachsen und erst dann werden sie geschnitten und getrennt: Der Weizen kommt in die Scheune, das Unkraut ins Feuer (vgl. Mt 13,24–30). Warum das so ist, warum das Böse noch eine Weile mitwachsen darf, kann der Mensch nur erahnen: Gott will, dass seine Geschöpfe frei sind, dass ihr »Ja« in völliger Freiheit erfolgt und sie nicht wie Roboter auf Befehle reagieren. Zum Freisein gehört es, die Freiheit auch missbrauchen zu können, sonst wäre sie letztlich doch nur eine Illusion, ein Wildschweinreservat, in dem der Jäger so tun darf, als könne er sich auf freier Wildbahn bewähren.

Bei aller Hässlichkeit der Sünde ist dem Christen eines gewiss: Obwohl real und existent, ist die Sünde bereits besiegt. »O felix culpa – oh glückliche Schuld«, singt die Kirche in der Osternacht. Gott hat sich auf die Freiheit der Menschen eingelassen und damit die Sünde zugelassen, aber er hat »mitgespielt«. Durch seinen Tod am Kreuz hat der Sohn Gottes alle Sünden der Menschen auf sich geladen, er hat der Sünde ihre fatale, unwiderruflich böse Folge genommen.

»Durch einen einzigen Menschen (Adam) kam die Sünde in die Welt«, schreibt der heilige Paulus, aber »so wird es auch durch die gerechte Tat eines einzigen (die Tat Christi) für alle Menschen zur Gerechtigkeit kommen, die Leben gibt.« Der Mensch, der sündige Mensch, muss nun keine Angst mehr haben, dass ihm seine Sünde zum ewigen Verhängnis wird. Er ist erlöst – wenn er nur zulässt, dass ihm Gott durch die der Kirche verbürgte Macht, die Sünden zu vergeben, diese heilende Kraft auch wirklich zukommen lassen kann. Die Sünde und den Hang zur Sünde (die Erbsünde) gibt es, das weiß jeder Mensch. Dass es aber eine Erlösung von den Folgen der Sünde, eine Wiedergutmachung und Versöhnung mit Gott und seiner Schöpfung gibt, das ist die befreiende Botschaft der Christen.

Das Sakrament der Buße

DER EINWAND

Ist die Beichte in unserem Zeitalter denn nicht wirklich überholt? Außerdem geht die Ohrenbeichte doch überhaupt nicht auf Christus zurück. Was soll die Beichte denn bewirken? Gott vergibt doch auch den Protestanten.

Die Massenmedien sind heute beinahe darauf spezialisiert, Schuldige ausfindig zu machen und an den Pranger zu stellen: Prominente, die Steuern hinterziehen, korrupte Politiker, Kindesmörder, Waffenhändler, Anstifter der Korruption und Verschwendung öffentlicher Gelder. Doch dann, wenn der Sündenbock gefasst ist und den Spießrutenlauf vorbei an Fotografen und Fernsehleuten und duch die Sozialen Medien hinter sich hat – was ist dann? In einer Gefängniszelle vielleicht oder auch in Freiheit, wenn es gelang, sich einem Strafvollzug hinter Gittern zu entziehen? Sind Schuld, persönliches

Versagen und der Ekel angesichts der eigenen Schwäche vorbei, wie weggeblasen, wenn sich niemand mehr darum kümmert? Es ist eine Binsenwahrheit, dass viele Menschen unter Schuldgefühlen leiden, dass nicht aufgearbeitete Schuld sogar Ursache für viele Krankheiten sein kann.

Die Romangestalt Raskolnikov, die in Dostojewskis *Schuld und Sühne* die alte Wucherin tötet, um das eigene Studium finanzieren zu können, ist ein meisterhaft beschriebenes Beispiel für die Leiden der Seele, wenn Sünde und Schuld auf ihr lasten. Raskolnikov erkennt das Verwerfliche seiner Tat und diese Erkenntnis löscht alles Schöne in seinem Leben aus. Der Mörder verzweifelt, wie ein Mühlstein legt sich die Schuld auf seine Seele. Erst durch die Liebe zu einem Mädchen und eine lange Zeit der Läuterung hindurch erwacht Raskolnikov wieder zum Leben.

Zum Leben erwachen. Das ist der Sinn des Bußsakraments. Aber es ist nur zu einsichtig, dass das Sakrament der Sündenvergebung in einer Zeit auf Unverständnis stößt, in der Sünde und Schuld das persönliche Gewissen des Einzelnen nicht mehr belasten sollen und nur noch der öffentlichen Sensationsgier und dem An-den-Pranger-Stellen der Medien überlassen bleiben. Neuausrichtung des Lebens, Umkehr zu Gott, Abwendung vom Bösen, Meiden der Versuchungen, Reue und Hoffnung auf Gottes Erbarmen, all das sind Haltungen, die dem rein soziologisch oder biologistisch begründeten Menschenbild fremd sind – ganz zu schweigen von den verrohten Naturen, die Film, Videospiele oder die gewalttätigen Jugendszenen der Großstädte heranziehen. Doch das ist ein Phänomen, das weit über die Krise der kirchlichen Bußpastoral hinausgeht. Auf der einen Seite steht das Unvermögen des nicht mehr christlich denkenden Menschen, nicht nur die Beichte, sondern sämtliche konkreten Zeichen der christlichen Glaubenspraxis nachzuvollziehen. Auf der anderen Seite stehen die Vorbehalte, die selbst gläubige Katholiken gegenüber der heute üblichen Form der Beichte hegen. Dazu einige Anmerkungen.

Auch wenn viele die sogenannte Ohrenbeichte für eine typische Erfindung der Kirche halten, so geht sie dennoch direkt auf Christus zurück. Das Wort »Beichte« findet man genauso wenig in der Heiligen Schrift wie das Wort »Taufbecken« oder »Kommunionempfang«. Aber es ist von den Anweisungen, die Jesus Christus seinen Jüngern gab, nicht zu trennen. Als er den Aposteln die Macht übertrug, Sünden nachzulassen, verband er damit den Auftrag, über die Taten der Reuigen zu urteilen: »Empfanget den Heiligen Geist! Wem ihr die Sünden vergebt, dem sind sie vergeben; wem ihr die Vergebung verweigert, dem ist sie verweigert« (Joh 20, 22–23). Diese Worte Jesu schließen zwangsläufig mit ein, dass die Apostel und ihre Nachfolger die Sünden zu hören bekommen, bevor sie die Vergebung aussprechen oder nicht. Von Anfang an war das Sakrament der Buße mit dem Bekenntnis der Sünden verbunden.

Immer wieder trifft man auf die Behauptung, die Beichte gebe es in der katholischen Kirche erst seit dem Mittelalter. Richtig ist, dass das Vierte Laterankonzil im Jahr 1215 die häufige Beichte eingeführt und das Kirchengebot verkündet hat, wenigstens einmal im Jahr zu beichten. Das persönliche Bekenntnis der Sünden hat es aber in der Kirche seit ihren Anfängen immer gegeben, wenn auch lange in anderer Form.

Während der ersten Jahrhunderte mussten sich Christen, die eine schwere Sünde wie Götzendienst, Mord oder Ehebruch begangen hatten, einer sehr strengen Buße unterziehen: Sie hatten oft mehrere Jahre lang Buße zu tun, bevor sie die Vergebung erhielten. Während des siebten Jahrhunderts brachten dann irische Missionare die Praxis der privaten Buße auf das Festland. Diese Praxis, die sich nicht mehr öffentlich, sondern unter vier Augen zwischen dem Beichtenden und dem Priester vollzog, sah eine Wiederholung der Beichte vor und führte zu einem regelmäßigen Empfang des Bußsakraments, der schließlich im dreizehnten Jahrhundert für die gesamte Kirche festgelegt wurde. Die Grundstruktur der Buße war jedoch immer dieselbe: Der Einzelne klagt sich als Sünder an, weil er durch Reue, Bekenntnis und Genugtuung in die Gemeinschaft derer zurückkehren will, die entsprechend ihrer Berufung als Christen leben wollen. Und die Kirche schenkt durch den Bischof und seine Priester im Namen Jesu Christi die Vergebung der Sünden, betet für den Sünder, leistet mit ihm Buße und nimmt ihn wieder in die kirchliche Gemeinschaft auf. Es ist genau das, was Christus tat, als er zum Entsetzen der Pharisäer öffentlichen Sündern die Schuld vergab und sie in das Volk Gottes zurückholte.

Was sollen nun aber diejenigen von der Beichte halten, die generell allen kirchlichen Sakramenten gegenüber Skepsis empfinden? Was ist die Beichte: Unterdrückung oder Heilung, Machtinstrument oder Befreiung einer in Sünde verstrickten Seele? Jeder, sei er auch noch so weit von der Kirche entfernt, muss anerkennen, dass in der Beichte, so wie sie die katholische Kirche kennt, etwas zutiefst Aufrichtiges, Menschliches und anthropologisch Gutes liegt (von der psychologisch heilsamen Funktion der Beichte sei hier gar nicht erst die Rede, sie ist oft genug dargelegt worden). Kein Christ, kein Mensch ist allein. Er lebt in der Gemeinschaft mit anderen Menschen, er ist vielfach mit ihr verwoben, vor allem als Mitglied der Kirche. Christen sind keine Individuen mit der gleichen Religion, sondern eine Gemeinde, ein Leib. In den ersten christlichen Jahrhunderten nahm das ganze Volk Gottes an den Bußakten der Sünder teil. So stand es allen plastisch vor Augen, dass die Christen zusammen die heilige Kirche bilden.

Heute, in den Zeiten des Beichtstuhls, gilt jedoch genau dasselbe: Sünde ist niemals Privatsache, die Sünde hat immer auch eine soziale Seite. Wer sich gegen den Willen Gottes verfehlt, und sei es auch ganz im Verborgenen, schädigt die ganze Gemeinschaft. Er ist wie eine defekte Brennstoffzelle in einem Kraftwerk, die dem Ganzen Energie entzieht. Von daher ist es richtig, über die Beauftragten der Kirche auch den Weg der Versöhnung zu gehen, statt zu sagen, dass »man das mit Gott alleine ausmache«. Das, was durch die Sünde beeinträchtigt und geschädigt wird, geht über die Verfügungsgewalt des Einzelnen hinaus. Gegenüber der Sünde kann es daher keine »Eigen-Mächtigkeit« des Menschen geben.

Die Beichte ist eines der sieben Sakramente der katholischen Kirche. Alle Sakramente sind Gnadengaben. Doch bei der Beichte ist das vielleicht am spürbarsten. Der, der einem Priester seine Sünden bekennt und die Lossprechung empfängt, tut etwas zutiefst Christliches. Er nimmt seine Sorge, seine Sünden, Schwächen und Fehler – und gibt sie weg. Immer wieder. Es ist weder eine Schande noch Heuchelei, stets die gleichen Sünden zu beichten. Der Gerechte fällt siebenmal am Tag, heißt es im Evangelium. Die eigene Schwäche zu akzetieren und sie in der Beichte immer wieder zu benennen, führt nicht dazu, sie loszuwerden, heißt aber, sich von ihr zu befreien. In Jesus Christus ist die Barmherzigkeit Gottes erschienen, um die Sünden der Welt auf sich zu nehmen. Nicht um sie zu verharmlosen oder gar zu ignorieren. »Seht das Lamm Gottes, das hinwegnimmt die Sünde der Welt.« So kennzeichnet Johannes der Täufer die Mission Christi. Aber der Mensch muss es auch wollen und seine Sünde loslassen. Es ist ein Akt der Hingabe, der befreit.

Zum Schluss noch ein Zitat von Martin Luther. Es findet sich in seinem *Kleinen Katechismus*: »Die Beichte begreift zwei Stücke in sich. Eines, dass man die Sünde bekenne, das andere, dass man die Absolution oder Vergebung vom Beichtvater empfange als von Gott selber und ja nicht dran zweifle, sondern fest glaube, die Sünden seien vergeben von Gott im Himmel.« Sicherlich erhalten Protestanten auch ohne die Beichte die Vergebung ihrer Sünden, irgendwann, man weiß nicht wie, vielleicht auch nicht, wahrscheinlich aber doch, früher oder später, hoffentlich, zumindest nach menschlichem Ermessen, denn Gottes Erbarmen kennt keine Konfessionen. Doch mit der Beichte wäre auch für sie dieser wesentliche Akt der Sündenvergebung klarer und objektiver.

Die Letzten Dinge

DER EINWAND

Hölle und Fegefeuer – das sind nur Bilder. Sie gehören zum mittelalterlichen Glauben. Sie kann es außerdem gar nicht geben, da Gott die Liebe ist.

Hölle und Fegefeuer haben schon immer die Fantasien christlicher Autoren, Künstler und Dichter beschäftigt. Eines der Meisterwerke abendländischer Dichtkunst, Dantes *Göttliche Komödie*, ist ganz an die Orte des Lebens nach dem Tod verlegt, wo die Seelen die Qualen der Verdammnis, die Schmerzen der Läuterung und die Freuden der ewigen Seligkeit erfahren. Doch trotz der Fülle an künstlerischer Darstellung und Interpretation, die diese Orte beziehungsweise Zustände im Laufe der Jahrhunderte erfahren haben, kann sich der Mensch von ihnen keine rechte Vorstellung machen. Die Frage berührt das, was die christliche Tradition »die Letzten Dinge« nennt: Tod, Gericht, Himmel und Hölle. Sie liegen jenseits der Grenze, die jeder Mensch beschreiten muss, wenn sein irdisches Leben endet. Und niemand ist bisher zurückgekehrt, um zu berichten.

Umso erstaunlicher ist die Tatsache, dass sich in allen Kulturen der Menschheitsgeschichte zumindest eine Ahnung, meist aber die moralische Gewissheit herausgebildet hat, dass das Leben des Menschen nach dem Tod weitergeht. Die Welt ist kein Chaos, das Leben ist nicht absurd. Viele (natürlich nicht alle) Fragen des Menschen erhalten eine Antwort, die Suche nach Glück findet oft eine (wenn auch nicht vollkommene) Erfüllung, der Drang nach Erkenntnis stößt auf Wahrheiten, auf Gesetzmäßigkeiten in der Natur, und auch die Triebe haben sinnvolle Ziele.

Die Grundstimmung des menschlichen Daseins ist nicht der Ekel angesichts einer sinnlosen Welt, die Verzweiflung über die Absurdität des Lebens. Im Grunde seines Herzens ist der Mensch ein Optimist. Er ahnt den letzten Sinn seines Lebens und hofft, dass all das Gute, Wahre und Schöne, das er vollbringt, nicht umsonst ist, dass aber auch die entsetzlichen Verbrechen der Menschheitsgeschichte und der Geschichte Einzelner nicht ungesühnt bleiben. Mit anderen Worten, er hofft auf eine andere Welt, in der sein Streben nach Glück und Gerechtigkeit dauerhaft Erfüllung findet. Der Mensch ist »fähig zum Unendlichen«, sagte Thomas von Aquin. Und seine Seele ist wie ein siebter Sinn, der die Ewigkeit erahnt, ohne sie aber in dieser Welt bereits wirklich erfahren zu können.

Alles, was die Kirche deshalb über das Leben nach dem Tod lehrt, hat seinen Grund in der Offenbarung des Alten und Neuen Testaments. Jesus Christus sprach viel vom Gericht, in Gleichnissen – wie dem vom Unkraut im Weizen, von dem Geld, das ein Herr seinen Dienern anvertraute, oder vom reichen Prasser und dem armen Lazarus – wie auch direkt: »Wenn der Menschensohn kommt und alle Engel mit ihm, dann wird er sich auf den Thron seiner Herrlichkeit setzen. Und alle Völker werden vor ihm zusammengerufen werden und er wird sie voneinander scheiden, wie der Hirt die Schafe von den Böcken scheidet« (Mt 25,31–33).

Christus beschreibt hier das Jüngste Gericht nach der Auferstehung der Toten – das ebenso wie Hölle und Fegefeuer die Phantasie unzähliger Künstler herausgefordert hat. Einen »neuen Himmel und eine neue Erde« (2 Petr 3,13) verheißt die Heilige Schrift, ein neues Jerusalem, in dem nichts Böses mehr die Gemeinschaft der Menschen stört und diese in der beseligenden Gegenwart Gottes, der sich dann nicht mehr verhüllen wird, ewiges Glück, Frieden und Gemeinschaft finden.

Hölle ist der Ort, an dem sich diese Herrlichkeit Gottes nicht zeigt und der Mensch in selbst gewählter Einsamkeit verharrt. Und das Jüngste Gericht ist der Augenblick der Scheidung, an dem nicht ein unbarmherziger Richter Rache übt, sondern die Entscheidung, die jeder Mensch bereits für sich gefällt hat, endgültig vollzogen wird. Die sich in ihrem Leben für die Nachfolge Christi und damit die ganze Wirklichkeit, die ganze Wahrheit entschieden haben, folgen ihm ins Paradies. Die sich für sich selbst entschieden haben, für eine Teilwahrheit, für einen Teil der Wirklichkeit, bleiben allein zurück – ein Zustand, der dann, im realen Angesicht der Glorie Gottes, tatsächlich nur mit den schlimmsten Attributen zu beschreiben ist – oder kurz mit einem Wort: »Hölle«.

Neben dem allgemeinen Gericht am Jüngsten Tag glaubt die Kirche an ein persönliches Gericht, das jeder Einzelne sofort nach dem Tode erfährt. Mit dem Ende des irdischen Lebens ist die Zeit abgelaufen, in der der Mensch über seine Ewigkeit entscheidet. Dass seine Seele diesen Augenblick bewusst erlebt, ist es auch ohne tiefgründige theologische Forschungen einsichtig, da so etwas wie eine Bilanz, wie ein Schlussstrich gezogen wird. Wie das geschieht, weiß niemand. Dass es geschieht, ergibt sich direkt aus der Erfahrung des christlichen Lebens, das keine Wiedergeburt, keine Reinkarnation kennt.

Die gesamte alt- und neutestamentliche Offenbarung macht unmissverständlich klar, dass der Mensch nur eine Zeit hier auf Erden hat, in der sich alles entscheidet. Ist diese Zeit aber vorbei, erhält der Mensch, was er selbst gewollt hat. Im Gleichnis vom reichen Prasser und armen Lazarus schildert Jesus die Endgültigkeit, mit der der Mensch in seinem Leben auf Erden bestimmt hat, wie sein Leben nach dem Tod aussehen wird. Der reiche Mann erleidet Qualen in der Unterwelt und bittet, Lazarus möge seine noch lebenden Brüder warnen, »damit nicht auch sie an den Ort der Qualen kommen«. Doch umsonst. Es wird dem Lazarus, der gerettet ist, nicht einmal erlaubt, die brennende Zunge des Prassers mit einem Tropfen Wasser zu kühlen. Der Tod stellt den Übergang dar, an dem das ewige Schicksal eines jeden Menschen unwiederbringlich entschieden ist.

Das Unvorstellbare hieran, das selbst gläubige Christen bis an den Rand der Verzweiflung oder des Haderns bringen kann, ist die Radikalität, mit der Gott die Freiheit der Menschen achtet. Selbst wenn diese für die größten Verbrechen missbraucht wird, erscheint kein göttlicher Bote, der dem Wahnsinn Einhalt gebietet.

»Kann man nach Auschwitz noch glauben?«, lautet eine immer wieder gestellte Frage, die das Entsetzen über die Unmenschlichkeit des Menschen und die Ratlosigkeit über die scheinbare Tatenlosigkeit Gottes zum Ausdruck bringt. Eine letzte, einsichtige und klärende Antwort auf dieses Problem ist dem Menschen nicht möglich, weil er außerstande ist, die Welt, die Geschichte und sich selbst mit den Augen Gottes zu sehen. Was Freude und Leid hier auf Erden sind und was ewige Freude und ewiges Leid im Leben nach dem Tode sein werden und was es bedeutet, wirklich frei und kein Tier, kein Roboter, kein in seiner Willensfreiheit eingeschränktes Wesen zu sein, all das sieht in Gott in klarer, der Mensch jedoch in höchst unvollkommener Weise.

Es gibt ein Gleichnis im Evangelium, in dem der Gutsherr einer Landwirtschaft (ein Bild für Gottvater) seinen Knechten untersagt, das Unkraut auf den Feldern zu jäten, und sie stattdessen anweist, Unkraut und Weizen bis zur Ernte zusammen aufwachsen zu lassen, um dann aber beide zu trennen und den Weizen in die Scheune, das Unkraut aber ins Feuer werfen zu lassen (vgl. Mt 13,24–30). Es ist vielleicht das Gleichnis Jesu, das am schwersten zu verstehen ist. Am Ende, das ist eindeutig, muss das Unkraut verbrennen. Bis zum Ende aber darf es wachsen, sich entfalten, denn würde es herausgerissen, sagt der Gutsherr im Gleichnis, »reißt ihr zusammen mit dem Unkraut auch den Weizen aus« (Mt 13,29).

Der menschlichen Logik widerspricht das vollkommen. Doch es ist halt nur die Logik eines Wesens, das nicht über den Tellerrand hinausblicken kann. Man stelle sich ein Tierchen vor, für das es nur zwei Dimensionen gibt. Es kann sich vorwärts, rückwärts, nach links und nach rechts bewegen. Stößt es aber auf eine Barriere aus Streichhölzern, weiß es nicht mehr weiter, es ist gefangen. Dass es eine Höhe und Tiefe, das heißt eine dritte Dimension gibt, ist dem zweidimensional denkenden und empfindenden Tierchen vollkommen unbekannt.

Derjenige, der von dieser dritten Dimension weiß und sich in ihr bewegt, würde das zweidimensionale Wesen zwar gerne über die Streichholzbarriere hinwegheben, doch würde er damit zugleich gegen dessen Natur verstoßen und das Tierchen zerstören. Bedenkt man nun, dass Gott im Vergleich zum Menschen, der drei Dimensionen kennt, nicht nur vier, fünf oder sechs, sondern unendlich viele, das heißt alle existierenden Dimensionen sieht, erfährt und über sie verfügt, dann kann man den Unterschied erahnen, der zwischen der Sichtweise des Menschen und der göttlichen Weisheit besteht.

3. Papst und Klerus

Der Garant der Einheit

DER EINWAND

In einer demokratischen Welt ist das Papstamt einfach ein Relikt der Feudalzeit und gehört abgeschafft.

»Was ist das Glaubensgut?«, fragte der große englische Theologe John Henry Newman in einem seiner Essays. »Es ist das, was dir anvertraut worden ist, nicht das, was du entdeckt hast; was du empfangen, nicht was du ausgedacht hast; nicht Sache der Schlauheit, sondern der Lehre; nicht des privaten Gebrauchs, sondern der öffentlichen Überlieferung.« Diesen Satz würde auch der Papst unterschreiben. Und zwar jeder Papst. Denn dieser Satz rührt an das Selbstverständnis des Lehramts der katholischen Kirche, dessen oberster Repräsentant ja immerhin der Bischof von Rom ist. Nicht das Lehramt bestimmt, wie der Glaube zu formulieren ist. Sondern der Glaube bestimmt, was das Lehramt formulieren kann. Würde also ein Papst tatsächlich den Katholiken vollkommen neue Glaubenssätze vorlegen – mögen sie nun starr sein oder nicht – und sie bei ihrem Gewissen darauf verpflichten, würde er sein Amt missbrauchen.

Etwas anderes ist es, dass die Kirche im Verlauf ihrer Geschichte auf immer neue Fragen antworten muss, die ihr der wissenschaftliche Fortschritt, kulturelle Entwicklungen oder schlicht das Leben der Gläubigen vorlegen. An die Möglichkeiten der heutigen Medizin, menschliches Leben ab dem Augenblick der Befruchtung zu beeinflussen, hat in den ersten christlichen Jahrhunderten noch niemand gedacht. Heute muss sich die Kirche mit pränataler Diagnostik oder künstlicher Befruchtung befassen. Nach welchen Prinzipien ein demokratischer Staat zu organisieren ist oder welche Befugnisse Bischofskonferenzen haben, war vor sechshundert oder sechzehnhundert Jahren noch kein Thema. In unserer Zeit erscheinen dazu umfangreiche kirchliche Dokumente. Hier geht es um aktuelle Normen und Richtlinien, die alle ihre Rückbindung an das katholische Glaubensgut haben, dieses aber nicht verändern. Also: Was ist das Glaubensgut, warum bindet es auch den Papst und wie geht dieser mit dem Gewissen der Menschen um?

Damit ein heranwachsender Mensch sich orientieren und irgendwann sein Leben selber in die Hand nehmen kann, erhält er schon ab einem sehr frühen Zeitpunkt seines irdischen Daseins wichtige Informationen: Schon als Säugling erkennt er, wer Mutter und Vater sind, er begreift, dass er ein eigenständiges Subjekt in einer vielfältigen Umwelt ist, und erfährt seinen Namen. Er unterscheidet Traum, Fantasie und Wirklichkeit, er lernt seine Familie kennen, macht sich eine Vorstellung von seinem Dorf oder seiner Stadt, dann von seinem Land und der ganzen Welt. Später fängt er an, über spontane Eindrücke und das spielerisch Erlernte nachzudenken und einige Einsichten zu formulieren, die ihn mit allen Menschen verbinden: etwa dass er sich nicht selbst erschaffen hat, dass die Zukunft ungewiss, aber der Tod ein unausweichliches Faktum ist. Immer dichter wird das Koordinatennetz, in dem sich der heranwachsende Mensch bewegt. Und je sicherer er sich darin bewegt, desto verlässlicher wird es für ihn. Schließlich kann er sich selber orientieren, vieles, was er zunächst nur im Vertrauen auf seine Eltern oder Lehrer angenommen hat, ist ihm zur Gewissheit geworden.

Ähnlich verhält es sich mit der Christenheit. Auch sie hat im Laufe der Zeit ein Wissen angesammelt und Einsichten erlangt, die sie nicht sich selbst gegeben hat. Wer die Kirche verstehen will, muss sich zumindest einen Augenblick lang eine Grundvoraussetzung vor Augen führen, die für das kirchliche Selbstverständnis und das kirchliche Lehramt entscheidend ist: Den Glauben, den der Papst und die Bischöfe den Gläubigen vorlegen, hat die Kirche nicht in ihrem Inneren ausgebrütet, er ist von außen auf sie zugekommen. So wie sich ein junger Mensch seine Familie und seinen Stammbaum, seine Umgebung und seine Begabungen nicht ausdenken kann, sondern sich in sie hineingestellt sieht, so sah und sieht sich auch die Kirche zu allen Zeiten in der Lage, dass ihr etwas zugewachsen ist. Man kann das Tradition nennen oder aber von der ureigensten Geschichte sprechen, von der sich die Kirche genauso wenig lossagen kann wie ein Mensch – es sei denn, man sucht bewusst so etwas wie Amnäsie und damit den Zustand geistiger Krankheit.

Aus dieser Grundvoraussetzung ergibt sich nun alles andere: Dass die Päpste und die großen Synoden oder Konzilien der Bischöfe nicht hin und wieder das Credo ändern oder zum Beispiel Sakramente abschaffen beziehungsweise neue definieren, hat einen relativ einfachen Grund. Sie würden ihre eigene Vergangenheit vergewaltigen, sie würden das Wissen verraten, dass die Kirche im Laufe der Zeit über sich selbst, über ihre Anfänge, ihre Geschichte und Traditionen erlangt hat. Ein solches Festhalten an der Substanz des Glaubens hat übrigens nichts mit undemokratischem Geist zu tun. Würde der deutsche Bundestag morgen beschließen, die Bewohner dieses Landes stammten in direkter Linie von den Azteken ab, Berlin läge am Mississipi und die Beamtenlaufbahn in staatlichen Einrichtungen sei ab sofort den Pferden zu öffnen, wäre das kein Erweis demokratischer Tugend, sondern ein Akt kollektiven Blödsinns.

Natürlich, Beispiele hinken. Das Glaubensgut der Kirche ist schon etwas anderes als die Tatsache, dass Pferde nun einmal für den Staatsdienst untauglich sind. Aber das Prinzip ist dasselbe. Es gibt Dinge, über die verfügt man nicht, sondern muss sich nach ihnen richten. Und ein Mensch ist umso vernünftiger, je mehr er sich entsprechend der Natur der Dinge verhält, die ihm vorgegeben sind. Wer mit dem Auto auf einer Nebenstraße fährt, die in einer Hauptstraße mündet, in die man entweder links oder rechts abbiegen kann, handelt vernünftig, wenn er das dann unter Beachtung der Ampel- oder Vorfahrtszeichen tut. Wenn er sich über diese ihm vorgegebene Straßenführung hinwegsetzt und geradeaus weiterbraust, landet er eben vor der Wand. Ziemlich unvernünftig.

Das Schlüsselwort in diesem Zusammenhang ist – wieder einmal – das Wort Geschichte. Viele tun ja so, als sei die Kirche mit ihren Dogmen und Hierarchen irgendwann im finsteren Mittelalter vom Himmel gefallen. Weit gefehlt. Gerade das Mittelalter hatte ein sehr ausgeprägtes Gespür dafür, dass das Christentum auf einem historischen Fundament steht. Die Altarbilder, Statuen und Fresken, die kostbaren Miniaturen in den Handschriften der Klöster wie die in Stein gemeißelten Bilderzyklen der romanischen und gotischen Kirchen, sie alle sind ein einziger Verweis auf die Ursprungszeit des Christentums, als sich in den drei Jahren des öffentlichen Wirkens Jesu Christi vor seinen Zuhörern, vor allem aber vor den zwölf Jüngern, die ihm am nächsten standen und seine Apostel werden sollten, etwas völlig Neues offenbarte. Nie im Traume hätten diese daran gedacht, dass sich die Verheißung des Messias, die jedem Juden der damaligen Zeit aus den heiligen Schriften bestens vertraut war und die er unter dem Eindruck der Besetzung des Landes durch die Römer geradezu herbeisehnte, auf diese Weise erfüllen würde. Nicht nur die Gleichnisse und Lehren des Rabbis aus Nazaret waren neu, auch seine Rede vom Vater, von sich selbst als dem Sohn und vom Geist waren ungewöhnlich, ja skandalös. Dann sein schmählicher Tod, sein Wiederauftauchen nach drei Tagen und schließlich die seltsamen Vorkommnisse am ersten Pfingsttage. Alles das geschah unerwartet, passte nicht in fertige Konzepte.

Aber genauso, wie es geschehen war, haben es dann die Apostel und Jünger Jesu an die Nachwelt weitergegeben. »Schon viele haben es unternommen, einen Bericht über all das abzufassen, was sich unter uns ereignet und erfüllt hat«, beginnt Lukas sein Evangelium. »Nun habe auch ich mich entschlossen, allem von Grund auf sorgfältig nachzugehen, um es für dich, hochverehrter Theophilus, der Reihe nach aufzuschreiben.« So nahm eine Geschichte ihren Lauf, die ausgehend von jener römischen Provinz am Rande des östlichen Mittelmeers die ganze Erde erfassen und durch die Jahrhunderte hinweg auch den Menschen des einundzwanzigsten Jahrhunderts erreichen sollte. Geschichte übrigens im doppelten Sinn: Es war eine Geschichte, die sich damals zwischen Betlehem und Galiläa ereignet hat, und kein Mythos, kein philosophisches System, keine Weltverbesserungsidee, die irgendjemand im stillen Kämmerlein ausgebrütet hätte. Und diese Geschichte, die damals ihren Lauf nahm, hat selber wiederum Geschichte gestaltet und hervorgebracht, hat immerhin Historiker auf den Plan gerufen und nicht Schwärmer oder Kaffeesatzleser.

Es ist hier nicht die Stelle, die »Lehre«, die die junge Kirche aus der Begegnung des jüdischen Volks mit Gott von Abraham an bis zu Jesus Christus gezogen hat, im Einzelnen darzustellen und ihre Ausfaltung in der Geschichte nachzuvollziehen. Hier geht es um etwas anderes. Am Anfang dieser Lehre, dieses Glaubensguts, das der Kirche anvertraut ist, steht eben eine Begegnung, jene Offenbarung Gottes, wie sie in den Schriften des Alten und Neuen Testaments enthalten ist. Und das ist der Grund, warum es dem Papst auch heute noch, zwei Jahrtausende nach Abschluss dieser Offenbarung, absolut unmöglich ist, das Glaubensgut der Kirche auf dem Altar demokratischer Gesinnungen zu opfern. Man muss den Papst nicht gut finden, man muss auch nicht glauben, was er lehrt. Und wer sein Gewissen knechten lässt, ist es wirklich selber schuld. Aber wer auch immer begreifen will, was das »Oberhaupt« der Katholiken umtreibt, wenn er den Glauben seiner Kirche verkündet, der sollte nun einmal zur Kenntnis nehmen, dass auch ein Papst nicht über das verfügt, was er vor der Welt bezeugen muss.

Päpstliche Unfehlbarkeit

DER EINWAND

Selbst ein Papst kann doch nicht unfehlbar sein! Das Unfehlbarkeitsdogma hat ein Papst formuliert – und ist für die Päpste da. Dies ist eine ganz klare Machtdefinition.

Nicht ein Papst hat das Unfehlbarkeitsdogma formuliert, sondern das Erste Vatikanische Konzil. Es waren harte Zeiten für den Kirchenstaat. Die beständige Auseinandersetzung mit der weltlichen Macht, die im Investiturstreit Ende des elften Jahrhunderts ihren ersten Höhepunkt gefunden hatte, nach der Reformationszeit dann den ganzen europäischen Kontinent in Aufruhr und kriegerische Auseinandersetzungen stürzte, griff der römischen Kirche nun ins Mark: Die Piemontesen rannten gegen den Kirchenstaat an. Die Romagna ging 1859 verloren, Umbrien und die Marken ein Jahr später. Angriffe des Freischarenführers Garibaldi auf Rom konnten zwischen 1862 und 1867 nur mit Hilfe französischer Truppen abgewehrt werden.

In dieser Situation ein ökumenisches, das heißt allgemeines Konzil im Vatikan abhalten zu wollen, zeugt davon, dass Not am Mann war. Nach Reformation und Aufklärung, nach Staatskirchentum und Säkularisierung, aber auch nach dem Wiederaufblühen des katholischen Lebens im neunzehnten Jahrhundert hatte die Kirche Höhen und Tiefen durchlaufen, die so etwas wie eine Standortbestimmung nötig machten. Was war die Stimme des Papstes noch wert, wer konnte überhaupt im Namen der Kirche Verbindliches formulieren? Herrscher wie Napoleon Bonaparte oder Joseph II. in Österreich waren mit den Päpsten regelrecht Schlitten gefahren; aber auch jetzt, in der zweiten Hälfte des neunzehnten Jahrhunderts, als sich die katholische Kirche zum ersten Mal in ihrer Geschichte anschickte, in weiten Teilen Europas ein flächendeckendes Netz von Pfarreien und Seelsorgestationen zu errichten, hatte das Papsttum bei den protestantischen Mächten – also vor allem Preußen – und den national-revolutionären Bewegungen einen ausgesprochen schlechten Stand. Noch 1848 hatte der Ausbruch der Revolution in Rom den soeben erst gewählten Pius IX. zur Flucht nach Gaeta gezwungen. Waren die Päpste zur Zeit ihres Exils in Avignon (von 1305 bis 1377) mehr oder weniger Hofkapläne der französischen Könige gewesen, so galten sie jetzt allgemein als Relikte aus vormoderner Zeit. In den »aufgeklärten« Kreisen an Europas Höfen unterhielt man sich darüber, ob Papsttum und römische Kirche überhaupt noch eine Zukunft hätten.

So war es denn auch weniger eine theologische Frage, die das Erste Vatikanum zu klären hatte. Dass die Kirche unfehlbar Wahrheiten formulieren kann und dies in besonderer Weise Aufgabe des Bischofs von Rom ist, war für die überwiegende Mehrheit des Episkopats eine Selbstverständlichkeit und zudem tief im Glauben der ganzen Kirche verankert. Die Auseinandersetzungen hatten sich vielmehr an Übertreibungen in der theologischen Literatur hinsichtlich der päpstlichen Vollmachten entzündet, welche die Unfehlbarkeit auf alle, auch persönlichen Äußerungen des Papstes ausdehnten und den Nachfolgern Petri in Anlehnung an die weltlichen Monarchien als absolutistischen Herrscher in der katholischen Kirche zu konstruieren versuchten.

Strittig war auch die Frage, ob es opportun sei, in Zeiten, in denen die tonangebenden »Aufklärer« das Papsttum eher mit Skepsis betrachteten, auch noch eine Dogmatisierung der päpstlichen Unfehlbarkeit vorzunehmen, was das latente Misstrauen gegenüber Rom noch einmal zusätzlich verstärken würde. Eine solche feierliche Definition durch ein Konzil erschien in den liberalen Politikerkreisen als reine Machtdemonstration. Eine Zirkulardepesche des bayerischen Ministerpräsidenten Fürst Hohenlohe vom 9. April 1869, die den Gesandtschaften Bayerns eine diplomatische Offensive gegen die geplante Dogmatisierung der päpstlichen Unfehlbarkeit auftrug, kennzeichnet die Stimmung: »Die einzige dogmatische Materie, welche man, wie ich sicherer Quelle erfahre, in Rom durch das Konzilium entschieden sehen möchte und für welche gegenwärtig die Jesuiten in Italien wie in Deutschland und anderwärts agitieren, ist die Frage von der Unfehlbarkeit des Papstes. Diese aber reicht weit über das rein religiöse Gebiet hinaus und ist hochpolitischer Natur, dass hiermit auch die Gewalt der Päpste über alle Fürsten und Völker, auch die getrennten, in weltlichen Dingen entschieden und zum Glaubenssatz erhoben wäre.«

Die päpstliche Vollmacht, in Glaubenssachen unfehlbare Wahrheiten definieren zu können, galt im politischen Umfeld der katholischen Kirche also durchaus als Machtfrage, deren endgültige Klärung durch ein Konzil sogar die Kanzeleien und Regierungen beschäftigte. Doch mehr noch als die Regierungen schürten Zeitungen und Meinungsmacher die öffentliche Debatte um die päpstliche Unfehlbarkeit an. Aber alle, Papst und Kirchenstaat eingeschlossen, waren in dieser Auseinandersetzung Kinder ihrer Zeit. Und wie sollten sie es auch nicht sein. Natürlich hatte der Kampf für und gegen das Papsttum auch eine sehr weltliche und politische Seite. Kaum hatten die auf dem Ersten Vatikanischen Konzil versammelten Bischöfe das Unfehlbarkeitsdogma verabschiedet, begann der Deutsch-Französische Krieg. Das Konzil wurde abgebrochen und auch nicht mehr fortgesetzt, da am 20. September 1870 die Piemontesen eine Bresche in die Stadtmauer Roms schossen und den Kirchenstaat besetzten. Der Papst zog sich als Gefangener im Vatikan aus der Öffentlichkeit zurück. Jahrzehnte später sollten die Lateran-Verträge von 1929 diese

Gefangenschaft beenden und die eigentliche Rückkehr der Päpste auf die Bühne der Weltöffentlichkeit fand im Grunde erst mit dem Pontifikat von Paul VI. statt, prägte dann die Zeit Johannes Pauls II., des Reisepapstes, riss auch unter Benedikt XVI. nicht ab und gipfelte dann in einer außerordentlichen Popularität, die Franziskus nicht zuletzt in der Welt der Politik erlangen sollte.

Von der Einbindung in die historischen Begleitumstände ist die Frage nach der Unfehlbarkeit des Papstes zu lösen, wenn man sie auf ihren theologischen Kerngehalt zurückführen will. Logisch betrachtet bedeutet diese Unfehlbarkeit, dass es in der Kirche klar beschreibbare und unverrückbare Wahrheiten sowie einen Ort gibt, wo diese Wahrheiten mit »Echtheitsgarantie« formuliert werden können. Theologisch betrachtet kommt man bei der Frage nach dem Wesen der kirchlichen Unfehlbarkeit nicht um das Prinzip der Inkarnation herum, dem Dreh- und Angelpunkt des christlichen Glaubens: Das Wort ist Fleisch geworden.

Der »Logos«, das ewige Wort des Vaters, der Plan des Schöpfers für die von ihm geschaffene Welt, hat sich dem Menschen an einem bestimmten Ort, zu einer bestimmten Zeit enthüllt. Erst durch die Propheten, dann durch Jesus Christus wurden die Menschen im Vollsinn des Wortes aufgeklärt – über die Weltzugewandtheit des einen, seine Geschöpfe liebenden Gott in drei Personen, über den Bund, den der Herr mit seinem Volk geschlossen hat, das er sich »aus Juden und Heiden« sammelt, über die eine Kirche auf Erden, in der er das Erlösungswerk seines Sohnes zu Ende führen will. Ob der Papst nun alleine, »ex cathedra«, eine Glaubenswahrheit als unfehlbar deklariert, ob er das auf einem allgemeinen Kirchenkonzil oder nach Befragung aller Bischöfe tut und ob die Nachfolger Petri im Verlauf der Geschichte ein, zwei Dogmen mehr oder weniger definieren – alles das ist zunächst einmal zweitrangig und erst einer Betrachtung wert, wenn es um die nachgeordnete Frage geht, wie die Kirche konkret mit ihrer eigenen Unfehlbarkeit umgegangen ist.

Zunächst aber muss grundsätzlich geklärt sein, dass die Kirche ihren hohen Anspruch gegenüber der Welt wie gegenüber den Gewissen der Einzelnen eben nicht auf Macht, sondern auf einer Wahrheit gründet, die ihr anvertraut wurde und von der sie »kein Jota« wegnehmen darf. Diese Wahrheit sichert der Kirche Unfehlbarkeit zu, genau innerhalb der Grenzen, die von der Offenbarung und der auf ihr aufbauenden Tradition der Kirche abgesteckt werden. Kein Papst kann unfehlbar behaupten, dass Jazz minderwertige Musik ist oder Italien als Reiseland den Kanarischen Inseln vorzuziehen sei. Aber das, was unzweideutig zum katholischen Glauben gehört, darf er den Gläubigen als unfehlbare Lehre der Kirche vorlegen – nicht aus eigenem Gutdünken heraus, sondern in seiner Eigenschaft als Nachfolger des heiligen Petrus, dem Christus die Aufgabe zugewiesen hat, das Fundament der zu bauenden Kirche zu sein.

Es ist müßig, darüber zu streiten, ob diese Zusage Jesu ausreicht, um dann mehr als achtzehn Jahrhunderte später die päpstliche Unfehlbarkeit zu dogmatisieren. Bereits in den ersten christlichen Jahrhunderten hatte der Bischofssitz von Rom eine Sonderstellung in der Gesamtkirche. Um das Jahr 200 schreibt etwa Irenäus von Lyon: »Mit der Kirche von Rom muss wegen ihres hohen Vorrangs jede Kirche übereinstimmen, denn in ihr ist immer die apostolische Tradition bewahrt worden.« Da war der Apostel Johannes gerade einmal hundert Jahre tot. Immerhin der Lieblingsjnger Jesu. Der, der unter dem Kreuz ausgeharrt hatte und nicht geflohen war.

Aber nicht seine letzte Wirkungsstätte, Ephesus, war unmittelbar nach der apostolischen Zeit zum Zentrum der jungen Christenheit geworden, sondern Rom, die letzte Wirkungsstätte des Petrus, der weder der Älteste noch der Tapferste, auch nicht der Erstberufene oder Jesu Lieblingsjünger unter den Aposteln war. Aber an ihn, der bereits den Beinamen Kephas, der Fels, erhalten hatte, richtete Christus das Wort: »Du bist Petrus und auf diesen Felsen werde ich meine Kirche bauen und die Mächte der Unterwelt werden sie nicht überwältigen. Ich werde dir die Schlüssel des Himmelreichs geben; was du auf Erden binden wirst, das wird auch im Himmel gebunden sein, und was du auf Erden lösen wirst, das wird auch im Himmel gelöst sein« (Mt 16,18f.).

Wichtig ist, dass diese »Schlüsselgewalt« des Petrus, die natürlich nicht im Sinne eines irgendwie gearteten himmlischen Pförtnerdienstes, sondern eher wie in Jesaja 22,22 als stellvertretende Königsgewalt zu verstehen ist, nicht mit dem Tod des Petrus ein Ende fand, sondern von der frühen Kirche auch dessen Nachfolgern auf dem römischen Bischofsstuhl zugeschrieben wurde. Das Johannesevangelium enthält noch das berühmte Wort Jesu an Petrus: »Weide meine Lämmer, weide meine Schafe« (Joh 21,15ff.) und bei Lukas sagt ihm Christus: »Und wenn du dich wieder bekehrt hast, dann stärke deine Brüder« (Lk 22,32).

Was sonst zwischen Jesus und Petrus unter den Aposteln gesprochen würde, weiß man nicht. Aber man weiß heute, dass Rom sofort zum Zentrum der jungen Kirche wurde. Hier suchte man Sicherheit in der Lehre und die Klärung wichtiger Glaubensfragen – so etwa Hegesipp um 160 nach Christus, um sich über die gnostische Irrlehre zu informieren, oder Irenäus zwanzig Jahre später. Damit war der Anfang einer langen Überlieferungskette gemacht, die sich dann durch die Jahrhunderte ziehen sollte. Wer in der lateinischen Kirche Gewissheit in Fragen des Glaubens haben wollte, wandte sich nach Rom. Auch heute ist es noch so. Die Geschichte der Bischöfe von Rom ist genauso zerklüftet und dramatisch wie die anderer Ortskirchen oder Länder oder die Geschichte überhaupt. Aber ihre Bedeutung hat die Kathedra der Päpste über alle Jahrhunderte hinweg behalten: Das ist der Ort, wo die katholische Kirche hinblickt und zusammenkommt, wenn sie in Glaubensfragen nach der Gewährleistung unverfälschter Wahrheit sucht.

Bischofsernennungen (von oben)

DER EINWAND

Es ist einfach falsch, dass der Papst die Bischöfe ernennt. Sie sollten wie früher von den Gläubigen gewählt werden – wie zum Beispiel damals der heilige Martin, der Bischof von Tours.

Nehmen wir einmal an – nur so zum Spaß, aber der würde einem dann schon schnell vergehen –, Bischöfe würden gewählt, etwa von den Kirchenmitgliedern des entsprechenden Bistums oder von so etwas wie einem Diözesanparlament, in das Pfarreien und Kirchenverbände alle vier Jahre ihre Delegierten entsenden. Wer einmal die Neubesetzung eines Bischofsstuhls aus nächster Nähe erlebt hat, weiß, was dann ablaufen würde. Nämlich das, was überall vor Wahlen abläuft: Wahlkampf. Und Wahlkampf läuft immer nach dem gleichen Schema ab. Jeder Kandidat behauptet, dass er der beste sei, und verspricht, was bei der Mehrheit der Wähler am ehesten ankommt.

Nun sind intelligente Priester, die als bischofstauglich gelten, natürlich über solch niederen Populismus weit erhaben. Vielleicht aber auch nicht ganz so weit. Es sind ja auch nur Menschen. Und Bischof sein ist ein relativ gut bezahlter Job (zumindest in der Welt der Kleriker und Theologen). Warum also sollte ein Kandidat – fände irgendwo eine derartige demokratische Bischofswahl statt – nicht doch irgendwie streuen, dass man im Grunde ein toller Typ ist, dass man die Zahl der kirchlich finanzierten Arbeitsplätze verdoppeln und etwa in der Frage der Laienpredigt nicht so kleinlich sein wird.

Und dann die Wahlversprechen, die zum Beispiel Laienräte, Spitzenfunktionäre der katholischen Verbände oder Vertreter der kirchlichen Medien fordern könnten. Ganz zu schweigen von der Zeit und dem lieben Geld, die es die Kandidaten kostet, sich dem Wählervolk überhaupt erst einmal bekannt zu machen (und tuen sie es nicht selbst, machen das andere je nach ihrem Gustus, was ja auch nicht demokratisch wäre). Und jetzt verlege man ein solches Bischofswahl-Szenario auch noch in die Länder Schwarzafrikas mit ihren traditionsgemäß starken Bindungen der Einzelnen an Stämme oder Clans beziehungsweise in Staaten, in denen so etwas wie eine demokratische Kultur noch nicht entwickelt ist, und man kann sich die tollsten Machtspielchen und Wahlkampf-Krimis ausmalen, die in der Welt der Politik vielleicht üblich, dem Verfahren der Bischofsbestellung aber nicht würdig sind.

In den drei Jahrhunderten vor der Anerkennung des Christentums durch Kaiser Konstantin wurde der Bischof wohl weitgehend von der Gemeinde gewählt. Dafür spricht die Mehrheit der allerdings kargen Quellen. Das war die Zeit, in der noch die gesamte Gemeinde in den kirchlichen Versammlungsraum passte. Gerade die Ausrufung des heiligen Martin zum Bischof von Tours ist ein (allerdings spätes, man schrieb bereits das Jahr 371) Beispiel für diese »Überschaubarkeit«. Dem Bericht des Sulpicius Severus zufolge war die ganze Stadt auf den Beinen und auch anwesend, als in der Kirche einige opponierende Bischöfe ihren Widerstand gegen Martin aufgeben mussten. In den ersten Jahrhunderten des Christentums fand also die Bestimmung der Bischöfe unter den Augen und auch mit dem Zutun der örtlichen Gemeinde statt.

Mit der Konstantinischen Wende von 313 begannen sich die Größenrelationen zu ändern. Zum einen machte der Massenzustrom, den das Christentum erfuhr, eine Bischofswahl durch alle Getauften zunehmend schwieriger. Zum anderen erhielt das Bischofsamt plötzlich öffentliche Bedeutung und zunehmend auch politisches Gewicht: Also mischten sich mehr und mehr die Könige und Fürsten in die Bischofsbestellung ein. Die weitere Entwicklung verlief im Osten anders als im Westen, aber spätestens gegen Ende des ersten christlichen Jahrtausends

– die Wahl der Bischöfe war zumindest theoretisch noch Sache von Klerus und Volk – hatten sich die Mächtigen einen bestimmenden Einfluss auf die Besetzung der Bischofssitze gesichert.

Der Investiturstreit war die Folge. Das heißt jene lange Auseinandersetzung der Päpste mit dem Kaiser und den Königen des christlichen Abendlandes, die 1077 im Bußgang Kaiser Heinrichs IV. nach Canossa zu Gregor VII. einen spektakulären Höhepunkt fand, sich aber unter veränderten Bedingungen in die folgenden Jahrhunderte hinein fortsetzen sollte. Ausgangspunkt dieses Ringens war eine Reformbewegung in der Kirche, die im elften Jahrhundert einsetzte, zunächst die Wahl der Päpste neu regelte, um dann in der großen Gregorianischen Reform auch die Bischofsernennungen dem staatlichen Einfluss zu entziehen.

Ein weiterer Einschnitt war das vierte Laterankonzil von 1215, das für die lateinische Kirche die Domkapitel als einzigen Wahlkörper für die Bischofswahl festlegte. Je mehr jedoch die Kirche den Appetit der Regierenden auf Mitbestimmung bei der Entscheidung innerkirchlicher Personalfragen zügeln und eindämmen konnte, desto mehr wurde das Volk – vom König oder Kaiser als erstem Laien im Staat bis zum einfachen Gläubigen – aus dem Prozess der Bischofsbestellungen ausgeschlossen. Das alleinige Recht, Bischöfe zu wählen, ging auf die Domkapitel über; die Päpste erlangten im vierzehnten Jahrhundert die weitgehend flächendeckende Zuständigkeit, diese Wahlen zu bestätigen. Hierfür mit ausschlaggebend war das bereits auf dem dritten Laterankonzil von 1179 formulierte Devolutionsrecht, demzufolge das Recht der Bischofsbestellung auf die nächst höhere Instanz – das heißt den Metropolitanbischof und dann den Papst – übergeht, wenn die Wahl in der betroffenen Diözese nicht innerhalb von drei Monaten erfolgt ist.

Auch wenn in den folgenden Jahrhunderten verschiedene Fürsten, Könige und Kaiser das Ernennungsrecht als päpstliches Privileg erhielten und diese Wiedereinschaltung der weltlichen Macht noch lange Zeit Geltung behalten sollte, hatten sich damit die wesentlichen Elemente herauskristallisiert, wie sie das Wiener Konkordat von 1448 für die »alemannische Nation« festlegte: Die freie Bischofswahl durch das Domkapiel wurde abgesichert, das päpstliche Bestätigungsrecht anerkannt. Bis zur Säkularisation von 1803 war damit ein Grundmuster geschaffen, nach dem der Prozess der Bischofsfindung vor sich ging. Vor allem in den geistlichen Fürstentümern, die die Säkularisation jedoch nicht überdauern sollten, waren die Domkapitel der entscheidende Faktor bei der Bischofsbestellung. In den übrigen Bistümern hatten sich vielfach die Landesherren das Privileg der Bischofsernennung bewahrt.

Es kam die Französische Revolution, es kamen die Konkordate mit den Staaten nach der politischen Neuordnung Europas und schließlich kam auch die Zeit, außerhalb der traditionell katholischen Länder in Europa sozusagen auf bisher unberührtem Terrain neue Hierarchien aufzubauen: In Amerika zuerst, dann in Afrika, Asien und Ozeanien.

Rückblickend muss man festhalten, dass die Bischofsernennungen seit der Zeit, als das Christentum unter Konstantin den Untergrund verließ und zu der von den Herrscher anerkannten Religion ihrer Völker und Untertanen wurde, von den Auseinandersetzungen beziehungsweise der Einigung mit der weltlichen Macht hinsichtlich der jeweiligen Zuständigkeiten gekennzeichnet ist. Der Idealfall, dass das ganze Volk einer Diözese samt Klerus und Laien in die Bischofskirche passt, war nur in den Anfängen gegeben. Da mag die Bischofswahl durch das Volk auch praktisch möglich gewesen sein. Als die Kirche in die Öffentlichkeit trat und zu einem politischen Faktor wurde, war es damit vorbei.

Nun besteht überhaupt keine Notwendigkeit, das Ineinandergreifen von Glaube und Politik, die mitunter enge Verbindung von Kirche und weltlicher Macht sowie die personellen Verflechtungen zwischen Regierenden und Bischöfen gutzuheißen oder als Ideal hinzustellen. Ganz im Gegenteil. Viele sprechen von einer fünfzehnhundert Jahre währenden Babylonischen Gefangenschaft, die die Kirche an den Höfen der Fürsten und Könige festgehalten hat – und die mit der Säkularisation zu Beginn des neunzehnten Jahrhunderts noch nicht ihr jähes Ende, eher den Beginn gegenseitige Loslösung fand. Immerhin haben Päpste – als Herren eines Kirchenstaats – Kriege geführt, haben Kardinäle und Fürstbischöfe Länder regiert, ihre Macht verteidigt, Gegner aus dem Weg geräumt, Verträge geschlossen und Verträge gebrochen. Doch wer wollte sich anmaßen, hier den Richter zu spielen?

Zu der Anpassung der Kirche an die weltliche Macht schreibt der Theologe Gerhard Lohfink: »Mit alldem soll die Geschichte der Kirche nicht als Verfallsgeschichte beschrieben werden – etwa in der Art, als sei die Kirche, vor allem seit der Konstantinischen Wende, langsam aber sicher immer mehr degeneriert. Die Entwicklung zur Reichskirche und schließlich zur Staatsreligion wurde der Kirche durch die Konstellation der Spätantike fast aufgedrängt. Vielleicht musste sie diesen Weg gehen. Es war ein grandioser Versuch, ein christliches ›Reich‹ zu schaffen und so Glaube, Leben und Kultur zur Einheit zu bringen« (*Braucht Gott die Kirche?*, Freiburg 1998, Seite 268).

Dass dieser – vielleicht grandiose – Versuch der Schaffung christlicher Nationen, in denen der geistliche Arm der bischöflichen Macht mit dem weltlichen Arm der fürstlichen oder königlichen Macht durch den einen Glauben der Kirche verbunden ist und beide gemeinsam einen einheitlichen Lebensraum schaffen, in Europa beziehungsweise Amerika das Zeitalter der Aufklärung sowie die Entstehung der pluralen Demokratien nicht überlebt hat und in den anderen Erdteilen fast nirgends greifbare Erfolge verbuchen konnte, stellt in gewisser Weise auch einen Zugewinn an Freiheit dar: Einen Investiturstreit dürfte es heute nicht mehr geben und ein Exil der Päpste an fernen Fürstenhöfen ist auch nicht mehr vorstellbar.

Zurück zu den Bischofsernennungen. Seitdem die Bistümer der Weltkirche frei und in der Regel vollkommen unabhängig von jeder staatlichen Einflussnahme mit Diözesanleitern besetzt werden können – China ist hier noch eine Ausnahme, aber jetzt geht es um den Normalfall –, hat sich ein System der Bischofsbestellung eingespielt, das Elemente der Beteiligung der Gläubigen mit dem Ernennungsrecht des Papstes verbindet. Auch der Vatikan will keine Bischöfe gegen den Willen einer Diözese berufen. Also erkundet er vor einem Bischofswechsel, wie die Stimmung an der Basis ist. Die Nuntiaturen als die Vetretungen des Papstes in den diplomatisch mit Rom verbundenen Ländern führen dann sogenannte Informativprozesse durch – man sammelt Voten, befragt Kleriker wie Laien, zudem schicken die Bischöfe regelmäßig Listen mit Namen geeigneter Kandidaten nach Rom. Das Ganze vollzieht sich weitestgehend diskret, sodass nach der Entscheidung des Papstes aufgrund der eingegangenen Vorschläge beziehungsweise nach der Wahl des Domkapitels aufgrund einer Dreierliste aus Rom niemand öffentlich als »gescheiterter Kandidat« dasteht. Das System hat seine Schwächen, hin und wieder ist auch ein ordentlicher Fehlgriff zu vermelden. Aber für die Kirche der späten Neuzeit hat es sich bewährt – zukünftige Änderungen sind dabei natürlich nicht ausgeschlossen.

Der Zölibat

DER EINWAND

Warum sollen katholische Geistliche nicht heiraten? Der Zölibat geht doch gar nicht auf Christus zurück, seine Jünger waren verheiratete Männer. Zudem könnten die Priester viel besser die Sorgen der Laien verstehen, wenn auch sie Familie hätten. Und auch das Problem des Priestermangels wäre dann wohl gelöst.

Nicht der Zölibat geht auf Christus zurück – wohl aber die Tatsache, dass die Männer, denen er Vollmacht gab, in seinem Namen zu sprechen, alles zurückließen: Haus, Hof, Frau und

Kinder. Ganz und gar begaben sie sich in seine Nachfolge und erwarteten genau das auch von denen, denen sie später mit der Handauflegung ihr Amt weitergaben. »Siehe, wir haben unser Heim verlassen und sind dir gefolgt«, sagte Petrus zu Jesus und erhielt die Antwort: »Amen, ich sage euch, jeder, der um des Reiches Gottes willen Haus oder Frau, Brüder, Eltern oder Kinder verlassen hat, wird dafür schon in dieser Zeit das Vielfache erhalten und in der kommenden Welt das ewige Leben« (Lk 18,28.30).

Als die ersten christlichen Synoden im vierten Jahrhundert begannen – nach den Zeiten der Verfolgungen und der oft im Untergrund stattfindenden Ausbreitung des Christentums, in denen eine Kodifizierung des kirchlichen Rechts noch nicht möglich war –, Normen hinsichtlich der Lebensführung von Bischöfen, Priestern und Diakonen nun auch schriftlich zu fixieren, taucht diese von den Evangelien berichtete Loslösung von Frau und Familie wieder auf. Die Synode von Elvira in Spanien legte um das Jahr 305 fest, dass alle Kleriker, die zum Dienst am Altar bestimmt sind, enthaltsam leben und mit ihren Frauen keine Kinder zeugen sollten. Gleiches tat die zweite Synode von Karthago im Jahr 390. Unter Berufung auf das, »was die Apostel lehrten«, empfahl sie den Bischöfen und Priestern, sich der ehelichen Beziehungen mit ihren Frauen zu enthalten. Diese »lex continentiae« (Gebot der Enthaltsamkeit) genannte Regel weist deutlich auf den von Petrus erwähnten Bruch mit dem bisherigen Leben als Ehemann und Familienvater hin, zeigt aber ebenso, dass Männer, die in den ersten christlichen Jahrhunderten in den Klerikerstand aufgenommen wurden, in der Regel verheiratet waren, auch wenn sie mit dem Empfang der Weihe die eheliche Verbindung mit ihrer Frau aufgeben mussten.

Bevor noch zwei, drei Sätze zur Entwicklung der »lex continentiae« hin zum Zölibat in der lateinischen Kirche und dann zu dessen überaus bewegten Geschichte zu sagen sind, sei ein Blick auf den Anfang, auf das Wesentliche, erlaubt: Ein Priester ist nicht nur Spezialist für religiös-theologische Grundsatzfragen, auch nicht einer, der gelernt hat, wie man die verschiedensten Riten der Kirche vollzieht, sondern einer, der sich ganz in die Nachfolge Jesu Christi begibt, und zwar so intensiv, dass er glaubhaft vor seiner Gemeinde an Christi statt sprechen und handeln kann.

Nun gibt es eine ergreifende Begebenheit im Neuen Testament. Simon Petrus war jemand, der Jesus als einer der Ersten folgte, und das mit einem besonderen Eifer, ja sogar etwas ungestüm. Nicht zufällig war er es, der das Schwert zog, als sich Christus im Ölgarten seinen Feinden auslieferte. Dann aber kam die schwarze Stunde des Petrus, der Augenblick, in dem er völlig versagte: Er verleugnete Christus vor einer Magd und stritt dreimal ab, Jesus überhaupt zu kennen. Dann die Stunde, in der der Auferstandene Petrus wiedersieht, am See von Tiberias. Wiederum dreimal fragt Christus: »Simon, Sohn des Johannes, liebst du mich mehr als diese?« Zweimal bejaht Petrus, bis er beim dritten Mal nochmals bekräftigt: »Herr, du weißt alles, du weißt, dass ich dich liebe.«

Liebe ist es, die das Verhältnis des Fischers zu seinem Herrn begründet, nicht allein Respekt, Gehorsam oder die Überzeugung, den wahren Messias gefunden zu haben. Es ist eine Sache des Herzens, nicht allein des Intellekts, wenn nun aus Simon, dem Sohn des Johannes, Petrus, der Fels, wenn aus dem Fischer der Menschfischer und aus dem etwas grobschlächtigen Anführer der Apostel der leidenschaftliche Verkünder der Auferstehung Christi wurde. Apostel-Sein war für Petrus und die Jünger kein Beruf, den man ausübte, um dann nach Feierabend zu seiner Familie zurückzukehren. Sondern es verwandelte das ganze Leben und nahm den in diese Aufgabe Berufenen mit Leib und Seele in Anspruch.

Diese radikale Hingabe an Gott ist neben weiteren asketischen und auch ganz praktischen Gründen ausschlaggebend dafür, dass sich in der lateinischen Kirche der Zölibat entwickelte. Priester und Bischöfe sollen mehr sein als nur Gemeindeleiter oder Vorsteher liturgischer Handlungen. Ungeteilt sollen sie sich dem Aufbau des Leibes Christi widmen und mit ihrer ausschließlichen Hingabe an Gott bezeugen, dass die Kirche nicht nur schöne Worte spricht, sondern den Ernst und die Radikalität der Botschaft Jesu Christi von einem neuen Reich in den Männern vorlebt, die mit der Weihe alles auf eine Karte setzen.

Es gibt in der Geschichte der lateinischen Christenheit kaum ein Ideal, an dem die Kirche so hartnäckig festgehalten hat und gleichzeitig immer wieder feststellen musste, dass dieses Ideal in der Praxis kaum durchzusetzen war. Es gab ja auch Gründe, das Zölibatsgebot abzuschwächen oder allein auf Ordenspriester zu beschränken. So der Hinweis auf die Leviten, die Priester des Alten Testaments, die für die Zeit des Dienstes im Tempel zur Enthaltsamkeit verpflichtet waren, dann aber wieder zu ihren Frauen zurückgingen.

Als Papst Gregor VII. im elften Jahrhundert die kirchlichen Vorschriften über die Enthaltsamkeit der Kleriker beziehungsweise das Eheverbot für noch nicht verheiratete Priester erneuerte, argumentierte die Gegenpartei, die Ehelosigkeit setze ein eigenes Charisma voraus, das Gott nur im Einzelfall gewähre. Auch habe Paulus gelehrt, es sei besser zu heiraten, als sich in sexuellen Begierden zu verzehren. Und außerdem sei die Ehe ein Sakrament und etwas Heiliges, was deshalb für einen Priester nichts Unpassendes sei.

Die Befürworter der Bekräftigung des Zölibats im Zuge der Gregorianischen Reform konnten alle diese Argumente widerlegen, aber knapp vierhundert Jahre später, auf den Konzilien von Konstanz (1414–1418) und von Basel (1431–1437), mussten päpstliche Legaten und Konzilsväter von Neuem erkennen, dass der Zölibat nicht gelebt wurde und sich das Leben von Klerikern im Konkubinat weiter ausgebreitet hatte. Immer noch war es die Regel, dass Männer mit Blick auf die Pfründe und Benefizien, die mit der Ausübung des Pfarrdienstes verbunden waren, Priester wurden, ohne für diesen Dienst berufen, geeignet oder theologisch ausgebildet zu sein. Der Zölibat war die hohe Forderung, seine Nichtbeachtung Alltag. Als dann Luther hundert Jahre später Priester und Ordensleute aufforderte, die Fessel des Zölibats abzustreifen, hatte er damit beachtlichen Erfolg.

Erst das Konzil von Trient (1545–1563) stellte die Weichen für eine allmähliche Wende: Es legte die Errichtung von Priesterseminaren fest, in denen die Weihekandidaten von Jugend an auf ihren Dienst vorbereitet wurden. Mit dieser Reform, die katholische Antwort auf die Reformation, endete allmählich die eineinhalbtausendjährige Tradition, verheirateten Männern die Priesterweihe zu erteilen und sie auf die eheliche Enthaltsamkeit zu verpflichten. Zum anderen erhielten die »Seminaristen« nun eine geregelte spirituelle und theologische Ausbildung, was bis dahin entweder Zufall oder gar nicht gewährleistet war. Jetzt erst begann die Zeit, in der sich der Zölibat im Leben der Kirche auch praktisch durchsetzte. Bis heute ist er ein Angriffsziel geblieben: in den Zeiten der Französischen Revolution und der rationalistischen Aufklärung, in der Phase der liberalen Theologie und nationalkirchlichen Tendenzen des neunzehnten Jahrhunderts, in der Reformeuphorie während und nach dem Zweiten Vatikanischen Konzil. Aber immer dann, wenn man dachte, bald fällt der Zölibat, haben ihn die Päpste erneut bekräftigt.

Die Ehelosigkeit der Priester war und bleibt ein Stein des Anstoßes, wenn man die lateinische Kirche nach rein weltlichen Maßstäben beurteilt. Es gibt ganz praktische Gründe für den Zölibat: die Verfügbarkeit der Priester, die größere materielle Freiheit, das Vermeiden der Gefahr, in Krisenzeiten zwischen den Bedürfnissen der eigenen Familie und der anvertrauten Gemeinde zerrissen zu werden. Es gibt auch praktische Gründe dagegen: Vielleicht würden dann ja doch mehr junge Männer den Priesterberuf ergreifen und so dem Mangel an Geistlichen, wie er derzeit besteht, abhelfen.

Aber die eigentlichen Gründe für das Festhalten am Zölibat liegen tiefer. Von der Überzeugung getragen, dass der Verzicht auf das eheliche Leben auf die Apostel zurückgeht, hat die lateinische Kirche den Bruch mit dieser Tradition gescheut. Gerade die jahrhundertelange Erfolglosigkeit des Zölibatsgedanken zeigt, dass die Päpste damit mehr als nur Fragen der Wirksamkeit und erfolgreichen »Organisation« kirchlichen Lebens verbanden. Der gelebte Zölibat der Priester ist vielmehr ein Hinweis auf die Konsequenz, mit der die Apostel ihre Nachfolge lebten, letztlich aber auf die bedingungslose Selbstentäußerung, mit der Jesus Christus das Werk und den Willen seines Vaters vollbrachte. Für die lateinische Kirche ist der Zölibat ein Schatz, auch wenn sie dem anderen Weg, den die Kirchen des Ostens gegangen sind, deshalb die Achtung nicht versagen will.

Kein Priestertum der Frau

DER EINWAND

Warum soll eine Frau nicht Priester werden?
Wo ist da das Problem?

Es ist auffallend, dass die großen Frauengestalten in der Kirche, mögen sie nun zur Ehre der Altäre erhoben worden sein oder nicht, alles Mögliche und anscheinend Unmögliche verlangt und erbeten haben – die heilige Therese von Lisieux die Aufnahme in den Karmel mit vierzehn Jahren, Maria Ward die Gründung eines weiblichen Jesuitenordens –, aber eines nie auf dem Wunschzettel stand: die Priesterweihe zu empfangen und Priesterin der katholischen Kirche zu werden.

Es ist in der Geschichte keine Zeit bekannt, in der an einzelnen Orten oder kirchenweit die Frauenordination verlangt worden wäre. Diese Forderung und die Praxis der Bestellung von Pfarrerinnen und nun auch Bischöfinnen bei Anglikanern und Lutheranern ist ein Phänomen der heutigen Zeit. Eine andere große Frauengestalt der Kirche hat sich Gedanken über die Weihe der Frau gemacht. Die jüdische Philosophin Edith Stein, die als katholische Ordensfrau in Auschwitz starb und von Johannes Paul II. seliggesprochen wurde, sah das Frauenpriestertum nicht als Verstoß gegen einen Lehrsatz der Kirche: »Dogmatisch scheint mir nichts im Wege zu stehen, was es der Kirche verbieten könnte, eine solche bislang unerhörte Neuerung durchzuführen ... Dagegen spricht die gesamte Tradition von den Urzeiten bis heute.«

Maßgebend für die Kirche ist hier das Beispiel Jesu Christi. Niemand bestreitet, dass sich Jesus anders gegenüber den Frauen verhalten hat, als das in der jüdischen Umgebung üblich war. Er führt zum Beispiel mit Frauen ausführliche religiöse Gespräche. Frauen begleiten ihn inmitten seiner Jüngerschar und folgten ihm bis unter das Kreuz. Nach einer rabbinischen Meinung konnte ein Mann die Frau schon wegschicken, wenn sie nur die Suppe hatte anbrennen lassen. Jesus dagegen verbietet die Ehescheidung und stellt Mann und Frau in dieser Hinsicht gleich.

Aber trotz dieser neuartigen Zuwendung zur Frau nimmt Jesus keine Frau in den Kreis der zwölf Apostel auf, die er sehr bewusst berufen hat. Auf eine solche Berufung hat niemand einen Anspruch. Beim Letzten Abendmahl waren im Gegensatz zur jüdischen Sitte, wo auch Frauen und Kinder am Paschamahl teilnahmen, nur die Zwölf zugegen. Bei diesem Anlass aber wurde den Aposteln die priesterliche Vollmacht übertragen, in Jesu Namen die Eucharistie zu feiern: »Tut dies zu meinem Gedchtnis!« Es lässt sich nicht nachweisen, Jesus habe die Auswahl der Apostel nur im Hinblick auf die männerzentrierte jüdische Gesellschaft getroffen. Denn deren Konventionen hat er in vielfacher Weise durchbrochen.

Aufgrund des Beispiels Jesu wie der gesamten kirchlichen Tradition ist es der katholischen Kirche nicht möglich, Frauen zum priesterlichen Amt zuzulassen. Auch wenn das kein Dogma der Kirche ist, so haben doch das Zeugnis der Heiligen Schrift und die Tradition ein solches Gewicht, dass sie mehr wiegen als zum Beispiel die Forderung nach der gesellschaftlichen Gleichberechtigung von Mann und Frau. Diese wird von der Kirche ja auch mitgetragen.

Mit Blick auf das Weiheamt kommt dem Vorbild Christi aber ausschlaggebende Bedeutung zu. Der Gedanke, dass Jesus auch die ihn begleitenden Frauen, vielleicht sogar seine Mutter, in den Kreis derer hätte hineinnehmen können, denen er die Vollmacht gab, im Gedächtnis an das Letzte Abendmahl die Eucharistie zu feiern, liegt nahe. Dass er es nicht tat, sah die Kirche von Anfang an als klare Weisung. Vor allem das Beispiel der ersten christlichen Gemeinden, die mit nur geringer zeitlichen Entfernung zur Zeit Jesu dessen Vermächtnis noch in klarer Erinnerung hatten, besitzt hohe Überzeugungskraft. Dem kann schließlich auch kein Papst des zwanzigsten oder einundzwanzigsten Jahrhunderts zuwiderhandeln, selbst wenn der allgemeine gesellschaftliche und kulturelle Druck in dieser Frage noch so groß ist.

Schwieriger ist es heute für die Kirche, mit der symbolhaften Bedeutung der Geschlechter zu argumentieren. Der Mensch der Neuzeit denkt nicht mehr in Bildern und Symbolen, von denen die Schriften des Alten und Neuen Testaments so voll sind. Dennoch ist für die Bibel das Mann- und Frausein nicht nur etwas Biologisches, sondern zugleich Ausdruck geistiger Gehalte. In seiner Enzyklika über die Würde der Frau (*Mulieris Dignitatem*) weist Papst Johannes Paul II. auf die biblische Geschlechtersymbolik hin: Schon im Alten Testament dient das Bild der Ehe als Ausdruck der Beziehung zwischen Gott und Mensch. Gott erscheint stets im Bild des Bräutigams und die Kirche im Bild der Braut.

Dieses Verhältnis »Bräutigam – Braut« ist nicht umkehrbar. In der Braut spiegelt sich stärker die Haltung des Empfangens wider, sie ist diejenige, die der Bräutigam liebt und ehrt und der er die Treue hält, auch wenn die Braut seine Liebe verrät, das heißt, wenn Israel Gott gegenüber untreu wird. Und umgekehrt zeigt sich im männlichen Symbol des Bräutigams stärker das wirkmächtige Handeln Gottes, der sich seinem Volk aktiv zuwendet.

Dem entspricht, dass Gott als Mann Mensch geworden ist, aber zugleich aus einer Frau die Menschennatur angenommen hat. Maria ist Urbild der Kirche, die sich empfangend und mitwirkend dem Handeln Christi öffnet. Jetzt erst verwirklicht sich endgültig das im Bild von Bräutigam und Braut angedeutete Geheimnis: Christus ist der Bräutigam, die Kirche ist seine Braut, die er liebt, die er sich durch seinen Tod erwirbt und mit der er nunmehr untrennbar verbunden ist.

Die Kirche kann die Tatsache nicht vernachlässigen, dass Christus ein Mann ist. Wenn aber das Mannsein Christi kein geschichtlicher Zufall ist, dann ist es auch nicht gleichgültig, ob ein Mann oder eine Frau Christus repräsentiert. Wenn der Priester in der heiligen Messe die Worte spricht: »Das ist mein Leib« – »Das ist mein Blut«, vertritt er damit Christus selbst. In der Eucharistie handelt der Priester *in persona Christi*, womit er keinen Vorrang in der Heiligkeit hat, denn er ist mit Christus nicht identisch, aber er wird zum Zeichen der Gegenwart Gottes.

Beides, Eucharistie und Priesteramt, haben in der Kirche sakramentalen Charakter. So wie die eucharistische Gaben von Brot und Wein sinnfällige und von den Gläubigen wahrnehmbare Zeichen des Leibes und Blutes Christi sind, so ist auch der Priester sinnfälliges und von den Gläubigen wahrnehmbares Zeichen des Gottessohns, der inmitten seines Volks das Opfermahl des Gründonnerstags erneuert.

Es ist sicherlich richtig, dass der Ansturm auf die Männerbastion des Priesteramts in den vergangenen Jahren so stark zugenommen hat, weil sich zum einen mit dem Priesteramt, das im Grunde ein Dienstamt ist, immer mehr Eigenschaften wie Macht, Entscheidungsgewalt, Kompetenz und Wichtigkeit verbunden haben, und weil zum anderen die Frau, die der gerade erwähnten biblischen Symbolik zufolge eigentlich das Urbild der Kirche ist, aus deren äußerem Erscheinungsbild fast vollkommen herausgefallen war. Die Klerikalisierung weiter Bereiche des katholischen Lebens war der Rückschlag eines Pendels, das zuvor in die gegenteilige Richtung wies: die

Verweltlichung der Kirchenführung und das Hineinregieren der Fürsten und Adelsfamilien in geistliche Angelegenheiten.

Hier eine Wende eingeleitet zu haben, ist zum Teil Verdienst des Trienter Konzils, das die Priesterausbildung reformierte und in allen Lebensbereichen der Kirche einen gestärkten Klerus heraufführte. Die Folge war aber schließlich, dass der Laie seiner Kirche wie ein Fremder gegenüberstand, wie ein Bittsteller, der Einlass begehrt in eine Institution, in der fast ausschließlich der geweihte Amtsträger dominiert. Als Romano Guardini schließlich wieder feststellen konnte, »die Kirche erwacht in den Seelen«, deutete sich wiederum eine Wende an.

Dass diese inzwischen Platz gegriffen hat, zeigen die vielen neuen geistlichen Gemeinschaften und Bewegungen in der Kirche, deren Gründer Männer wie Frauen oder auch Männer und Frauen gemeinsam waren, in denen beide gleichberechtigt nebeneinander wirken und – ein alle diese Gemeinschaften verbindender Zug – es auf der einen Seite zahlreiche Berufungen zum Priestertum gibt, die Frauen auf der anderen Seite aber alles andere zu tun haben, als sich um das Weiheamt zu bemühen. Damit beleben diese Gemeinschaften ein Zusammenspiel von Mann und Frau, das es nicht nur im Urchristentum gab, sondern das darüber hinaus noch Jahrhunderte in der Kirche selbstverständlich war und jetzt in den jungen Gemeinschaften der Kirche wieder aufblüht.

Fehltritte von Geistlichen

DER EINWAND

Gerade im Privatleben der Geistlichen gibt es jede Menge Probleme und Fehltritte: Alkoholismus, Homosexualität, Missbrauch von Schutzbefohlenen, Bordellbesuche, Bruch des Zölibats, Zahlung von Alimenten. Alles dies wird brav vertuscht, damit der äußere Schein gewahrt bleibt.

Eine Kirche, zu deren grundlegensten Glaubenssätzen die Lehre von der gebrochenen Natur und Sündhaftigkeit des Menschen gehört, kann es wahrhaft nicht erschüttern, auch in ihren eigenen Reihen die Folgen dieser gebrochenen Natur zu erleben. Fast möchte man sagen: Sie fühlt sich gerade dadurch bestätigt. Die Sendung der Kirche auf Erden ist es ja nicht, Alkohol, Hurerei und alle sonstigen Laster dieser Welt mit Stumpf und Stil auszurotten. Das Projekt der »schönen heilen Welt« ist kein christliches. Vielmehr ist die Kirche der Ort, an dem der Sünder immer wieder Vergebung findet – und natürlich die Kraft für einen Neuanfang. »Geh und sündige von jetzt an nicht mehr«, sagte Jesus der Ehebrecherin. Aber auch dann, wenn der Sünder wieder fällt, soll er in der Kirche erfahren, dass er nicht verloren ist. Und beim dritten, vierten, zehnten und zwanzigsten Mal dasselbe. Der Gerechte sündigt siebenmal siebzigmal, sagt das Evangelium. Also unendlich oft.

Zunächst klingt das natürlich mächtig nach Heuchelei, nach einem katholischen Freibrief für ein lotterhaftes Leben. In den Sonntagspredigten, so könnte man meinen, werden

Werte und Tugenden gepredigt – und hintenrum nimmt das selbst von diesen Moralaposteln niemand ernst. Und so will die Kirche glaubwürdig sein?

Um hier nicht den roten Faden zu verlieren, muss man zwei Dinge unterscheiden: das Ideal, das die Kirche in Treue zu den Geboten Gottes und den Weisungen Jesu Christi lehrt, und den Weg, den die Seelsorger der Kirche an der Seite der Sünder gehen, ohne selber vor Fehlern und schlechten Handlungen gefeit zu sein. Jawohl, es menschelt in der Kirche und es hat immer in ihr gemenschelt, bis in die obersten Etagen hinein. Das Problem sind nicht die Menschen, die sittliche Gebote überschreiten, sondern diejenigen, die die Existenz dieser Gebote verneinen. Und die sind – bei aller Mittelmäßigkeit oder gar Armseligkeit, die man auch bei Geistlichen in Rechnung stellen muss – in der Kirche wohl nicht so häufig anzutreffen.

Darf man sich damit zurücklehnen, ist die Kernfrage damit gelöst? Genügt die simple Gleichung: Menschen sind schwach und neigen zu sittlichen Verfehlungen, Geistliche sind Menschen, also sind auch diese schwach und neigen zu sittlichen Verfehlungen? Offensichtlich nicht, denn das von der Kirche gepredigte Leitbild ist nicht das des Mittelmäßigen, des Durchschnitts, sondern das des Heiligen. Aber auch hier lohnt es sich, genauer hinzusehen. Ein Blick auf die Fälle, in denen die Kirche das Prädikat heilig konkreten Personen offiziell und feierlich zugesprochen hat, zeigt nichts Gipsfigurenhaftes, Glattes oder der Welt Entrücktes. Heiligkeit hat recht wenig mit dem Rückzug in selige Gefilde, dafür aber umso mehr mit der Dramatik einer Existenz zu tun, der nichts Menschliches fremd ist. Hoffnung und Trauer, Verzweiflung und Glück, Zorn und Angst sind Gefühle, die dem Heiligen nicht fremd sind, sondern den Stoff seines Lebens ausmachen. Das Gegenteil des heiligmäßigen Lebens ist die gutbürgerliche Existenz, die jede Dramatik mit dem täglichen Fernsehkonsum, geregelter Freizeit und einer Jahresportion Pauschalurlaub austreibt. Da aber, wo jemand die Wirklichkeit ungefiltert und mit all ihren Ecken und Kanten an sich heranlässt – eine unabdingbare Voraussetzung, um dem Ruf zur Heiligkeit zu folgen –, tun sich Spannungen auf, gerät das Leben zu einem Ringen: um die richtigen Entscheidungen, um das Wohl der einem anvertrauten Menschen, um die Kraft, auch in Augenblicken der eigenen Schwäche das Richtige zu tun.

Der Beruf des Geistlichen ist von daher ein Risikoberuf. Es ist ja leicht, sich über Verfehlungen von Priestern und Seelsorgern aufzuregen – und vertuscht wird da meist gar nichts, sondern in den Medien eher breitgetreten. Aber man sollte, bevor man zu vorschnell urteilt, auch einmal in die Haut eines jungen Menschen schlüpfen, der sich soeben dazu entschlossen hat, »hauptberuflich«, das heißt unter Einsatz seiner ganzen Zeit und aller seiner Kräfte, für die Kirche zu arbeiten. Er wird für diesen Dienst geweiht und ist fortan ein Geistlicher. Er will einem Ideal folgen und hegt die Erwartung, dass sich in seinem Leben etwas Besonderes ereignet, das sowohl ihn glücklich macht als auch der Kirche und den anderen Menschen dient.

Die Enttäuschungen lassen da nicht lange auf sich warten. Das ist normal, auch vielen Verheirateten geht es nicht anders. Aber der Anspruch, der an einen jungen Priester herangetragen wird und unter den er sich selber stellt, bleibt unvermindert hoch: allen ein Vorbild sein, zum Bezugspunkt einer Gemeinde werden, den ganzen geistigen Reichtum der Kirche repräsentieren. Dann die Einsamkeit. Selten nur sieht man seine »Priesterkollegen«, die regelmäßigen Treffen auf Dekanatsebene haben einen eher geschäftsmäßigen Verlauf. Die »vorgesetzte Behörde«, das heißt das bischöfliche Ordinariat mit Generalvikariat und Seelsorgeamt, trägt weder väterliche noch mütterliche, im Alltag wohl eher bürokratische Züge.

Und der Bischof? Viele Oberhirten arbeiten heute wie Manager, eingespannt zwischen den Verpflichtungen in Kommissionen, Gremien und überdiözesanen Projekten. Für den einzelnen Geistlichen draußen in der Diözese bleibt da wenig Zeit. Die engste Umgebung am Arbeitsort kann für den jungen Priester eine Unterstützung sein: das »Team« um ihn herum mit ihm sowie dem Diakon, den pastoralen Mitarbeitern und weiterem Pfarrpersonal. Es kann aber auch zur Quelle für Querelen und Eifersüchteleien werden. Es ist leider nicht die seltene Ausnahme, dass im Laufe der Jahre eines solchen priesterlichen Dienstes Frustrationen hochkommen und die Suche nach einem Ausgleich, nach Zerstreuung beginnt. Wie jeder Mensch lernen auch der Priester und der Ordensmann ihre Schwächen kennen. Und mancher vergisst im entscheidenden Moment die Klugheitsregel Nummer eins, wenn ihn die Versuchung reizt: das Heil in der Flucht zu suchen.

Es ist Relikt eines altmodischen Priesterbildes, im »Kleriker« oder Ordensmann den *per se* schon besseren Menschen zu sehen. Dieses Bild geht zurück auf eine Zeit, in der man »der Welt entsagte« und ins Seminar oder Kloster ging, wenn man mit der Nachfolge Christi ernst machen wollte. Für die »normalen Gläubigen«, für Verheiratete und den arbeitenden Teil der Menschheit gab es viele Jahrhunderte keinen Weg, ihrer Berufung zur Heiligkeit besonderen Ausdruck zu geben. Nur wer sich für den geistlichen Stand entschied, führte – sozusagen nachweislich – ein gottgeweihtes Leben.

So sehr die Kirche im zwanzigsten Jahrhundert neben dem Ordensberuf das Weihesakrament und etwa mit dem Zweiten Vatikanichen Konzil das dreistufige Weiheamt (Bischof, Priester, Diakon) hervorgehoben und theologisch vertieft hat, so sehr hat sie aber auch die allen Gläubigen gemeinsame Berufung zur Heiligkeit (wieder) entdeckt. Mit dem Konzil, so sagen viele, habe endlich die Stunde des Laien geschlagen. Schön für den Laien, kann man da nur sagen. Aber was soll dann noch der sich so einseitig klerikal gebärdende Moralismus?

Es ist schon richtig: Man soll nicht an der Flasche hängen, Bordelle meiden und keine unehelichen Kinder zeugen. Aber gibt es einen Grund, dies bei einem Laien augenzwinkernd hinzunehmen, sich dagegen bei einem Kleriker in den höchsten Tönen moralischer Empörung zu ergehen? Ja, aber ein

Priester muss doch Vorbild sein! Und der Nichtkleriker? Der getaufte Christ in der Familie, am Arbeitsplatz, unter Freunden und Bekannten: Muss er nicht genauso Vorbild sein? Ist er nicht wie der Geistliche unter ein und dasselbe Gesetz gestellt? Ist er vielleicht zu dumm, um zu begreifen, dass die Zehn Gebote, die seit dreieinhalbtausend Jahren das Grundgesetz des Gottesvolks sind, keinen Unterschied machen zwischen denen, die den Dienst am Altar verrichten, und jenen, die hinzutreten, um Gott die Ehre zu geben?

Es gibt im Christentum nun einmal keine Zwei-Klassen-Moral. Bei allem notwendigen Ernst, den ein Priester darauf verwenden sollte, als öffentlich sichtbarer Vertreter der Kirche – der zudem etwa bei der Messfeier oder der Spendung des Bußsakraments *in persona Christi* handelt – für niemanden Anlass zum Ärgerniss zu sein, sollten umgekehrt die Laien gerade jene besonders stützen, die ihr Leben ganz in den Dienst der christlichen Gemeinschaft gestellt haben – durch ihr Gebet, aber auch mit Anteilnahme und tatkräftiger Unterstützung. Würden nicht so viele Geistliche von ihrer Gemeinde so alleingelassen, wären deren Fehltritte weitaus seltener.

Noch ein Wort zum »Vertuschen« grober Verfehlungen: Die Stelle, bei der ein Priester sich in solchen Fällen offenbart oder bei der entsprechende Klagen vorgetragen werden, ist das für ihn zuständige Ordinariat, das heißt der Bischof seiner Diözese und dessen engeren Mitarbeiter. Ihnen obliegt es dann auch, wieder »für Ordnung zu sorgen« und Schaden wiedergutzumachen, wenn das nötig sein sollte. Sie sind aber auch der konkrete Ort in der Kirche, der dafür zuständig ist, dem Priester alle Wege der Wiedergutmachung und Versöhnung zu eröffnen, die keinem Sünder vorenthalten werden dürfen. Dass dies aber mit derselben Diskretion und Vertraulichkeit geschieht, auf die auch jeder andere Gläubige ein Anrecht hat, versteht sich von selber.

4. Macht und Reichtum der Kirche

Maulkorb und Exkommunikation

DER EINWAND

Es ist ein Symptom kirchlicher Machtdemonstration, den eigenen Theologen den Mund zu verbieten, ihnen die »missio canonica« zu entziehen oder sie gar zu exkommunizieren. Ist die Kirche nicht kritikfähig?

Die Machtfrage hat sich in der Kirche schon früh gestellt. Der erste große Theologe des frühen Christentums, Saulus aus Tarsus, nach seiner Bekehrung Paulus genannt, Zeltmacher, Völkerapostel und Autor der ersten umfassenden Darstellungen der christlichen Lehre, witterte um das Jahr 48 Verrat am Vermächtnis seines Herrn Jesus Christus. Einige Leute von Judäa waren nach Antiochien gekommen und lehrten dort die Heidenchristen, sie könnten nur gerettet werden, wenn sie sich nach dem Brauch des Mose beschneiden ließen. Die Apostelgeschichte berichtet weiter, dass große Aufregung die Folge war und es zu einer heftigen Auseinandersetzung zwischen Paulus und den Leuten von Judäa kam. Letztere waren Judenchristen, die, so Paulus, die zum Christentum gekommenen Heiden also doch wieder in das enge Korsett eines reinen Gesetzesglaubens zwängen wollten. Die theologische Frage des

Streits soll hier nicht im Vordergrund stehen, an dieser Stelle geht es vielmehr darum, wie die junge Kirche diesen Streit behandelt hat: nämlich auf einer Versammlung der Ältesten, dem sogenannten Apostelkonzil in Jerusalem.

Paulus also zog von Antiochien in die Stadt des Leidens und Sterbens Jesu und legte die Frage den dort lebenden Ältesten der jungen Kirche vor. Und was taten die so Versammelten? Sie stritten wieder, und das sogar heftig – bis schließlich Petrus das Wort ergriff und die Versammlung daran erinnerte, dass auch in Jerusalem längst schon die Entscheidung gefallen sei und die Heiden das Wort des Evangeliums hörten und zum Glauben gelangten. Nun endlich konnten auch Paulus und Barnabas erzählen, wie Gott durch sie unter den Heiden gewirkt hatte. Jakobus war es dann, der sozusagen den Schlussstrich unter die Debatte zog: Es sei wohl richtig, den Heiden, die sich zu Gott bekehrten, keine Lasten aufzubürden. So lautete schließlich die Botschaft an die Heidenchristen in Antiochien, Syrien und Zilizien: »Wir haben gehört, dass einige von uns, denen wir keine Auftrag erteilt haben, euch mit ihren Reden beunruhigt und eure Gemüter erregt haben.«

Darum sandte man Männer, die die Entscheidung der Frage mitteilen sollten: »Denn der Heilige Geist und wir haben beschlossen, euch keine weitere Last aufzulegen als diese notwendigen Dinge: Götzenopferfleisch, Blut, Ersticktes und Unzucht zu meiden. Wenn ihr euch davor hütet, handelt ihr richtig. Lebt wohl!« Den »Leuten von Judäa«, die mit ihrem Ruf nach Beschneidung die Christen in Antiochien verunsichert hatten, war damit die »missio canonica« entzogen.

Kontrovers, dramatisch, hin und wieder auch ein wenig lautstark und spektakulär – der Blick in jedes beliebige Handbuch zur Christentumsgeschichte macht deutlich, dass aus der streitenden Kirche der ersten Tage und Jahre auch später nie ein frommer Bibelkreis geworden ist. Immer, die Jahrhunderte hindurch, wurde gerungen und verdammt, gestritten und gespalten, nicht nur diskutiert und debattiert, sondern auch verurteilt und verworfen. Es gab eine Zeit, da wachte –

wie es bei einem Kirchenvater in etwa heißt – der katholische Erdkreis eines schönen Morgens auf und war arianisch. Doch sogleich begann der Titanenkampf der letzten Getreuen, um der Irrlehre des Arianismus wieder den Garaus zu machen.

Und es kamen die Spaltungen und Schismen. Ost und West gingen getrennte Wege. Die Reformation zersplitterte die abendländische Christenheit: die Katholiken auf der einen Seite, auf der anderen die Protestanten, seither dazu bestimmt, sich in unzähligen Denominationen unendlichfach zu vermehren. Doch gerade Letztere schärfen den Blick für das »katholische Prinzip«. Sucht die reformatorische Seite im ökumenischen Dialog einen Ansprechpartner bei den Katholiken, findet sie ihn heute wie zur Zeit Luthers in den Nachfolgern Petri. Umgekehrt bietet sich ein anderes Bild. Die aus der Reformation hervorgegangenen Staats- und Landeskirchen haben zwar wie etwa mit dem Lutherischen Weltbund auch übernationale Dachorganisationen geschaffen, weite Teile der protestantischen Welt liegen aber außerhalb der dialogfähigen Reichweite.

In der wechselvollen Geschichte der Christenheit ist der Bischofssitz von Rom immer ein Punkt geblieben, an dem man sich darüber informieren kann, was überhaupt katholisch ist. Das Papsttum hat nicht nur eine einheitsstiftende Funktion innerhalb der katholischen Christenheit und der mit Rom verbundenen Kirchen ausgeübt, sondern stellt für die ganze Welt, für Staaten und Politiker, für die anderen Religionen und Kulturen, für die Nationen und übernationalen Institutionen einen verlässlichen Beziehungspunkt dar, der für die eine, auf Christus zurückgehende Kirche sprechen kann.

Rom hat sich diesen Vorrang nicht angemaßt. Da es der Bischofssitz des heiligen Petrus war, hat die Kirche den Vorrang der römischen Gemeinde von Anfang an anerkannt – unabhängig davon, wie sich das Papstamt in den ersten Jahrhunderten kirchenjuristisch und disziplinarisch entfaltet hat. Entscheidend ist hier nur, dass diese Aufgabe, das Ganze – das heißt die eine, auf Christus zurückgehende Kirche, nach Innen zu bezeugen und nach außen zu repräsentieren – dem Bischof von Rom zugewachsen ist, ohne eigene Verdienste, ohne Plan, die Führung der Kirche handstreichartig an sich zu reißen – allein ausgehend von den Worten Christi: »Du bist Petrus und auf diesen Felsen werde ich meine Kirche bauen, und die Mächte der Unterwelt werden sie nicht überwältigen. Ich werde dir die Schlüssel des Himmelreichs geben; was du auf Erden binden wirst, das wird auch im Himmel gebunden sein, und was du auf Erden lösen wirst, das wird auch im Himmel gelöst sein« (Mt 16,18f.).

Das ist das eine. Das andere sind die Nachfolger jenes Zwölferkollegiums, das Christus eingesetzt hat und das die Leitung der jungen Kirche übernahm: das Bischofskollegium. Heute spricht man auch vom Weltepiskopat. In Bischofskonferenzen und ganze Kontinente umgreifenden Bischofsräten organisiert, ist dieses Kollegium immer noch Träger der gleichen Vollmachten und Aufgaben, die Christus den Zwölfen zugesprochen hat. Wer einmal Zeuge einer Bischofsweihe war, kennt den Augenblick, in dem der Hauptzelebrant und alle anderen anwesenden Bischöfe dem zu Weihenden der Reihe nach die Hand auflegen. Es ist eine vollkommen schlichte Zeremonie, es wird kein Wort gesprochen, die Orgel schweigt wie auch die anwesende Gemeinde. Es ist genauso wie bei den ersten Bischofsweihen vor fast zweitausend Jahren, als die Apostel durch Handauflegung und Gebet die von Christus gegebene Vollmacht weitergaben. Ein Bischof, der in der Nachfolge der Apostel, in der apostolischen Sukzession steht, erhält bei seiner Weihe eben diese Vollmacht, er ist fortan beauftragt, die Getauften seiner Diözese zu der einen Kirche Jesu Christi zu versammeln.

Beides, die apostolische Struktur der Kirche und der Primat des Bischofs von Rom, sind etwas Gegebenes, etwas, das sich niemand ausgedacht hat. Aber beides – und das gehört zum katholischen Grundselbstverständnis – ist notwendig, damit die Kirche in konkreter Gestalt erscheint. Die unsichtbare Kirche, die Kirche in den Seelen, die Kirche der Individualisten, in der jeder seine Dinge mit Gott direkt abmacht, ist nicht die »ecclesia« des Neuen Testaments und der apostolischen Zeit. Das Erste, was die verbliebenen elf Apostel nach der Himmelfahrt Jesu machten, war die Wahl des Matthias, der den von Judas verlassenen Platz im Zwölferkreis wieder einnehmen sollte. So wichtig war ihnen die von Christus eingesetzte Ordnung, um die Gemeinde der ersten Gläubigen zu führen. Wie sie selber von Jesus berufen und ausgesandt worden waren, so beriefen sie wieder andere und gaben ihnen eine »missio«, eine Sendung.

Damit ist das Entscheidende gesagt, auch für den Umgang des kirchlichen Lehramts mit den Theologen. Wenn schon, dann stellt sich hier nicht die Macht-Frage, sondern eine Vollmachts-Frage. Der Papst kann nicht in eigener Machtvollkommenheit dieses erlassen oder jenes verändern – er tut es im Namen der Kirche, die ihn als den obersten Lehrer anerkennt. Auch die Bischöfe sind nur bevollmächtigt, ihre Diözese zu leiten. Sie tun das nicht als Statthalter des Papstes, sondern eigenständig und unmittelbar, aber immer in Einheit mit dem Haupt, dem Bischof von Rom, und dem gesamten Bischofskollegium der Kirche. Und auch die Theologen forschen und lehren nicht in eigenem Auftrag, sondern im Namen der Kirche. Und wenn die ihnen die »missio canonica« entzieht, dann nicht als Akt der Strafe oder Missachtung der Person, sondern zum Schutz dessen, was wiederum auch der Kirche nur anvertraut ist: Wenn du, Theologe, dies oder das behauptest, sprichst du nur noch für dich. Sag, was du willst, aber tue es nicht in meinem Namen. Die Kirche verbietet niemandem den Mund. Aber sie stellt im Ernstfall klar, welche Münder nicht mehr in ihrem Sinne lehren. Und die Exkommunikation spricht sie nur aus, wenn jemand in zentralen Fragen vom Glauben der Kirche abgefallen ist, das heißt vorher schon selber die Gemeinschaft der Glaubenden verlassen hat.

Innerkirchlicher Dialog

◇◇◇◇◇◇◇◇◇◇◇◇◇◇◇◇◇◇◇◇◇◇
DER EINWAND
◇◇◇◇◇◇◇◇◇◇◇◇◇◇◇◇◇◇◇◇◇◇

Freie Meinungsbildung und individuelle Urteilsfindung im innerkirchlichen Raum sind gefährlich: Wer sich zu weit aus dem Fenster lehnt, wird zum Schweigen gebracht. Warum diese Unfähigkeit zum innerkirchlichen Dialog?

Ob die Kirche nun innerkirchliche Diskussionen fördert oder nicht – es gibt sie, und das nicht zu schlecht. Im (vielleicht nicht ganz passenden) Vergleich zu Weltverbänden des Sports oder zur internationalen Philatelie-Bewegung herrscht in der katholischen Kirche sogar ein ausgesprochen lebendiger Dialog. Mit ihren Verbänden und Organisationen, den Orden und geistlichen Gemeinschaften, ihren Medien sowie den theologischen Seminaren, Akademien und Ausbildungsstätten – von den Bischöfen, dem Papst, den römischen Synoden und und einem nicht gerade schweigsamen Lehramt einmal ganz abgesehen – verfügt sie über eine geradezu üppig florierende Binnenkommunikation. Das Problem besteht für viele doch eigentlich nur darin, dass hin und wieder in diesem Gewirr an Meinungen, Reden und Gegenreden Rom seine Stimme erhebt und ein Machtwort spricht: Das und das ist so und so, wer etwas anderes sagt, der irrt.

So geschehen etwa in der Mitte des Heiligen Jahrs 2000, als Kardinal Joseph Ratzinger, damals Präfekt der vatikanischen Glaubenskongregation, eines schönen Tags in Rom vor die Journalisten trat und ein Dokument auf den Tisch legte, das den Titel trägt: »Dominus Iesus – über die Einzigkeit und Heilsuniversalität Jesu Christi und der Kirche«. Die Reaktionen waren heftig. Mit einer islamischen Fatwa verglichen indische Theologen das Dokument. Ein »Missgriff« und »Rückschritt hinter das Zweite Vatikanum« sekundierten ihre Kollegen aus dem deutschsprachigen Raum. Da war es also wieder, jenes dogmatische, starre Element des Katholischen, das jeden freien Meinungsaustausch unter katholischen Christen zu unterbinden scheint. Doch gerade die Erklärung »Dominus Iesus« beziehungsweise die Reaktionen darauf sind ein Paradebeispiel, um die Frage nach der Dialogfähigkeit in der Kirche zu vertiefen.

Wie so oft, wenn das »Undemokratische«, das »Hierarchische« oder der »Zentralismus« der katholischen Kirche auf dem Prüfstand stehen, verirrt sich jede Debatte auf den Holzwegen im Gestrüpp der unterschiedlichsten Meinungen, wenn man nicht die Kernfrage ins Auge fasst: Wer eigentlich macht die Kirche? Wo kommt sie her, wer hat das Recht, in ihrem Namen zu sprechen? Erst wenn diese Fragen vielleicht nicht bis ins Letzte beantwortet, aber doch mit bedacht worden sind, lohnt es sich erst, etwas Sinnvolles über den innerkirchlichen Dialog zu sagen.

Gesetzt den Fall, die Kirche gründe auf einem religiösen System, das geniale Denker aus den geistigen Strömungen und Traditionen ihrer Zeit herausgefiltert hätten, dann wäre es durchaus möglich, dass neue religiöse Genies kommen, dieses System ausbauen oder reformieren und die Kirche entsprechend umgestalten. Wäre das revolutionäre Frankreich bei seinem 1793 neugeschaffenen Kult der Vernunft geblieben, warum hätte man später diese Staatsreligion nicht um weitere Elemente bereichern können – im neunzehnten Jahrhundert etwa um eine Liturgie der Elektrizität oder im zwanzigsten Jahrhundert um die kultische Verehrung der bemannten Weltraumfahrt oder im einundzwanzigsten Jahrhundert um eine Cyber-Theologie?

Es ist eine Grundregel vernünftigen Handelns, auf die Dinge in der Wirklichkeit entsprechend ihrer Natur zuzugehen: auf das Innere eines Computers mit feinsten Instrumenten und nicht mit dem Vorschlaghammer, auf den Nachbarn mit Worten und nicht mit der Hundepfeife, auf eine von Menschen erdachte Religion mit der Weisheit dieser Welt – und dementsprechend auf eine nicht von Menschen erdachte Religion mit einer Weisheit, die nicht von dieser Welt sein kann. Dass sich die Art und Weise, wie man einen Gegenstand oder Sachverhalt kennenlernen oder ergründen will, nach deren objektiv vorgegebenem Wesen richtet, ist im Alltag eine Selbstverständlichkeit. Anders zu handeln, wäre unvernünftig. Ein Kriminalkommissar, der einen Mord nicht als Verbrechen, sondern als Spiel betrachtet, ist genauso wirklichkeitsfremd wie der Fußgänger, der eine Straßenbahn nicht als tonnenschweres Gefährt aus Stahl und Eisen, sondern als Fata Morgana wahrnimmt.

Und genau das ist auch das »Kreuz« mit den Diskussionen über die Kirche oder den individuellen Interpretionen der christlichen Botschaft. Sobald diese Diskussionen oder Interpretationen davon ausgehen, dass man Kirche selber gestalten könne oder die Botschaft des Evangeliums menschlichem Erfindungsreichtum anheimgestellt ist, haftet solchem Bemühen etwas Unvernünftiges an. Das, was die Kirche Offenbarung nennt, die Selbstmitteilung Gottes, die in der Verkündigung Jesu Christi ihren Höhepunkt fand, ist »Aufklärung« im umfassendsten Sinn des Wortes. Sie ist Information, Deutung, Selbstmitteilung dessen, der als Schöpfer der Welt seinen Geschöpfen offenbar macht, was diese Welt im Innersten zusammenhält. Und sie ist Aufklärung über die Kirche selbst, die der Apostel Paulus als »Leib Christi« bezeichnet, den Gott zusammenfügt: »So sind wir, die vielen, ein Leib in Christus, als Einzelne aber sind wir Glieder, die zusammengehören« (Röm 12,5).

Das Thema Kirche wurde bereits an anderer Stelle behandelt. Wichtig ist hier, dass jeder Getaufte, ob Kommunionkind oder hocherfahrener Theologe, in der Kirche einer Wirklichkeit entgegentritt, die nach dem ihr eigenen Wesen, nach ihren eigenen Gesetzen untersucht, beschrieben und bewertet sein will. Man kann sie nicht wie ein bereits gelegtes Puzzle wieder auseinandernehmen und anders zusammensetzen. Das ergäbe kein Bild mehr. Man kann sie auch nicht neu erfinden, so wie die Väter des Grundgesetzes hingegangen sind und sich aufgrund der leidvollen Erfahrungen der Vergangenheit einen neuen deutschen Staat ausgedacht haben.

Das Vatikandokument »Dominus Iesus« hat die stets geglaubte Lehre bekräftigt, dass es nur eine Kirche Jesu Christi gibt und diese Kirche in der katholischen »verwirklicht« ist, wie es das Zweite Vatikanische Konzil formulierte. Das Dokument schlug deswegen ein wie eine Bombe, weil Theologen vor allem – aber nicht nur – im außereuropäischen Raum dabei sind, das Puzzle auseinanderzunehmen und an die Stelle Jesu Christi beziehungsweise gleichwertig neben ihn die Gestalten anderer Religionsgründer zu setzen. Gegen diese Form des Religionspluralismus, der die Gleichwertigkeit der verschiedenen religiösen Systeme als Zugangswege zu Gott behauptet, ging »Dominus Iesus« ausdrücklich vor – übrigens sehr differenziert, indem das, was in den Religionen als Wahrem und Heiligem vorhanden ist, hervorhob und würdigte.

Natürlich hat auch die Kirche großes Interesse daran, dass die Theologen die Botschaft des Evangeliums ganz individuell interpretieren und lehren. Eine stete gebetsmühlenhafte Wiederholung immer nur gleichlautender Glaubenssätze wäre der Tod jeder Verkündigung. Die Theologie des neunzehnten und zwanzigsten Jahrhunderts ist deshalb so reich, weil sich die großen christlichen Lehrer epochalen Umwälzungen in der Welt wie auch in der Kirche gegenübersahen, die sie ganz persönlich deuten, verarbeiten und als Theologen der Kirche beantworten mussten.

Die liturgische Bewegung brachte einen Romano Guardini hervor, der Siegeszug des naturwissenschaftlichen Denkens eine ganz neue Form der Schriftauslegung. Auch aus schrecklichen Ereignissen galt es, theologische Schlussfolgerungen zu ziehen. Der Holocaust hatte eine Neubewertung des Verhältnisses von Judentum und Christentum zur Folge, die Zeit der totalitären Ideologien, die dann im Zweiten Weltkrieg mit mörderischer Wucht aufeinanderprallten und die ganze Welt ins Unglück stürzten, forderte auch die Theologie dazu auf, alles Ideologische und jedes Liebäugeln mit weltlichen Konzepten aus ihrem

Denken zu verbannen. Wie sehr wimmelte es in den Schriften deutscher Bischöfe und Theologen bis in die Zeit des letzten Weltkriegs hinein vom »deutschen Volk« als einer fast heilsgeschichtlichen Größe. Wie befreiend war es, als dann wieder das ganze Volk Gottes und die Zugehörigkeit zu der einen universalen Kirche ins Auge gefasst zu werden, in der die von irgendwelchen sich bildenden und dann wieder vergehenden Staaten ausgestellten Ausweispapiere vollkommen zweitrangig sind.

Viele individuelle Einzelleistungen, aber auch lange und intensive innerkirchliche Debatten gehörten und gehören dazu, um solche Entwicklungen durchzutragen und für die Gläubigen fruchtbar zu machen. Doch nur solche Entwicklungen erweisen sich als dauerhaft, die nicht eine neue Kirche gründen, sondern wieder das Wesentliche der einen Kirche Christi freilegen und atmen lassen.

Luxus, Pracht und Reichtum

DER EINWAND

Warum muss die Kirche über fette Bankkonten und riesige Immobilien verfügen? Wurde nicht mit Franziskus jemand Papst, der eine arme Kirche für die Armen will? Es entspräche dem Geist des Evangeliums, alles Gold, alle Immobilien und Besitztümer der Kirche auf der ganzen Welt zu verkaufen und den Erlös den Armen dieser Welt zu geben. Da die Kirche dies nicht tut, verrät sie das Evangelium.

Es gibt ein Wort, das sollte man nie vorschnell in den Mund nehmen, um die Haltung eines anderen zu charakterisieren: Das ist das Wort Heuchelei. Vielleicht ist ja doch etwas Wahres daran – an der Freude, an der Trauer oder der Empörung, mit der einem jemand entgegentritt. Doch mit dem Vorwurf, die Kirche schwelge in Luxus und Pomp, ist die Grenze zur Heuchelei erreicht, wenn nicht sogar überschritten. Ob es die Schaltzentralen der Banken oder Konzerne sind, die Eigenheime der zu Geld Gekommenen oder die Einkaufspassagen in den Großstädten, die Tempel der Kultur, der Freizeit oder des guten Essens: Bescheidenheit ist es nicht, was das postmoderne Wohlstandsleben auszeichnet. Bescheiden ist nur der Etat, den die wohlhabenden Industrienationen für die Entwicklung der armen Länder dieser Welt abzweigen. Wer aber diese Bescheidenheit wiederfinden will, der mache Urlaub einmal nicht im Vier-Sterne-Hotel, sondern in einer Kolping-Ferienstätte, der veranstalte seine Tagung nicht im Kongresszentrum der Stadt, sondern im Pfarrsaal nebenan, der entspanne nicht im Kurort Bad Soundso, sondern in einem Kloster. Wer dann noch von der reichen Kirche spricht, hat sich im Türschild geirrt.

Mit starken Gesten hat Papst Franziskus unterstrichen, was es für ihn heißt, eine arme Kirche zu sein und eine Kirche, die für die Armen da ist: die gemeinsamen Mahlzeiten mit Bedürftigen und Obdachlosen, die Besuche in Armenvierteln, der Verzicht auf große Limousinen bei Pastoralreisen, die Sorge um die Obdachlosen rund um den Vatikan. Aber dass die Leitung der Weltkirche Geld kostet und Geld kosten darf, weiß natürlich auch der Papst.

Überall da, wo die Kirche ihrem Auftrag gemäß wirken kann, entfaltet sie ihre Tätigkeit stets auf dreifache Weise: durch die Verkündigung des Evangeliums, die Spendung der Sakramente und Werke der Barmherzigkeit. Es würde sich lohnen, die biblischen und weit in das Alte Testament reichenden Wurzeln dieser karitativen Werke darzustellen und zu erläutern. Heute, wo die kirchliche Caritas neben Rotem Kreuz und Arbeiterwohlfahrt nur einer von vielen Anbietern medizinischer und pflegerischer Dienste zu sein scheint, tritt das genuin Christliche dieser barmherzigen Werke in den Hintergrund. Doch das ist in einem anderen Zusammenhang zu vertiefen. Hier geht es vielmehr um den Aspekt, dass der karitative Dienst der Kirche – wie auch die Verkündigung und Sakramentenpastoral – Geld kostet, und das nicht zu knapp.

Wer immer also über den vermeintlichen Reichtum der Kirche Klage führt, sollte einen Augenblick daran denken, wie sehr die Städte und Gemeinden von den kirchlichen Krankenhäusern, Schulen und Pflegeheimen profitieren (und wie man vielleicht selber einmal von Ordensfrauen gesund gepflegt worden ist), was die missionsärztlichen und karitativen Werke der Kirche für den Aufbau des Gesundheitswesens in den unterentwickelten Ländern der Erde getan haben, wie die Kirche in Europa über Jahrhunderte hinweg das Bildungswesen getragen und fortentwickelt hat, in wie vielen Heimen in kirchlicher Trägerschaft man die Menschen bis an ihr Lebensende pflegt, die eine Fit- und Fun-Gesellschaft nicht mehr auf der Straße sehen will.

Dass auch die Verkündigung ein bisschen Geld kosten darf, versteht sich eigentlich von selber. Auch das Bodenpersonal Gottes braucht sein Auskommen – und Orte, wo diese Verkündigung in Würde stattfinden kann. Auch dass die Sakramente der Kirche in angemessener Umgebung gespendet werden, will jeder, selbst wenn er nur bei Taufen, Erstkommunion oder Trauungen ein Gotteshaus betritt. Und dass die Kirche Rücklagen bildet, um solide wirtschaften zu können, dass sie Gelder anlegt, um die Bezahlung ihres Personals langfristig abzusichern, und dass sie auch in ihre Gebäude und deren Ausstattungen investiert, um nicht eines Tages in Ruinen arbeiten zu müssen, all das wird nur dem ein Dorn im Auge sein, der grundsätzlich gegen jegliche Arbeit der Kirche eingestellt ist.

Stein des Anstoßes ist in der Regel etwas anderes: der vielen übertrieben erscheinende Aufwand, den die Kirche um den Kult und dessen äußeren Rahmen treibt. Der Blick richtet sich dabei weniger auf das unter dem Einfluss des Protestantismus bereits ziemlich nüchtern gewordene kirchliche Leben in deutschen Landen, sondern auf den Süden, auf die Pracht und Zeremonien, mit denen das Weltzentrum der Kirche seine großen Feste feiert – mit einem Wort: auf den Vatikan. Muss sich denn der päpstliche Hof, umgegen von Bernini-Fassaden und Michelangelo-Säulen, auch noch eine prunkvolle Garde halten, müssen bei Papstmessen ganze Heerscharen von Technikern und Sicherheitskräften zum Einsatz kommen und braucht es das überhaupt, einen Staat im Staate als Hohheitsgebiet des Vatikans? Und würde man nicht so viel kontrollieren, hineinregieren und in der Weltkirche mitreden wollen, könnte man auch auf Vatikanbehörden wie die Glaubens- oder Bischofskongregation samt ihren Apparaten und Diensten verzichten – ganz zu schweigen von den Päpstlichen Nuntiaturen in allen möglichen Ländern, die nur Millionen kosten.

Solche Vorbehalte sind meist getragen von massiven Ressentiments gegen die römische Zentrale der Kirche. Aber lässt man diese einmal weg und fragt ganz unbefangen im Sinne einer nüchternen Kostenanalyse, wie sich eine weltumspannende Kirche am besten verwalten lässt, käme das römische Modell gar nicht so schlecht weg. Etwa zweieinhalbtausend Personen umfasst die Römische Kurie, vom Papst und den Präfekten der großen Kongregationen bis hin zu den *Adetti di lavoro* in den Büros des Vatikanstaats. Und das bei einer Gesamtzahl von über einer Milliarde Katholiken. Kein Unternehmen der Welt hat eine vergleichsweise so schlanke Zentralverwaltung.

Und wer sich über die in Rom dafür geschaffene Örtlichkeit erregt – den Petersdom und die Kuriengebäude, die vatikanischen Museen mit ihren Kunstschätzen, die Bibliotheken sowie Kirchen und Kapellen im Kirchenstaat –, muss sich schon den Vorwurf des Banausentums gefallen lassen. Überall in der Welt pflegt und bewahrt man das bauliche Erbe vergangener Zeiten. Warum sollte der Vatikan mit seinen Bau- und Kunstdenkmälern nicht das gleiche tun? Und der Gedanke, einen Vatikan mal so eben zu Geld zu machen, sprich verkaufen zu können, um den Erlös den Armen zu geben, mag Naive reizen. Aber er überschätzt die Bereitschaft von Mäzenen, sich eine Immobilie anzuschaffen, die mehr kostet, als dass sie abwirft, und er unterschätzt die Anstrengungen, die nötig wären, um die wirtschaftliche Not der Armen zu lindern: Hier hilft kein Verkauf von Kirchengut, und sei es noch so voluminös wie ein ganzer Vatikan, hier sind tiefgreifende strukturelle Entscheidungen der führenden Industrienationen gefragt. Aber das ist ein anderes Thema.

Doch nun zum Eigentlichen: dem angeblichen Prunk und Pomp, den die Kirche vor allem in ihrer Liturgie entfaltet; zum Gepränge von Ornaten und Firmamenten, wenn Kirchenfürsten feierlichen Gottesdiensten vorstehen; zum massiven Einsatz von Chören, Orchestern und ganzen Geschwadern von Messdienerinnen und Messdienern, die manche Festmesse optisch und visuell umrahmen. Haben etwa die mit großem Aufwand betriebenen Gottesdienste des Papstes auf dessen Reisen noch etwas mit der Armut und Bescheidenheit zu tun, die das Auftreten Jesu in den Evangelienberichten kennzeichnet? Und müssen es immer Gold und andere Edelmetalle sein, wenn Künstler Altäre und Kirchenräume bauen?

Für alle Schlichtheitsfanatiker sei ein Text zitiert, der über tausend Jahre alt ist. Er stammt von den Gesandten, die Fürst Wladimir von Kiew im Jahr 986 ins christliche Konstantinopel gesandt hatte: »Wir kamen nach Byzanz und wurden dort hingeführt, wo sie ihrem Gott dienen. Und da wussten wir nicht mehr, ob wir im Himmel sind oder auf der Erde. Denn nirgendwo auf Erden ist ein derartiger Anblick zu sehen, auch keinerlei ähnliche Schönheit, wie wir sie kaum zu schildern vermögen. Und so viel wissen wir nun: Dort wandelt Gott unter den Menschen ... und diese Schönheit werden wir nicht vergessen. Und wie die Menschen, die einmal Süßes gekostet haben, nachher das Bittere verschmähen, so können wir nicht länger bei unseren Göttern verweilen.«

Dort, wo Gott unter den Menschen ist ... Was die russischen Gesandten erlebten, war die alte byzantinische Liturgie des Johannes Chrysostomus. Der westliche Mensch, der nur den Gottesdienst der lateinischen Kirche kennt, mag dem byzantinischen Ritus, der noch heute in den Kirchen des Ostens gefeiert wird, nicht viel abgewinnen und ihn als ein Relikt vergangener Zeiten empfinden. Mit teilweise anderen Mitteln, zu denen etwa die würdige Teilnahme der versammelten Gemeinde an den Gebeten und Gesängen gehört, versucht aber auch die westliche Liturgie einen Gottesdienst zu feiern, der letztlich das Handeln des dreifaltigen Gottes an den Menschen zum Ausdruck bringt.

Banales und Triviales, auch wenn es zeitgemäß ist, hat in den Kirchen keinen Platz. Dort teilt sich das Mysterium Gottes mit, durch das Wort und die Schriftlesung, durch die Eucharistie und die Gnade des Sakraments. Es kann immer nur einen Abglanz der göttlichen Herrlichkeit sein, die den Kult und die Liturgie erfüllt. Aber ohne ihn würde die Kirche die Spuren des Göttlichen verwischen und den Menschen auf sich selbst zurückverweisen. Aber genau das ist es nicht, was der religiöse und gottsuchende Mensch sucht.

5. Moral, Sexualität und Ehe

Bejahung von Leib und Geschlechtlichkeit

DER EINWAND

Die Vorstellungen über Sexualität und Moral sind sehr verschieden und abhängig von Geografie und Zeit. Wie kann die Kirche hier überhaupt einen allgemeinen Kodex für die Menschen aufstellen?

Für die Kirche ist »Sexualität« schon ein wichtiges Thema – aber nicht so sehr in Verbindung mit moralischen Aspekten, wie das wiederum für die heutige Zeit so typisch ist. Die Geschlechtlichkeit des Menschen durchzieht die wichtigsten Stationen der Heilsgeschichte. In den Schriften des Alten und Neuen Testaments hat man immer wieder mit der Zeugungskraft des Menschen zu tun. Schon die Genesis, der Schöpfungsbericht der Bibel, behandelt das Verhältnis von Mann und Frau. Als Gott dann einen Bund mit den Menschen schließt und mit Abraham einen Mann beruft, der Stammvater des von Gott erwählten Volkes werden soll, ist ein sexueller Akt die Besiegelung dieses Bundes: Der hochbetagte Abraham zeugt mit der als unfruchtbar geltenden Sara einen Sohn, Isaak, den Vater Jakobs, nach dessen zwölf Söhnen sich wiederum die Stämme Israels benannten.

Die Geschichte des Christentums, des Neuen Bundes, beginnt ebenfalls mit zwei Frauen, die schwanger werden und einen Sohn gebären: Elisabet den Johannes und Maria Jesus. Dieser wächst auf und wohnt dreißig Jahre in dem abgelegenen Nazaret, bis er vor einem zunächst noch kleinen Kreis seine außergewöhnliche Macht beweist und ein Wunder wirkt: jenes bei der Hochzeit zu Kanaa, immerhin an einem Tag, an dem eine Frau und ein Mann zusammenkommen. Da die Heilige Schrift eine Geschichte von Menschen erzählt, ist die Sexualität immer mit hineinverwoben. Aber – und das ist anders heute – das Sexuelle steht weder im Mittelpunkt noch wird es aus dem Zusammenhang gerissen und für sich allein zu einem Thema oder Gegenstand der Betrachtung gemacht.

Was die moralischen Aspekte der Sexualität angeht, so ist die Bibel nicht sehr ergiebig. Sitten und Gebräuche ensprechen der jeweiligen Zeit. In der semitischen Phase, vor der Staatwerdung Israels, ist etwa die Erzeugung der (männlichen) Nachkommenschaft so wichtig, dass Nebenfrauen und Zweitfrauen selbstverständlich sind. Es gibt klare Tabus: Als der König von Gerar erfährt, dass Sara die Frau und nicht wie angenommen die Schwester Abrahams ist, schreckt er entsetzt vor seinem Plan zurück, sich Sara zuführen zu lassen. Und es gibt es auch schon einmal Geschichten, die ganz schön derb sind, so die von den beiden Schwestern, die ihren Vater Lot betrunken machen, um sich nachts von ihm schwängern zu lassen.

In der Zeit des jüdischen Staats verfestigen sich die sexuellen Normen. So etwas tut man nicht in Israel, sagt Tamar zu ihrem Bruder Amnon, dem Erstgeborenen Davids, als dieser sich ihr nähern will, aber er tut es doch. David selbst hatte soeben den Hetiter Urija töten lassen, um sich mit dessen Frau Batscheba zu verbinden. Beide Vergehen bleiben nicht ungesühnt, aber im Verlauf der ungemein dichten Erzählungen des Alten Testaments erscheinen sie fast wie Nebensächlichkeiten. In jedem Fall wird die Sexualität des Menschen weder ausgeblendet noch moralisch abgewertet.

Auch die Erotik ist den Schriften des Alten Bundes nicht fremd. Frauen machen sich schön für die Männer und die Männer sollen sich ihren Frauen nicht entziehen. Deuteronomium 20,7 befreit Unverheiratete vom Kriegsdienst, damit sie ihre Verlobte heimführen können, und Deuteronomium 24,5 legt fest, dass jung Verheiratete nicht in den Krieg ziehen, sondern zu Hause bleiben sollen, um ihre Frau zu erfreuen. Wichtig ist, dass Sexualität im Alten Testament nicht ausschließlich auf die Fortpflanzung ausgerichtet ist, sondern als lustbestimmte Gabe des Schöpfers einen eigenen Wert besitzt.

Auch die Verkündigung Jesu berührt kaum Fragen der Sexualität. So skandalös und Aufsehen erregend seine Aussagen zur Ehe und Ehescheidung sind, so sparsam sind seine Hinweise auf die Geschlechtlichkeit des Menschen. Den klassischen Fall einer sexuellen Verfehlung, den der Ehebrecherin, nutzt Jesus, um die Selbstgerechtigkeit derer zu geißeln, die die Frau auf frischer Tat ertappt haben und steinigen wollen. »Wer von euch ohne Sünde ist, der werfe den ersten Stein.« Die Frau selber wird mit den kurzen Worten entlassen: »Geh und sündige fortan nicht mehr.« Auch scheint Jesus den Umgang mit Zuhältern und Prostituierten nicht gescheut zu haben. Ein besonderes Wort dazu ist in der Schrift aber nicht überliefert.

Paulus, ein strenger und gesetzestreuer Jude, geht in seinen Briefen an die christlichen Gemeinden noch am ehesten auf Fragen des sexuellen Verhaltens ein. Eine zentrale Frage ist bei ihm der neue Mensch, der von Christus zur Freiheit berufenen Gläubigen. »Lasst euch nicht von Neuem das Joch der Knechtschaft auflegen«, schreibt er an die Galater. Zu dem, was den Menschen versklaven kann, zählt Paulus stets auch die Laster und meist führt die Unzucht, die unnatürliche Ausübung der Sexualität, die von ihm häufiger aufgelisteten »Lasterkataloge« an. Doch dahinter steht auch bei Paulus keineswegs eine Abwertung der Geschlechtskraft. Die Sexualität gehört zum Menschen, und bevor ihn die Begierden »verbrennen« oder zu unsittlichem Handeln reizen, soll er heiraten: Jeder Mann habe seine Frau und jede Frau habe ihren Mann. Der Mann leiste seiner Frau die schuldige Pflicht und ebenso die Frau dem Manne (vgl. 1 Kor 7,2f.) Geradezu revolutionär für die damalige Zeit ist es, dass Paulus auch der Frau einen gleichberechtigten Anspruch auf ehelichen Verkehr zuspricht. Anders als in der antiken Welt ist hier das sexuelle Vergnügen keine Domäne der Männer und die Frau nicht dessen Lustobjekt, sondern beide haben die gleichen Rechte und Pflichten.

Man könnte aus den Schriften des Alten und Neuen Testaments noch weitere Episoden, Gebote oder Lehrsätze herausgreifen, die dazu beitragen könnten, eine Sexualmoral oder einen entsprechenden Sittenkodex des Alten und Neuen Bundes zu entwerfen. Aber schon der erste Überblick macht deutlich: Im Vergleich zum eigentlichen Inhalt der Offenbarung führt die Sexualität ein Schattendasein. Sie kommt immer wieder vor. Aber die Wucht und das Mitreißende, die das Christentum in der Welt wie eine Bombe einschlagen ließen, bestand nun gewiss nicht in einigen sexuellen Normen und Verhaltensweisen.

Da hatte das Volk Gottes doch mehr zu bieten. Schon im Alten Testament war das zentrale Thema der Glaube, das, was sich im Kopf der Menschen abspielte. Der Glaube ist es, der aus kleinen semitischen Stämmen das Volk der Juden macht, das den Ägyptern trotzt und Babylon überlebt. Der Verlust des Glaubens ist es, der die Propheten auf den Plan ruft. Der Glaube an den Vater, der für die Menschen und um ihres Heiles willen seine Herrschaft auf Erden errichten will, ist Gegenstand der Predigt des Jesus von Nazaret. Und der Glaube an den auferstandenen Jesus Christus wird dann zu einem religiösen Erdbeben im gesamten Mittelmeerraum.

Wenn die Kirche in Fragen der Sexualität mit der heutigen Zeit in Konflikt zu stehen scheint, dann vor allem deswegen, weil die Geschlechtlichkeit zunehmend aus ihrem Zusammenhang gerissen wird und Sex als Lockinstrument in der Werbung und den Medien, als Genussmittel und schließlich auch als Droge ein Eigenleben gewonnen hat, das ihm von der Natur des Menschen her gar nicht zusteht. Es stimmt schon, dass die Vorstellungen über Sexualität in unterschiedlichen Kulturen und zu unterschiedlichen Zeiten verschieden sind. Wenn nun die christliche Sexualmoral auf eine Umwelt stößt, die von einer Sexualisierung auch solcher Lebensbereiche gekennzeichnet ist, die mit der Geschlechtlichkeit des Menschen eigentlich gar nichts zu tun haben, dann werden diese Unterschiede besonders sichtbar (siehe das nächste Kapitel). Und wenn die kirchliche Haltung zur Sexualität zudem noch von einem besonderen Verständnis der Ehe getragen ist (siehe übernächstes Kapitel), von dem sich die Gesellschaft weitgehend verabschiedet hat, dann kommt es sogar zu offensichtlichen Brüchen, etwa zwischen der kirchlichen und der staatlichen Gesetzgebung.

Bevor diese beiden Fragen eingehender zu behandeln sind, sei aber nochmals festgehalten: Das Christentum bejaht die menschliche Sexualität, es erkennt sie an als einen Faktor, der mit dem Leben und der Geschichte des Menschen untrennbar verbunden ist. Aber es löst sie nicht aus seinem Zusammenhang und macht sie nicht zu einem eigenständigen Gegenstand seiner Verkündigung. Vor allem aber muss klar sein, dass nach katholischem Glauben Gott nicht Mensch geworden ist, um ganz bestimmte Sexualnormen festzuklopfen. Da geht es doch um anderes. Und auch im Dekalog ist das sechste Gebot nun einmal das sechste und nicht das erste. Das nur, um den Stellenwert der ganzen Frage nochmals deutlich zu machen.

Das kirchliche Keuschheitsgebot

◇◇◇◇◇◇◇◇◇◇◇◇◇◇◇◇◇◇◇
DER EINWAND
◇◇◇◇◇◇◇◇◇◇◇◇◇◇◇◇◇◇◇

Die Sexualität ist doch etwas völlig Natürliches – wie kann es hier überhaupt Sünde geben? Gerade die katholische Sexualmoral mit ihrer Prüderie und Leibfeindlichkeit zeigt, dass die Kirche am Menschen vorbeilehrt.

Entweder Ehe und absolute eheliche Treue oder vollständige Enthaltsamkeit. Das ist, mit wenigen Worten gesagt, so ungefähr der Kernpunkt der katholischen Sexualmoral. Gerade heute, wo pastorale Fachkräfte beim Stichwort Sexualmoral geradezu in rhetorische Erregung geraten und zu ellenlangen Vorträgen ansetzen, bei denen sich dann Wendungen wie ganzheitlich-personale Dimension verantworteter Partnerschaft, liebendes Einander-Gehören in Du-bezogener Ich-Findung oder unaufgebbarer Zusammenklang von Sexualität und Liebe besonders häufig wiederholen, lohnt es sich, die ganze Angelegenheit zunächst einmal auf den Punkt zu bringen. Die Sexualität gehört in die Ehe, außerhalb derselben hat sie keinen Platz. Das ist das kirchliche Keuschheitsgebot. Wer etwas anderes behauptet, täuscht die Zeitgenossen.

»Das ist zu hart«, sagen die einen. »Abnorm und verrückt!«, die anderen. Tatsächlich: Wäre das Christentum in die Welt gekommen, um einer strengen Sexualmoral treue Anhänger zu verschaffen, es wäre aus dieser Welt längst schon wieder verschwunden. Also ein Paradox oder – schlimmer noch – pure Heuchelei? Die Kirche, so könnte man meinen, legt ihren Mitgliedern Lasten auf, obwohl gemeinhin bekannt ist, dass man diese gar nicht tragen kann. Beziehungsweise sie hält Ideale hoch, um selber Tugendhaftigkeit zu demonstrieren, ohne sich darum zu kümmern, dass Gutgläubige an der Unerreichbarkeit dieser Ideale zugrunde gehen.

Auf diese Weise hat man die Kirche mit ihrer Sittenstrenge schnell selber zur Angeklagten gemacht. Ein beliebtes Spiel, das insbesondere heute bestens funktioniert. Schließlich ist die sogenannte sexuelle Revolution bereits erfolgreich abgeschlossen. Eine natürliche Scham hat man den Menschen noch nicht ausgetrieben. Auch den nachwachsenden Generationen haftet sie an, sie scheint etwas Angeborenes zu sein. Aber darüber hinaus sind alle Schranken niedergelegt: Begriffe wie Reinheit, Keuschheit, Enthaltsamkeit werden belächelt, sie haben denselben Klang wie Dummheit, Krankheit, Unterernährung. Freies Ausleben der Sexualität ist ein Menschenrecht, einzige Sorge ist es, ungewollte Folgen zu verhüten.

Auf den Bahnhöfen prangen den Wartenden von großen Plakaten in allen Farben überdimensionale Kondome entgegen – keine Werbekampagne der Branche »Plaste und Elaste«, sondern eines deutschen Bundesministeriums. In den Medien, der Werbung und Freizeitindustrie scheint es Leute zu geben, die ein unbedingtes Interesse daran haben, den Normalbürger in einen Zustand beständiger sexueller Erregung zu versetzen. Vielleicht ist das verkaufsfördernd, vielleicht steckt mehr dahinter. Ein Volk, das Abend für Abend zumindest virtuell die Strapse knallen lässt, stellt keine unangenehmen Fragen mehr. In jedem Fall aber hatten die Mütter und Väter der sexuellen Revolution durchgängig ein zentrales Argument (ganz gleich mit welcher Absicht sie es vorgetragen haben): Sexuelle Lust ist ein natürliches Bedürfnis wie alle anderen natürlichen Bedürfnisse des Menschen auch. Wenn man lernt, es frei und natürlich zu befriedigen wie die Lust auf ein schmackhaftes Essen, körperliche Erholung oder gute Musik, lösen sich alle Probleme wie Verklemmungen, Neurosen, Unterdrückung der Frau oder sexuelle Gewalt. Das ist heute ein »Bildungsziel« – und die Erziehung dazu soll möglichst schon in Kindergarten und Grundschule beginnen.

In dieser neuen Vision von Gesellschaft ohne Tabus steht die Kirche mit ihren Moralvorstellungen natürlich übel da: im guten Fall als hoffnungslos hinterwäldnerisch und naiv, im schlechten Fall als Urheber jener sexuellen Knechtung, in deren Bodensatz sich die Keime für alle Folgen einer unterdrückten Geschlechtlichkeit entwickeln konnten.

Dass die sexuell »befreite« Welt allerdings ein Mythos ist, beweisen alle Zahlen, die als Indikator für die Humanisierung einer Kultur der Geschlechtlichkeit gelten könnten. Eine Scheidungsrate, die sich verdächtig an die Zahl der geschlossenen Ehen heranbewegt, die damit einhergehende Zahl der Scheidungshalbwaisen, eine fast ununterbrochene Kette von Nachrichten über Sexualdelikte, eine für die Länder des wohlhabenden Westens skandalöse Abtreibungsstatistik: Solche Zahlen können unmöglich belegen, dass mit der »sexuellen Revolution« das Paradies auf Erden begonnen hat.

Was begonnen hat, ist vielmehr die allmähliche Loslösung der Sexualität von der Fortpflanzung, die zwar auch zukünftig ihren Platz innerhalb einer halbwegs dauerhaften Paarbeziehung hat, sich dort aber von einem sexuellen in einen medizinisch-technischen Akt wandelt. Während die geschlechtliche Lust auf der Spielwiese der Leidenschaften ausgelebt werden soll, nehmen sich Fortpflanzungsmediziner der Erzeugung des Nachwuchses an. Die Diskussion um die Präimplantationsdiagnostik weist den Weg: Jedes Paar legt sich einen Satz im Reagenzglas gezeugter und gentechnisch geprüfter Embryonen an, die tiefgekühlt auf den Tag einer möglichen Einpflanzung im Uterus der Mutter oder einer Leihmutter warten. Ob es beim Gen-Check nach der künstlichen Befruchtung bleibt oder bei der Zeugung selber genetisch nachgeholfen wird – um sich ein Töchterchen mit Modell-Figur und Super-Intelligenz oder ein Söhnchen des Typs Robert Redfort mit Schachweltmeistergehirn anzuschaffen –, ob Paare einzeln aus den Labors bedient werden oder Potentaten sich ganze Söldnerheere klonen lassen: Ist die Fortpflanzung einmal vom sexuellen Akt getrennt, lassen sich bei den rasch voranschreitenden Entwicklungen von Reproduktionsmedizin und Gentechnik kaum Grenzen festlegen. Die Wissenschaft steht hier erst am Anfang. Was in hundert Jahren technischer Standart sein wird, kann sich die menschliche Fantasie heute wohl noch gar nicht ausmalen.

Selbst Katholiken wollen es immer noch nicht gerne hören, dass es angesichts dieser Szenarien wohl eine prophetische Tat war, als Papst Paul VI. in seiner Enzyklika »Humanae vitae« davor gewarnt hat, das innere Band zwischen sexuellem Akt und Fortpflanzung zu zerreißen. Es war ein Lehrschreiben über die christliche Ehe. Zahlreiche Ratgeber hatten dem Papst empfohlen, innerhalb der Ehe künstliche Empfängnisverhütung nicht vollkommen auszuschließen. Aber irgendwie muss der Papst geahnt haben, dass »die Pille« mehr war als nur ein Schutz vor nicht mehr tragbarem Kinderreichtum oder Risikoschwangerschaften.

»Der Papst hat die Pille verboten«, lautete damals der entsetzte Aufschrei der Medien und zahlloser Gläubigen. Priester rauften sich die Haare: Wie sollten sie das den Gläubigen erklären. Ein lautloser Auszug aus den Kirchen begann. Das Jahr 1968, in dem »Humanae vitae« erschien, war ein Einschnitt, ein Jahr, in dem viele Katholiken ihrer Kirche den Gehorsam aufzukündigen begannen. Hier ist es wieder, jenes Paradox: Die Kirche stellt Gebote auf, deren weitgehende Nichtbeachtung sie in Kauf nimmt, ohne aber deswegen in Panik zu geraten. Sie zeigt den Menschen ein Ideal, wobei ein Ideal sich nicht gerade dadurch auszeichnet, das Durchschnittsverhalten der breiten Masse widerzuspiegeln. Ein Ideal wird immer etwas sein, dem – für die breite Masse zumindest – der Geruch des Unerreichbaren anhaftet. Dennoch hält die Kirche an ihrer Sexualmoral fest, auch auf die Gefahr hin, als »gnadenlose Gnadenanstalt« zu gelten, die etwas Paradoxes fordert oder – schlimmer noch – in heuchlerischer Manier höhere Prinzipien hochhält, ohne sich darum zu scheren, dass die Menschen an deren Erfüllung scheitern.

Der Grund dafür ist ein doppelter: Zum einen die Überzeugung, dass Sexualität und Weitergabe des Lebens zusammengehören und in der Ehe am besten aufgehoben sind (eine Überzeugung, mit der die Kirche nun auch nicht alleine dasteht, sondern die im Prinzip allen Kulturen gemein ist).

Bei aller Anerkennung, ja sogar Wertschätzung, die der Sexualität in der Heiligen Schrift und in der kirchlichen Verkündigung zukommt, haftet der katholischen Sexualmoral immer auch ein pessimistischer Zug an. Pessimistisch in dem Sinne, dass wohl kein Pfarrer seine Gemeinde beim Thema Sexualität zu ungehemmter Aktivität auffordert, sondern stets auch warnt und mahnt (weswegen in den Predigten wohl auch so selten etwas zu diesem Thema zu hören ist). Die Geschlechtskraft des Menschen ist eben doch etwas anderes als musische Begabungen. Der oft zu hörende Vergleich, man müsse das sexuelle Verlangen zügeln wie eben auch den Hunger, sonst werde man unmäßig und schade nur sich selbst, hinkt etwas. Nirgendwo in der Welt sitzen Männer mit gierigen Blicken in dunklen Videokabinen und schauen sich Filme über die Zubereitung eines Putenschnitzels an. Auch hat man noch nicht von Nachtclubs gehört, in denen man bei aufreizender Musik langsam und Stück für Stück mit Trüffeln garnierte Rehrücken oder knusprige Brathähnchen enthüllt.

Stark ist das sexuelle Verlangen, und nicht nur stark, so wie der Hunger stark sein kann. Es neigt auch wie kein anderer Trieb dazu, da, wo die Selbstbeherrschung fehlt, die Willenskraft des Einzelnen zu überfordern und ihn zu Handlungen zu treiben, die die Kirche klar Sünde nennt. Auf der anderen Seite hat die Sexualität Anteil an der göttlichen Kraft, menschliches Leben weiterzugeben. Alles das ist für die Kirche Grund genug, nicht davon abzuweichen, dass die Geschlechtlichkeit des Menschen einen festen Ort braucht, wo diese Gegensätze und Spannungen einen Ausgleich finden. Und das ist die Ehe.

Der andere Grund, warum die Kirche auch in einer stark sexualisierten Umwelt an ihrer strengen Moral festhält (entweder Ehe und absolute eheliche Treue oder vollständige Enthaltsamkeit), ist die Überzeugung, dass man nicht nur nach den Idealen dieser Moral leben kann, sondern damit auch am besten fährt. Allerdings setzt das ein Leben voraus, das auch wirklich ein christliches ist – was nicht heißt, immer und in allem vollkommen zu sein. Vor allem bedeutet das, teilzunehmen am Leben der Kirche, ihre missionarische Sendung mitzutragen, die Sakramente zu empfangen, sich in den christlichen Tugenden zu üben. Wer immer nur die Sexualmoral der Kirche als Prüfstein des Katholischseins herausnimmt, kann nur scheitern. Wie alles im Leben des Christen muss auch sein Bemühen um eine geordnete Sexualität mitgetragen sein von anderen, die so denken wie er: der Familie, der Gemeinde, einer Gemeinschaft von Glaubenden. Ohne das geht es beim besten Willen nicht.

Die unauflösliche Ehe

DER EINWAND

> Was versteht man unter dem Sakrament der Ehe? Und warum soll die Ehe unauflöslich sein? Treue ist eine Tugend – die man aber nicht bei jedem Menschen voraussetzen kann. Und wenn zwei Männer oder zwei Frauen heiraten: Wo liegt das Problem?

Es war ein absoluter Skandal. Als Jesus die Unauflöslichkeit der Ehe verkündete, brach er mit allem, was im Judentum, den umliegenden Kulturen und der gesamten damaligen Zeit üblich war. Einige Jünger dachten, sie hätten ihren Meister wohl nicht richtig verstanden, und fragten ihn zu Hause nochmals. Das Gesetz des Mose erlaubte es dem Mann, seine Frau aus der Ehe zu entlassen, wenn er ihr einen Scheidebrief ausstellt. Die Gründe, die das rechtfertigten, waren umstritten. Dass aber der Mann eine Ehe beenden konnte, war unbestritten. So kam die überraschende Erklärung Jesu wie ein Kübel kaltes Wasser. »Wenn das die Stellung des Mannes in der Ehe ist, dann ist es nicht gut zu heiraten«, sagten seine Jünger. »Nicht alle können dieses Wort erfassen, nur die, denen es gegeben ist« (Mt 19,10f.), antwortete ihnen Jesus, womit er ein erstes Zeichen gab, dass die christliche, als Sakrament gelebte Ehe immer auch eine Gnadengabe ist.

Sakrament bedeutet in diesem Zusammenhang, dass die Ehe ein wirksames Zeichen des Bundes ist, den Christus mit der Kirche und durch die Taufe mit jedem Mitglied der Kirche geschlossen hat und schließt. Das heißt, Gott wirkt sein Heil durch die gegenseitige Liebe, durch die Fürsorge und Treue zweier Menschen, die diesen Bund fürs Leben geschlossen haben. Die christliche Ehe ist also eine Ehe wie jede andere Ehe unter Nichtchristen auch. Aber sie ist noch viel mehr.

Nicht nur, dass sie vor der Kirche geschlossen wird und diese sie segnet. Als Sakrament ist sie darüber hinaus selber ein Gnadenmittel. So wie die Taufe, in der Gott durch das Zeichen des Wassers die gnadenhafte Aufnahme des Getauften in die Gemeinschaft der Kirche bewirkt. Oder das Weihesakrament, wo Handauflegung und Weihegebet die Zeichen sind, mit denen die Geweihten die tatsächliche Vollmacht erhalten, den unsichtbaren Christus vor der Gemeinde hörbar und sichtbar darzustellen. In der Ehe ist es das Zeichen der Liebe, Vereinigung und gegenseitige Stärkung von Mann und Frau – die Heilige Schrift spricht vom Ein-Fleisch-Werden –, durch die sich Christus selbst wirksam mitteilt.

Damit es sich hier nicht um eine Form von Magie handelt – der Mensch setzt ein äußeres Zeichen und sogleich wirkt Gott die bestellte Tat –, muss auch das Sakrament der Ehe auf ein Vermächtnis Jesu zurückgehen, auf eine Zusage Gottes, die das Neue, in diesem Fall die christliche Ehe, ins Sein setzt, sodass immer dann, wenn die Kirche und ihre Mitglieder im Sinne dieser Zusage Gottes handeln, ihr äußeres Tun auch das bewirkt, was an sakramentaler Gnade mit diesem Handeln verbunden ist. Zurück also zu diesem »Machtwort« Jesu Christi, das die Jünger so sehr irritiert hat.

Dieses Wort Christi ist tatsächlich mächtig. Denn es ruft den ursprünglichen Plan Gottes in Erinnerung und erklärt die Ehe zum Teil der Schöpfungsordnung selbst: »Am Anfang der Schöpfung aber hat Gott sie als Mann und Frau geschaffen. Darum wird der Mann Vater und Mutter verlassen und die zwei werden ein Fleisch sein. Sie sind also nicht mehr zwei, sondern eins. Was aber Gott verbunden hat, darf der Mensch nicht trennen« (Mk 10,6–9).

Im Brief an die Epheser vergleicht Paulus dieses Einswerden von Mann und Frau mit dem Bund zwischen Christus und der Kirche: »Ihr Frauen, ordnet euch euren Männern unter wie dem Herrn ... Ihr Männer, liebt eure Frauen, wie Christus die Kirche geliebt und sich für sie hingegeben hat. Darum wird der Mann Vater und Mutter verlassen und sich an seine Frau binden und die zwei werden ein Fleisch sein. Dies ist ein tiefes Geheimnis; ich beziehe es auf Christus und die Kirche« (Eph 5,21–31).

Zu diesem Zeugnis des Völkerapostels heißt es im Erwachsenen-Katechismus der deutschen Bischöfe: »Zweifellos spiegelt dieser Text auch Züge des damaligen Eheverständnisses, wonach die Frauen den Männern untergeordnet waren. Doch der Text sprengt zugleich ein patriarchalisches Verständnis der Ehe; er spricht nämlich auch umgekehrt von der Liebe und Hingabe der Männer und damit von einer gegenseitigen Unterordnung. Die wichtigste Aussage dieses Textes ist, dass die Liebe und Treue zwischen Christus und der Kirche nicht nur ein Vorbild für die Ehe ist; die Liebe zwischen Mann und Frau in der Ehe ist vielmehr vergegenwärtigendes Zeichen der in Jesus Christus endgültig erschienenen und in der Kirche bleibend gegenwärtigen Liebe und Treue Gottes.«

Von einem »tiefen Geheimnis« sprach Paulus. »Nicht alle können dieses Wort erfassen, nur die, denen es gegeben ist«, sagte Christus zu den Jüngern. Nur im Glauben kann die sakramentale Wirklichkeit der Ehe gesehen werden, nur durch die Gnade kann man sie leben. Bereits im Alten Testament wird der Bund zwischen Mann und Frau als Bild und Gleichnis des Bundes Gottes mit den Menschen gesehen. Und mit dem Anbruch der neuen Schöpfung in Jesus Christus wird dieser Bund auch wieder lebbar. Das Gesetz des Mose verliert in der Kirche seine Geltung, da die Taufe ein »neues Sein« in Christus begründet, das auch die Ehe nach dem ursprünglichen Plan Gottes möglich macht. Ist diese aber ein Gleichnis der Liebe Gottes zu den Menschen und ein Abbild des Bundes Jesu Christi mit seiner Kirche, dann ist sie auch nicht zurücknehmbar, das heißt die Ehe als Sakrament ist *per se* unauflösbar. Wie die Kirche die Menschen begleitet, deren Ehe in die Brüche gegangen ist, ist eine ganz andere Frage, die noch an anderer Stelle zu behandeln ist.

In den der 68er-Bewegung nachfolgenden Jahren geriet kaum eine »Einrichtung« in Verruf und Bedrängnis wie die unauflösliche Ehe. Die Abneigung gegen alles Institutionelle, die Zurückweisung fester Normen und der Kampf gegen das Autoritäre bündelte sich geradezu in der radikalen Ablehnung einer festen Lebensgemeinschaft, wie sie nach katholischem Verständnis die Ehe nun einmal ist. Viele 68-er haben sich darum zehn, zwanzig Jahre Zeit gelassen, bis sie am Ende doch heirateten und eine Familie gründeten. Die Lehre der Heiligen Schrift, dass es nicht gut ist für den Menschen, wenn er alleine ist, gilt auch für Alt-Revoluzzer und Barrikadenstürmer. Die hohen Scheidungsraten zeigen aber, dass die Unauflöslichkeit der Ehe im gesellschaftlichen Klima von heute endgültig auf der Strecke geblieben ist. Aber gerade das bisher Gesagte erklärt diesen empirisch unbestreitbaren Sachverhalt. Man kann das Sakrament der Ehe nicht leben, wenn man nicht den Glauben der Kirche teilt. Und die dauerhafte, nur durch den Tod zu scheidende Gemeinschaft von Mann und Frau ist tatsächlich eine absolute Überforderung des Menschen, wenn man nicht Anteil hat am Gnadenleben der Kirche, das diese Dauerhaftigkeit erst möglich macht.

Zwar gibt es vernünftige Gründe, die es auch Nicht-Glaubenden und Kirchenfernen nahelegen, dass eine Ehe auf Zeit nur Nachteile bringt: etwa für die Kinder, deren Gemüt und Erwartungshaltung ganz darauf angelegt ist, Vater und Mutter in einer dauerhaften Verbindung zu sehen. Aber das eine sind die vernünftigen Gründe, das andere ist das konkrete, alltägliche Leben mit all seinen Klippen und schweren Momenten. Wenn das Verliebtsein der ersten Zeit dem eher nüchternen Ehealltag weicht, wenn das Älterwerden, Krankheit oder berufliche Sorgen, aber auch Schwächen, Untreue und Schuld, wenn das tägliche Einerlei die Träume der Fantasie nie mehr befriedigt, dann braucht eine Ehe einen festen Untergrund, einen Rahmen, innerhalb dessen man sie leben kann, bis »der Tod sie scheidet«. Dieser Rahmen kann nur der Glaube sein – und eine Gemeinschaft von Menschen, die diesen Glauben lebt und jeden Einzelnen trägt. Die christliche Ehe als einzelnes dort herauszuholen und wie einen Fremdkörper in ein Leben und eine Umwelt zu stellen, die den Glauben weder kennen noch leben, ist unmöglich.

Übrigens ist es nicht die Treue, die für den Bestand oder Nicht-Bestand einer Ehe ausschlaggebend ist. Eine Frau kann jeden Tag fremdgehen oder der Mann schon längst mit einer anderen Partnerin zusammenleben – den Bund, den Mann und Frau einmal miteinander geschlossen haben, berührt das nicht. Auch wenn die Ehe – wie man sagt – »kaputt« oder »in die Brüche gegangen« ist, bleibt das einmal geschlossene Eheband der Verfügungsgewalt des Menschen entzogen. Als Sakrament ist die Ehe Bild und Gleichnis der beständigen Zuwendung Gottes zu seinem Volk wie auch der unaufkündbaren Verbindung Jesu Christi mit seiner Kirche. In diese Heilsordnung hineingestellt, erlangt die Ehe ihre hohe Würde. Leid und Untreue sind dabei nicht ausgeschlossen, ebensowenig wie Umkehr, Vergebung und Neuanfang.

Von dieser Sicht der Ehe, der Ehe als Sakrament, sind weltliche Abklatschbilder, wie etwa die »Ehe für alle«, natürlich meilenweit entfernt. Und wenn die säkularen Formen von Paarbeziehungen, die sich zwar ebenfalls »Ehe« nennen, aber mit der natürlichen Ehe als Bestandteil der göttlichen Schöpfungsordnung gar nichts mehr zu tun haben, kann das für Christen nur Anlass sein, noch bewusster nach ihrer Sicht der Dinge zu leben und – wie es in dem nachfolgenden Zitat heißt – Gemeinschaften aufzubauen, in denen die Schöpfungsordnung aufrecht erhalten werden kann, »sodass Moral und Zivilisation die heraufziehende Zeit der Barbarei und Finsternis überleben«.

DAS ZITAT

Alasdair MacIntyre: Nicht das Imperium stützen, sondern die eigene Zivilisation

Es ist immer gefährlich, zu enge Parallelen zwischen einer historischen Periode und einer anderen zu ziehen; und zu den irreführendsten dieser Parallelen gehören jene, die zwischen unserer eigenen Zeit in Europa und Nordamerika und der Epoche des Niedergangs des Römischen Reichs bis ins frühe Mittelalter gezogen worden sind. Dennoch gibt es gewisse Parallelen. Es stellte einen entscheidenden Wendepunkt in der älteren Geschichte dar, als Männer und Frauen mit guten Absichten Abstand davon nahmen, das Römische Imperium zu stützen, und aufhörten, den Fortbestand der Zivilisation und der moralischen Gemeinschaft mit dem Fortbestand dieses Imperiums gleichzusetzen.

Stattdessen machten sie sich daran, oft ohne genau zu erkennen, was sie taten, neue Formen von Gemeinschaft aufzubauen, in denen das moralische Leben aufrechterhalten werden konnte, sodass Moral und Zivilisation die heraufziehende Zeit der Barbarei und Finsternis überleben konnten. Wenn meine Darstellung unserer moralischen Lage richtig ist, sollten wir ebenfalls zu dem Schluss kommen, dass auch wir nun seit einiger Zeit ebenfalls diesen Wendepunkt erreicht haben ... Diesmal warten die Barbaren allerdings nicht jenseits der Grenzen; sie beherrschen uns schon seit einer ganzen Weile. Und gerade das mangelnde Bewusstsein dessen macht einen Teil unserer misslichen Lage aus. Wir warten nicht auf einen Godot, sondern auf einen anderen, zweifelsohne ganz anderen heiligen Benedikt.

Aus: Alasdair MacIntyre, Der Verlust der Tugend – Zur moralischen Krise der Gegenwart, Suhrkamp, Frankfurt am Main 1995.

Kondome, Aids und Überbevölkerung

DER EINWAND

Wie kann die Kirche angesichts der Überbevölkerung die Pille und angesichts von Aids Kondome verbieten? Das ist doch unverantwortlicher Wahnsinn!

Man stelle sich vor, der Bevölkerungsökonom Thomas Robert Malthus (1766–1834) oder die Theoretiker des Club of Rome, der 1970 seine Zukunftsprognosen veröffentlicht hat, würden frisch und munter heute wieder zusammenkommen und sich aktuelle Länderberichte, Wirtschaftsdaten und Bevölkerungsstatistiken zu Gemüte führen. Sie wären (vielleicht) hocherfreut, denn ihre grimmigen Prognosen sind nicht eingetroffen. Und sie wären (wahrscheinlich) bestürzt über die Blauäugigkeit, mit der sie zu ihrer Zeit zukünftige Entwicklungen vorausgesagt haben.

Das Problem der meisten Zukunftsprojektionen ist es, dass sie Gefährdungen wie Ressourcenknappheit, Armut oder Umweltbelastungen hochrechnen, nicht aber die Potenziale und technischen Mgölichkeiten, diesen Gefährdungen Herr zu werden. Nach Malthus hätte das Anwachsen der Bevölkerung Englands von zehn Millionen Menschen zu seiner Zeit auf heute fünfzig Millionen zu einer Verelendung führen müssen, aber das Gegenteil war der Fall. Und dem Bericht des »Club of Rome« von 1970 zufolge müssten einige Rohstoffe heute so knapp und teuer sein, dass sie unerschwinglich sind, aber tatsächlich sind deren Preise gefallen.

Auch dürfte es, wenn es nach den Verelendungs-Theoretikern der späten Sechziger- und frühen Siebzigerjahre des vergangenen Jahrhunderts gegangen wäre, nicht die Entwicklungen wie etwa in Hongkong, Macao oder Singapur gegeben haben: Eine stark anwachsende Bevölkerung ging mit einer außerordentlichen wirtschaftlichen Prosperität einher. Demografische und ökonomische Horrorszenarien haben sich bisher nie bewährt.

Dennoch halten sich in den Medien Schreckvokabeln wie »demografische Bombe« oder »Bevölkerungsexplosion«. Dabei geben die Weltbevölkerungsberichte der Vereinten Nationen schon seit Jahren die Auskunft, dass sich die Welt derzeit in einer demografischen Umbruchphase befindet. Markierte das Jahr 1970 den Zeitpunkt der stärksten Zunahme der Weltbevölkerung, so hat inzwischen eine Abflachung der Zuwachsraten eingesetzt. Fast überall in den Entwicklungsländern geht die Zahl der Kinder pro Frau zurück, für die Dritte Welt insgesamt von sechs bis sieben im Jahr 1970 auf 3,7 heute.

Auf die Gesamtbevölkerung wirken sich diese Entwicklungen mit einer starken Verzögerung aus. So rechnen die Prognosen der Vereinten Nationen mit einem weiteren, sich aber verlangsamenden Anwachsen der Weltbevölkerung auf zehn Milliarden Menschen im Jahr 2050 und einer weiteren Zunahme von nur noch 1,5 Milliarden bis zum Jahr 2100. Auch diese Prognosen sind mit Vorsicht zu genießen. Aber alle bereits heute greifbaren Daten weisen darauf hin, dass in den Ländern der Dritten Welt eine allmähliche Angleichung an die Bevölkerungsentwicklung in den westlichen Industrienationen stattfindet, wobei diese sich immer mehr mit den gegenteiligen Phänomen konfrontiert sehen: der Überalterung der Gesellschaft sowie einer Fruchtbarkeitsrate der Frauen, die unterhalb dem sogenannten Ersatzniveau von 2,3 Kindern pro Frau liegt (was dann erreicht ist, wenn Fruchtbarkeits- und Sterblichkeitsrate zum Ausgleich kommen und sich die Bevölkerungszahl einer Gesellschaft auf einer gleichbleibenden Höhe stabilisiert).

Schon gibt es Berechnungen, die das Aussterben der Stamm-Bevölkerung in den westlichen Industrienationen und darüber hinaus sogar in den heutigen Entwicklungsländern festlegen wollen. Doch das sind reine Spekulationen, die hier nicht zur Debatte stehen. Allein die Migrationsbewegung der jüngsten Zeit von Afrika und den Krisengebieten des Mittleren Ostens nach Europa schafft wieder völlig neue Voraussetzungen, um verlässliche Prognosen über die demografischen Entwicklungen der kommenden Jahrzehnte anstellen zu können. In jedem Fall ist es vollkommen überholt, auf der einen Seite das Schreckensbild einer unaufhaltsamen Bevölkerungsexplosion zu konstruieren und auf der anderen Seite nur in dem weitflächigen Einsatz von Verhütungsmitteln die einzige Art der Vorbeugung gegen die angeblich drohende Sardinenbüchsen-Welt zu sehen.

Bei der Ausbreitung der Immunschwächekrankheit Aids verhält es sich anders. Diese Seuche existiert tatsächlich und ihre Auswirkungen auf weite Regionen, vor allem des afrikanischen Kontinents, sind verheerend. Doch hier zu sagen, das Kondom sei das Heilmittel gegen diese Krankheit, ist geradezu zynisch. Geht man dann doch stillschweigend davon aus, dass sich diese heimtückische Krankheit wohl austoben und nur ihre Ausbreitung weitestmöglich eingedämmt werden muss.

Das Kondom geht aber dem Übel nicht an die Wurzel. Ganz im Gegenteil. Sexuelle Promiskuität und homosexueller Geschlechtsverkehr sind Verhaltensweisen, bei denen die

Gefahr einer Infizierung mit Aids nachgewiesenermaßen am größten ist (der Fall der Ansteckung über gebrauchte Injektionsnadeln beim Drogenkonsum sei hier einmal ausgeklammert, denn dagegen hat noch keiner Kondome empfohlen).

Würde man die entsprechenden »Risikogruppen« kondomversorgt und nach dem Motto »Macht weiter so« in falscher Sicherheit wiegen, wäre das ein schlechter Rat – denn es gibt kein sicheres Kondom. Weder hat man bisher das absolut zuverlässige Präservativ erfunden noch dafür Sorge getragen, es bis in die letzten Winkel dieser Erde zu verbreiten. Im Falle der vermeintlich drohenden Bevölkerungsexplosion wie im Fall der Ansteckung mit Aids greifen »Verhütungsmittel« wie Pille oder Kondom zu kurz. Was aber ist dann die Haltung der Kirche zur demografischen Entwicklung vor allem in den Entwicklungsländern und zu Seuchen wie die Krankheit Aids?

Auch wenn die Überbevölkerung der Erde ein Mythos ist, nimmt die Kirche die mit dieser Angst tatsächlich verbundenen Probleme ernst. Denn es gibt ja einzelne Regionen, in denen ein hoher Bevölkerungsanteil am Rande oder sogar unter dem Existenzminimum lebt, beziehungsweise Entwicklungsphasen, in denen ein armes Land nicht mehr aus eigener Kraft die Ernährung und medizinische Versorgung seiner Einwohner gewährleisten kann. Statt mit Anti-Baby-Pillen und Kondomen die Symptome zu bekämpfen, setzt die Kirche auf nachhaltige Entwicklung, wofür die Rahmenbedingungen entscheidend sind, die die Industrienationen im Umgang mit den Ländern der Dritten Welt schaffen, wie auch die Anstrengungen in den betroffenen Ländern selbst, und zwar auf den unterschiedlichsten Feldern: Bildung, Ausbau der sanitären und medizinischen Dienste, Förderung und Gleichberechtigung der Frau, Aufbau sozialer Sicherungssysteme.

Solidarität mit den Ärmsten der Armen bedeutet für die Kirche nicht, tonnenweise Verhütungsmittel dorthin zu schicken, sondern zu helfen, wirtschaftliche, soziale und kulturelle Entwicklungsprozesse auf den Weg zu bringen. Gänzlich lehnt es die Kirche ab, die Zusage wirtschaftlicher Hilfen von der zwangsweisen Durchführung von Familien- und Sexualprogrammen abhängig zu machen. Die Freiheit, die Zahl der Kinder selber festzulegen, ist für die Kirche ein unverzichtbares Menschenrecht. Und gerade hier zeigt sich, dass nachhaltige Entwicklung der humanere Weg zu einer vernünftigen Bevölkerungspolitik ist.

In einem armen Land ohne soziale Sicherungssysteme stellt eine hohe Kinderzahl die oft einzige Möglichkeit dar, für eine ausreichende Versorgung der alten Menschen zu sorgen. Wer nur wenige Kinder hat, deren Zahl durch hohe Kindersterblichkeit und Krankheiten im Laufe der Zeit noch weiter abnehmen kann, hat kaum eine wirtschaftliche Grundlage für das Überleben im Alter. Dass Programme zur Begrenzung des Nachwuchses hier auf wenig Gegenliebe stoßen, ist einsichtig.

Nachhaltige Entwicklung aber hieße, das Übel an der Wurzel zu bekämpfen. Medizinische Versorgung, Bildungseinrichtungen, Aufbau einer zunächst begrenzten, meist lokal organisierten Altersversorgung, besondere Förderung der Frauen, wirtschaftliche Aufbauprogramme, Maßnahmen zur Entwicklung der Infrastruktur: Das sind Stichworte für eine Förderpolitik, die nicht nur den Lebensstandard hebt, sondern allen Erfahrungen zufolge – auch denen in den Industrieländern und der westlichen Welt – die Zahl der Kinder pro Familie und damit ein schnelles Bevölkerungswachstum senkt.

Das Gleiche gilt für die Bekämpfung von Aids: Gleichberechtigung der Frau, Anhebung des Bildungsniveaus, wirtschaftliche Perspektiven statt Verelendung und Prostitution – das sind Maßnahmen, die der Hauptursache für die Verbreitung der Seuche in der Dritten Welt, der sexuellen Promiskuität, Einhalt gebieten können. Kondome verschleiern das Übel. Für die Kirche geht es um eine humanere Kultur und die Stärkung der Würde des Einzelnen. Hier muss eine nachhaltig wirkende Entwicklungspolitik ansetzen. Sie ist auch die beste Gewähr für eine in tragbaren Grenzen verlaufende Bevölkerungsentwicklung.

Geschieden und wiederverheiratet

DER EINWAND

Die Kirche verstößt eindeutig gegen das Gebot der Liebe, wenn sie einem Geschiedenen verbietet, erneut zu heiraten. Hier zeigt sich, dass ihr Gesetzestreue wichtiger ist als Barmherzigkeit.

Man stelle es sich vor: Nach den bewegten Jahren des Studiums, Berufsstarts und Existenzaufbaus hat der inzwischen zum erfolgreichen und geschätzten Hochschullehrer aufgestiegene Akademiker zum regelmäßigen Gottesdienstbesuch zurückgefunden. Man kennt und schätzt ihn am Wohnort und in der Gemeinde, das Verhältnis zum Pfarrer ist gelegentlich kritisch, doch durchweg herzlich – und bei der Erweiterung des Pfarrheims konnte er dank guter Beziehungen zum städtischen Liegenschaftsamt eine leidige Grundstücksangelegenheit im Sinne der Gemeinde regeln. Eine erste, viel zu früh geschlossene Ehe ist bereits in den Assistentenjahren gescheitert. Die Wohnung war noch klein, das Geld knapp und der Arbeitsdruck im Institut belastend hoch. Irgendwann zog die Frau aus und mit einem Jungunternehmer auf und davon.

Doch in zweiter Ehe hat der Herr Professor die Frau fürs Leben gefunden. Auch in Glaubensfragen sind sie einer Meinung, und fast jeden Sonntag zusammen im Pfarrgottesdienst – nicht zuletzt, weil Frau Professor engagiert im Kirchenchor mitsingt. Doch dann der Gottesdienst, der Augenblick der Kommunion und Herr Professor samt Gattin müssen vor den Augen aller stets sitzen bleiben. Niemand sagt etwas, aber jeder weiß Bescheid, da war ja »die Sache mit der anderen«. –

Muss das sein, zwei überzeugte Katholiken einfach so als Gläubige der zweiten Klasse?

Das sich da etwas machen lässt, war 1993 die Meinung der drei Bischöfe der sogenannten oberrheinischen Kirchenprovinz, also der Bistümer Freiburg, Mainz und Rottenburg-Stuttgart. In einem gemeinsamen Hirtenschreiben zur seelsorglichen Begleitung von Menschen aus zerbrochenen Ehen, Geschiedenen und wiederverheirateten Geschiedenen packten sie genau diese Frage an und schlugen den Seelsorgern ihrer Diözesen eine Möglichkeit vor, wie in Einzelfällen Gläubige, die standesamtlich ein zweites Mal geheiratet haben, zur Kommunion zuzulassen sind. Der Hirtenbrief sorgte in der ganzen Weltkirche für Aufsehen, wich der dort vorgegebene Lösungsweg doch von der üblichen Praxis ab. Zwar hielt auch er ausdrücklich an der Unauflöslichkeit der Ehe fest. Was aber geschehe, wenn Betroffene, im Beispiel von eben also der Herr Professor, in ihrem Gewissen zu der Meinung kommen, dass die erste Ehe gar keine Ehe im christlichen Sinn und vor der Kiche damit nichtig war. »In solchen und ähnlichen Fällen«, schrieben die drei Bischöfe weiter, »kann ein seelsorgliches Gespräch den Betroffenen helfen, zu einer persönlich verantworteten Gewissensentscheidung zu finden, die von der Kirche und Gemeinde zu respektieren ist.«

Schließlich schritt die Vatikanische Glaubenskongregation ein und die Beteiligten, Erzbischof Oskar Saier, die Bischöfe Karl Lehmann und Walter Kasper sowie Kardinal Joseph Ratzinger, haben tatsächlich ein Stück Kirchengeschichte geschrieben. Nicht oft wurde so inteniv darum gerungen, wie die Kirche unter den veränderten Bedingungen einer postchristlichen Kultur mit ihren Sakramenten umgeht. Die Auseinandersetzung von damals nach dem Schema »Rom gegen deutsche Kirche« einzuordnen, wäre voreilig. Es ging wirklich um die Sache, um das Sakrament der unauflöslichen Ehe.

Zunächst stellte die Glaubenskongregation damals in ihrem Antwortschreiben fest, dass die Kirche in Treue zum Wort Jesu Christi von der Unauflöslichkeit der Ehe daran festhält, dass sie eine neue Verbindung zwischen Mann und Frau nicht anerkennen kann, falls die vorausgehende Ehe gültig war: »Wenn Geschiedene zivil wiederverheiratet sind, befinden sie sich in einer Situation, die dem Gesetz Gottes objektiv widerspricht.« Die Nichtzulassung zur Kommunion sei deswegen auch keine Strafe oder Diskriminierung, sondern ergebe sich aus der objektiven Situation, die als solche die Zulassung zur Kommunion unmöglich mache. Die wiederverheirateten Geschiedenen, so heißt es in dem Schreiben der Kongregation weiter, dabei einen Abschnitt aus der Familien-Enzyklika »Familiaris consortio« von 1981 zitierend, »stehen insofern selbst ihrer Zulassung im Weg, als ihr Lebensstand und ihre Lebensverhältnisse in objektivem Widerspruch zu jenem Bund der Liebe zwischen Christus und der Kirche sind, den die Eucharistie sichtbar und gegenwärtig macht. Darüber hinaus gibt es noch einen besonderen Grund pastoraler Natur: Ließe man solche Menschen zur Eucharistie zu, bewirkte dies bei den Gläubigen hinsichtlich der Lehre der Kirche über die Unauflöslichkeit der Ehe Irrtum und Verwirrung.« Auch eine persönliche Gewissensentscheidung, so die römische Antwort, habe nicht die Macht, einen objektiven Sachverhalt aufzulösen, nämlich den, dass der Bruch der sakramentalen Ehe es ausschließt, in der Eucharistie das Sakrament der Einheit mit Christus zu empfangen. In einem Schreiben an ihre Seelsorger haben die drei deutschen Bischöfe daraufhin die entsprechenden Absätze ihres Hirtenschreibens im Sinne der Glaubenskongregation korrigiert.

Dass das Problem damit aber noch nicht aus der Welt war, zeigte sich Jahre später, als der Papst und das ständige Sekretariat der römischen Bischofssynode beschlossen, Ehe und Familie zum Thema nicht nur der kommenden römischen Synode zu machen, sondern ihm einen ganzen »synodalen Prozess« zu widmen, der eine außerordentliche Synode im Herbst 2014 und eine ordentliche Synode im Herbst 2015 umfassen sollte. Und dass dabei das Thema der wiederverheirateten Geschiedenen wieder auf den Tisch kam, dafür sorgte

Papst Franziskus selber, indem er genau jenen Walter Kasper, der einer der drei Autoren des Hirtenbriefs der oberrheinischen Bischöfe war, bat, beim Kardinalskonsistorium im Februar 2014 ein Grundsatzreferat zum Rahmenthema des »synodalen Prozesses« zu halten. Kasper hatte inzwischen eine vatikanische Karriere hinter sich. Von Johannes Paul II. nach Rom gerufen, war er inzwischen Kardinal geworden und hatte den Päpstlichen Rat für die Einheit der Christen geleitet. Und in seinem Vortrag vor den Kardinälen plädierte Kasper wieder für jene Einzelfall-Lösungen bei der Zulassung von wiederverheirateten Geschiedenen zu den Sakramenten, wie er es auch mit den beiden anderen oberrheinischen Bischöfen in dem Hirtenbrief von 1993 formuliert hatte.

Wieder setzte ein intensives Ringen ein, diesmal nicht zwischen Rom und einer Ortskirche, sondern im gesamten Weltepiskopat und im Kardinalskollegium, das nicht Wochen oder Monate, sondern über zwei Jahre dauern sollte: bis zum März 2016, als Papst Franziskus sein »Schlusswort« sprach. Das Apostolische Schreiben, mit dem er die Ergebnisse des »synodalen Prozesses« zusammenfasste, trägt den Titel »Amoris laetitia« (Die Freude der Liebe) und geht in Kapitel acht dann auch auf die pastorale Begleitung der zivil Wiederverheirateten und deren mögliche Zulassung zu den Sakramenten ein.

»Amoris laetitia« hält zunächst fest, was in jedem Fall pastorale Praxis sein sollte: Die Kirche exkommuniziert die wiederverheirateten Geschiedenen nicht, im Gegenteil, sie lädt sie ein, am Leben der Gemeinde und an den Gottesdiensten teilzunehmen. Auch in ihrem Urteil über jeden einzelnen Fall verhält sie sich vorsichtig, besonders dann, wenn es um eine wiederverheiratete Person geht, die vom ersten Ehepartner einfach verlassen wurde oder aufrichtig bemüht war, die ursprüngliche Ehe zu retten. Dann aber kommt der Papst auf diejenigen zu sprechen, die sich nach – salopp gesagt – wilden Jahren, in denen manches chaotisch lief, vielleicht auch eine Beziehung in die Brüche gegangen ist oder ein Paar erst gar nicht geheiratet hat, auf den Weg machen, um innerhalb der

Kirche, das heißt begleitet von einem Seelsorger, ein christliches Leben zu führen. Ein Weg, den man schrittweise geht, niemand ändert sich auf einen Schlag. Auf diesem Weg, der ein Weg der Unterscheidung, der zunehmenden Eingliederung in das kirchliche Leben, der Reinigung und auch der Reue über begangene Fehler ist, kann der Augenblick kommen, wo man nicht einfach mehr sagen kann: »Dieser Mensch lebt in schwerer Sünde« oder er befinde sich nicht im Stand der Gnade. Dann, so Papst Franziskus in einer Fußnote des Kapitels acht von »Amoris laetitia«, können auch die Sakramente, also Sündenvergebung und Eucharistie, Mittel sein, jemanden auf diesem Weg zu einem Leben in Einklang mit der Kirche und den göttlichen Geboten zu helfen.

Die Kirche macht es sich nicht leicht, mit den wiederverheirateten Geschiedenen. Aber den zivil Wiederverheirateten sagt sie auch umgekehrt, dass sie es sich nicht leicht machen sollen, wenn ein erstes Eheband besteht und der ursprüngliche Partner einer sakramental geschlossenen Ehe noch lebt. Der von »Amoris laetitia« geschilderte Weg der Unterscheidung und Eingliederung verlangt nach seelsorglicher Begleitung – die nicht immer automatisch darauf hinauslaufen muss, dass man wieder zur Kommunion gehen kann. Und schon gar nicht kann es darum gehen, dass jemand die Sache selber, im stillen Kämmerlein, »mit dem lieben Gott ausmachen« möchte. Stattdessen lädt die Kirche alle, die in ihrem Leben Brüche, Verwundungen und Scheitern erleben mussten, ein, das Gespräch mit dem Seelsorger zu suchen. Die Türen der Kirche stehen allen offen.

6. Dunkle Kapitel der Kirchengeschichte

»Und sie dreht sich doch«

DER EINWAND

Der Fall Galilei ist ein typisches Beispiel für den kirchlichen Machtapparat und für die kirchliche Zensur.

Es war Johannes Paul II. höchstpersönlich, der den Fall Galilei innerhalb der Kirche noch einmal aufgerollt hat. Dass der Papst vor der Päpstlichen Akademie der Wissenschaften auf den großen Gelehrten des siebzehnten Jahrhunderts zu sprechen kam, verwundert nicht. Es war der 10. November 1979, Johannes Paul II. war gerade ein Jahr im Amt und man war zu einer Gedenkfeier zum hundertsten Geburtstags Albert Einsteins zusammengekommen, als er vor den Mitgliedern der Akademie sagte:»Die Größe Galileis ist wie jene Einsteins allen bekannt; doch im Unterschied zu dem, den wir heute im Beisein des Kardinalskollegiums ehren, hat der erste – wir wollen das nicht verschweigen – von den Männern und Organen der Kirche viel zu leiden gehabt.« Und der Papst gab eine erneute Untersuchung des Falls in Auftrag, nicht zuletzt mit dem Ziel,»das Misstrauen« zu beseitigen, »das dieses Ereignis noch immer bei vielen gegen eine fruchtbare Zusammenarbeit von Glaube und Wissenschaft, von Kirche und Welt hervorruft«.

Ob es dem Papst gelungen ist, dieses Misstrauen auszuräumen, vor allem aber den Fall Galilei zu entmythologisieren, das sei dahingestellt. Tief sitzt das dem Gelehrten in den Mund gelegte »Und sie dreht sich doch« in den Köpfen der Zeitgenossen. Dieses Diktum aus Berthold Brechts Drama »Leben des Galileo Galilei« will sagen: Vernagelt, wie die Kirche ist, unterwirft sie Einzelne sogar grausamer Gewissensfolter, um nur ja zu verhindern, dass ihr Alleinanspruch auf Wahrheit von irgendjemandem in Frage gestellt wird.

Johannes Paul II. muss dieses Vorurteil als besonders störend empfunden haben. Er, der auf dem Zweiten Vatikanischen Konzil die Öffnung der Kirche zur Welt erlebt und mitgetragen hatte, sah gerade im Fall Galilei eine Belastung der Beziehung zwischen Wissenschaft und Kirche, genauer gesagt ein Hindernis auf dem Weg, Glaube und Vernunft wieder miteinander zu versöhnen. Außerdem sollte es zu einem »Markenzeichen« seines Pontifikats werden, die dunklen Seiten der Kirchengeschichte offen anzusprechen und aufzuarbeiten. Jahre später unterstrich er das mit dem großen Schuldbekenntnis der katholischen Kirche im März des Heiligen Jahrs 2000.

Also begann im Jahr 1979 eine Kommission unter Leitung des französischen Kurienkardinals Paul Poupard, die Auseinandersetzung zwischen dem Astronomen und der römischen Kurie wieder zu überprüfen. Was war geschehen, als Galileo Galilei (1564–1642) die Auffassung des Astronomen und Domherren Nikolaus Kopernikus (1473–1543) übernahm, derzufolge das ptolemische Weltbild abzulehnen und stattdessen davon auszugehen sei, dass nicht die Sonne die Erde, sondern die Erde als Planet die Sonne umkreist? Zunächst ist festzustellen, dass erst das »aufgeklärte« neunzehnte Jahrhundert damit begonnen hat, den Fall Galilei als einen Konflikt zwischen Wissenschaft und Kirche darzustellen. Bis ins späte achtzehnte Jahrhundert hinein waren Kopernikus und Galilei innerhalb der Wissenschaft umstritten. Ein so bedeutender Zeitgenosse Galileis wie Blaise Pascal sah sich außerstande, sich zwischen Galilei beziehungsweise Kopernikus, Ptolemäus und Tycho Brahe zu entscheiden.

Galilei konnte mit seinen Mitteln und denen seiner Zeit nicht beweisen, was er behauptete. Es war ihm nicht gelungen, in unwiderlegbarer Weise die zweifache Bewegung der Erde zu begründen, ihre jährliche Umrundung der Sonne und ihre tägliche Drehung um die Achse der Pole. Dass die damalige Inquisition von Galilei gefordert hat, sein heliozentrisches Weltbild nur als wissenschaftliche Hypothese, nicht aber als feststehende Wahrheit zu vertreten, war für ihn schmerzlich, aber sachlich richtig. Die Verfahrensweise gegen Galilei entsprach den Verhältnissen einer vom fürstlichen Absolutismus geprägten Gesellschaft.

Wenn die Inquisition damals einen Irrtum begangen hat, dann war es die Annahme, die Lehre Galileis stehe im Widerspruch zur Heilige Schrift, während Galilei im Recht war, wenn er diesen Widerspruch verneinte. In gewisser Hinsicht war die Inquisition dennoch im Recht, denn die einschlägigen Bibelstellen lassen bei genauerem Zusehen erkennen, dass ihre Aussageabsicht nicht auf astronomische, sondern auf theologische, existenzielle Sachverhalte abzielt: Die Erde ist der feststehende Schauplatz des menschlichen Lebens. Wie dies aber möglich sein sollte, obwohl die Erde in rastlosem Flug sich um die eigene Achse drehend durch das Weltall wirbelte, konnte Galilei nicht erklären, da die Schwere der Luft und die Gravitationsgesetze erst später entdeckt wurden.

Die wissenschaftliche Skepsis der Inquisition, die von Galilei verlangte, den Heliozentrismus nur als Hypothese zu lehren, war also wohlbegründet. Durch die Entwicklung der modernen Astronomie wurde sie bestätigt: Das heliozentrische Weltsystem ist längst überholt, es wäre ein offenkundiger Irrtum gewesen, wenn es je eine kirchliche Bestätigung erfahren hätte. Der Forderung Galileis, die Stellen der Heiligen Schrift, die anscheinend im Widerspruch zu den kopernikanischen Theorien stehen, nicht wörtlich zu interpretieren, hat sich die Kirche dagegen später angeschlossen. So hatte sich der paradoxe Fall ergeben, dass sich Galilei auf seinem Gebiet, der Astronomie, zu recht von der Inquisition belehren lassen musste und umgekehrt die Kirche auf ihrem Gebiet, der Theologie, mit einiger Verzögerung schließlich dem Astronomen folgte.

Und es war natürlich nicht so, dass die Kirche zu Bücherverbrennungen oder ähnlichen Maßnahmen griff: Seit dem »Dialogo«, dem Werk Galileis von 1633, in dem er seine Theorien dargelegt hatte, wurden keine weiteren heliozentrisch lehrenden Werke mehr beanstandet, obwohl sie *de iure* vorläufig verboten blieben. Mit kirchlicher Druckerlaubnis erschienen vielmehr 1656 auf Betreiben des Kardinals Leopoldo Midici die gesammelten Werke Galileis – zunächst noch ohne den verbotenen »Dialogo«. Dieser kam dann aber ebenfalls mit kirchlicher Druckerlaubnis 1710, 1744 und 1806 heraus.

Im Jahre 1757 hob Benedikt XIV. das Verbot heliozentrischer Werke allgemein auf. Der entscheidende Schritt erfolgte durch Pius VII. am 16. August 1820, der die Entscheidung des Heiligen Offiziums bestätigte: »Es steht nichts im Wege, die Lehre des Kopernikus über die Erdbewegung in der Form, wie sie heute auch von katholischen Autoren vorgetragen zu werden pflegt, zu vertreten.« Diese Entscheidung war möglich geworden, weil der Fortschritt der Astronomie die ursprünglichen theologisch-philosophischen Bedenken ausgeräumt hatte.

Als schließlich die von Kardinal Poupard geleitete Kommission dem Papst 1992 ihren abschließenden Bericht vorlegte, hieß es deshalb folgerichtig: »Die philosophischen und theologischen Bewertungen, die missbräuchlich auf die seinerzeit neuen Theorien von der Zentralstellung der Sonne und der Bewegung der Erde angewendet wurden, waren die Folgen einer Übergangssituation auf dem Gebiet der astronomischen Wissenschaften und einer exegetischen Unklarheit bezüglich der Kosmologie. Als Erben der unitarischen Auffassung von der Welt, die bis zum Beginn des 17. Jahrhunderts allgemein vorherrschte, waren einige Theologen, Zeitgenossen Galileis, nicht in der Lage, die tiefere, nicht wörtliche Bedeutung der Schrift zu erschließen.«

Dass dieser zeitbedingte Irrtum zu Lasten Galileis ging, gibt der Abschlussbericht offen zu: »In dieser historisch-kulturellen Konstellation, die von der unseren recht weit entfernt ist, haben die Richter Galileis – unfähig, den Glauben von einer jahrtausendealten Konstellation zu trennen – zu Unrecht geglaubt, dass die Übernahme der kopernikanischen Wende, die zudem noch nicht definitiv bewiesen war, von einer solchen Wirkung sein müsse, dass sie die katholische Tradition erschüttere. Daher fassten sie es als ihre Pflicht auf, ihre Verbreitung und Lehre zu verbieten. Dieser subjektive Irrtum im Urteil, der für uns heute so klar ist, führte sie dazu, disziplinarische Maßnahmen gegenüber Galilei zu ergreifen, unter denen dieser viel zu leiden hatte. Dieses Unrecht müssen wir aufrichtig anerkennen, wie Eure Heiligkeit es erbeten hat.«

Die Kreuzzüge

DER EINWAND

Von wegen Toleranz und Mildtätigkeit. Mit den Kreuzzügen des Mittelalters hat die Kirche doch bewiesen, dass sie Gewalt als Mittel nicht scheut.

Wie bei vielen Rätseln der Vergangenheit liegt auch beim Phänomen der Kreuzzüge die Schwierigkeit darin, die Ereignisse von damals nicht mit den Maßstäben von heute zu beurteilen, sondern aus den Umständen und Mentalitäten der damaligen Zeit heraus zu verstehen. Wie schwer das im Fall der Kreuzzüge sein kann, zeigt allein eine Episode aus der Spätphase dieser Bewegung: Nachdem Anfang des dreizehnten Jahrhunderts ein weiterer Zug christlicher Heere umsonst ins Heilige Land aufgebrochen war – man kam dort niemals an, sondern stürzte sich in ein blutiges Ringen mit den morgenländischen Christen um die Herrschaft über Konstantinopel –, sammelten sich im Jahr 1212 Tausende von Kindern aus Deutschland und Frankreich, um unter der Führung eines französischen Hirtenjungen und des zehnjährigen Nikolaus aus Köln nach Jerusalem aufzubrechen.

Dieses als »Kinderkreuzzug« in die Geschichte eingegangene Unternehmen kann dem heutigen Betrachter auch bei bestem Einfühlungsvermögen eigentlich nur rätselhaft und unerklärlich bleiben. Wie muss die Stimmung im Abendland gewesen sein, welch eine Faszination übten die Stätten des Wirkens und Sterbens Jesu Christi auf die Menschen damals aus, wie – nach heutigen Vorstellungen – naiv müssen die Beteiligten gedacht haben, um an den Erfolg eines solchen Kinderzuges zu glauben? Und vielleicht ging es gar nicht um »Erfolg« im modernen Sinne. Jedenfalls endete der Kinderkreuzzug überaus tragisch. Noch auf dem Marsch zu den Seehäfen zerstreuten sich viele, die Mädchen wurden von skrupellosen Gaunern missbraucht, und was sich schließlich in Brindisi und Marseille zur Überfahrt sammelte, wurde von profitgierigen Reedern nach Alexandrien transportiert und von dort in die Sklaverei verkauft.

Man kann den Kreuzfahrern nicht vorwerfen, sie seien grausamer gewesen als die Eroberer und Soldatenzüge des neunzehnten und zwanzigsten Jahrhunderts. Der Blutrausch, der Gottfried von Bouillon und seine ausgemergelten Gefährten bei der ersten Erstürmung Jerusalems im Jahr 1099 überfiel, hat sich im Laufe der Geschichte noch häufig wiederholt, bei den Heerzügen Napoleons wie in den amerikanischen Bürgerkriegen, bei den Eroberungen der Kolonien durch die europäischen Mächte wie in den Schlachten der Weltkriege des vergangenen Jahrhunderts.

Es war ein wildes Morden, als die Befestigungsanlagen Jerusalems zum ersten Mal überwunden wurden und sich der von den Gefahren und Entbehrungen gezeichnete Trupp der Kreuzfahrer den Weg freikämpfte bis auf den Tempelplatz der heiligen Stadt. Aber es handelte sich dabei nicht um das kaltblütige Abschlachten ganzer Volksgruppen, Rassen und bürgerlicher Eliten, das erst das zwanzigste Jahrhundert zum grausamsten und blutigsten Jahrhundert der Geschichte gemacht hat. Gerade der »aufgeklärte« Mensch der Neuzeit, der soeben erst dem Zeitalter der Ideologien entronnen ist, sollte mit Urteilen über die Untaten seiner noch nicht »aufgeklärten« Artgenossen des Mittelalters vorsichtig sein.

Was den Menschen der Neuzeit jedoch – wie aber auch schon einzelne Zeitgenossen der Kreuzzüge – abschreckt, ist die Selbstverständlichkeit, mit der bei den Christenzügen religiöse Inbrunst einhergeht mit brutaler Gewalt, tiefer Glaubensgehorsam mit skrupelloser Machtpolitik sowie Opfergeist und Martyriumsbereitschaft mit der kaltblütigen Grausamkeit des Eroberers, der im Ernstfall keine Gefangenen macht. Die Kreuzzüge waren ein militärischen Unternehmen und zugleich eine Pilgerfahrt mit dem Ziel, das Grab Christi zu befreien. Die Päpste hatten zu ihnen aufgerufen, doch es zogen nicht straff geführte Söldnerheere Richtung Palästina, plötzlich schien sich das ganze Abendland aufzumachen, um den Ring, den der Islam um den Süden Europas gelegt hatte, gewaltsam wieder aufzubrechen.

Wilde Bauernscharen waren die Ersten, die dem Appell von Urban II. folgten und bei ihrem Durchzug durch das Rheinland zunächst einmal blutige Judenprogrome auslösten. Auf dem Weg ins Heilige Land kamen sie alle um. Dem Haupther der Ritter, das dann 1096 bis 1099 den ersten von sechs Kreuzzügen bestritt, gelang schließlich die Gründung des christlichen Königreichs Jerusalem. Zweihundert Jahre hielt die Bewegung das Abendland wie den Orient in Atem. 1244 ging Jerusalem endgültig verloren, 1291 fiel mit Akkon die letzte Bastion der Kreuzfahrerstaaten.

Wie ein Rausch hatte sich in den Köpfen der Päpste, Fürsten und Adligen wie auch der einfachen Menschen der Gedanke festgesetzt, als Pilger Gottes für Christus die Heiligen Stätten zurückzuerobern. Historiker weisen darauf hin, dass sich damals das gesamte Abendland in einer Aufbruchstimmung befand. Ein sprunghafter Anstieg der Bevölkerungszahlen ging einher mit dem Aufbrechen eines neuen christlichen Gemeinschaftsbewusstseins aller europäischen Nationen. Das Rittertum entwickelte eine eigene mystisch-religiöse Kultur, in der Brüderlichkeit, Tapferkeit, Großzügigkeit und Gemeinschaft, aber auch der Dienst an Gott und die Kreuzesnachfolge eine große Rolle spielten. Die Suche nach dem Gral, dem Becher Jesu Christi vom Gründonnerstag, war ein typisches Ideal der Ritterzeit und der entsprechenden mittelalterlichen Literatur.

Der Mensch des zwölften und dreizehnten Jahrhunderts trennte nicht zwischen Politik, Religion und privatem Leben. Und dass die religiöse Seite der Kreuzzugsbewegung echt und aufrichtig war, obwohl die Züge selber zu machtpolitischen Abenteuern verkamen, zeigen einige handfeste Spätfolgen der Kämpfe um das Heilige Land: Die Ritterorden, die unmittelbar aus dem Erlebnis der Kreuzzüge hervorgingen, existieren zum Teil noch heute – wie der Malteserorden oder der Deutsche Orden. Sie verschrieben sich dem Schutz und der Ausbreitung des Christentums, entfalteten aber auch eine nachhaltige karitative Tätigkeit. Die Armutsbewegung, die zwar einige sektiererische Gruppen und Bewegungen hervorbrachte, aber auch im guten Sinne die christliche Askese und Frömmigkeit förderte und teilweise zur Vorläuferin der Dritten Orden wurde, hatte ebenfalls ihre Wurzeln in der Kreuzzugsbewegung.

Die Kreuzzüge begannen, nachdem die Seldschuken 1071 Jerusalem erobert hatten und der von ihnen bedrängte oströmische Kaiser Alexius I. in Konstantinopel um die Hilfe der abendländischen Kirche bat. Aufs Ganze gesehen stehen die Kämpfe um Jerusalem und das Heilige Land in dem großen Zusammenhang der Auseinandersetzung zwischen christlicher und islamischer Welt. Nachdem der Islam Kernlande der Christenheit im Orient und im nördlichen Afrika und blühende Ortskirchen überrannt hat, waren die Kreuzzüge ein gewaltiger, wenn auch letzten Endes erfolgloser Gegenschlag.

Aber die Geschichte ging weiter. Araber und Türken unternahmen ihrerseits noch mehrere Versuche, nach Europa vorzudringen. 1529 und dann noch einmal 1683 standen die Osmanen vor den Toren Wiens. Mit der Kolonialisierung ging Europa wieder zum Angriff über, vor allem brachte es die säkularen Gesetze des Marktes, die Industrialisierung und ein individualistisches Konsumdenken in die islamische Welt und höhlte diese von innen her aus.

Eine Reaktion darauf ist wiederum der islamische Extremismus, der in seinem Kampf gegen alles Nicht-Islamische auch die zum Teil radikale Ablehnung des Christentums miteinschließt. Mit dem Zweiten Vatikanischen Konzil hat sich die Kirche endgültig auf den Weg des geduldigen und achtungsvollen Dialogs festgelegt, um die Beziehungen zwischen den Völkern und Religionen zu verbessern. Doch die geistige Auseinandersetzung mit dem Islam ist nicht abgeschlossen, das Auflammen des islamistischen Terrors und Dschihadismus hat die muslimische Welt selbst in eine innere Zerreißprobe geführt. Und in vielen europäischen Staaten, in denen Muslime inzwischen einen beträchtlichen Bevölkerungsanteil darstellen, stehen noch vielfältige Herausforderungen bevor, wenn es etwa um islamischen Religionsunterricht, um die Ausbildung und Bestellung der Imame, um das islamische Recht oder den Bau von Moscheen geht.

Die Kirche legt Wert darauf, diese Fragen in Friedfertigkeit, gegenseitiger Achtung und auf dem Weg des Dialogs zu lösen. Dem abendländischen Menschen war dieser Geist des interreligiösen Gesprächs noch völlig fremd. Es wäre also auch falsch, die Christen des elften und zwölften Jahrhunderts an den Texten des Zweiten Vatikanischen Konzils zu messen.

Inquisition und Hexenverfolgung

◇◇◇◇◇◇◇◇◇◇◇◇◇◇◇◇◇◇◇
DER EINWAND
◇◇◇◇◇◇◇◇◇◇◇◇◇◇◇◇◇◇◇

Jahrhundertelang hat die Kirche Menschen willkürlich der Inquisition überantwortet, Ketzerprozesse geführt und Hexen verbrannt. Da sollte sie sich doch nicht zum Moralapostel aufspielen, wenn heute Frauen in extremen Notsituationen ihre Schwangerschaft abbrechen.

Ob die Inquisitoren des späten Mittelalters Geständnisse aus Ketzern herauspressten oder ganze Landstriche in der frühen Neuzeit dem Hexenwahn verfielen – es waren Zeiten einer traurigen Verirrung der Menschheit, deren Wurzeln zwar einigermaßen gut zu beschreiben sind, die aber der Mensch der Jetztzeit kaum mehr nachvollziehen kann.

Auch heute gibt es Frauen, die sich selbst als Hexen bezeichnen. Dazu ein Zitat: »Ich bin Jungfrau im matriarchalen Sinn. Ich bin die, die sich selbst gehört. Ich befriedige mich selbst auf allen Ebenen meines Lebens. Ich befriedige mich auch sexuell. Ich bin eine Häxe, abgeleitet von Hag, bin wild, ungezähmt und dem Werben des Mannes nicht zugänglich. Und ich bin Nicht-Christin, also Heidin. Siehe, ich bin nicht die Magd des Herrn, mir geschehe nach meinem Willen« (Judith Jannberg: Ich bin eine Hexe, 1987).

So etwas wird heute belächelt oder in Talkshows fast schon bewundert. Im fünfzehnten oder sechzehnten Jahrhundert wäre solch eine Frau auf dem Scheiterhaufen gelandet, hätte sie ihren offensichtlichen Nichtglauben oder Glaubensabfall öffentlich bekundet. Und ein Theologe, der heute mit kirchlicher »missio« und staatlichem Professorengehalt die Hörsäle und Katholischen Akademien füllt, weil er die Lehrsätze des Glaubens auf besonders originelle Weise bestreitet, wäre im dreizehnten oder vierzehnten Jahrhundert von einem Inquisitor zunächst peinlich verhört und zur Aburteilung der weltlichen Macht übergeben worden.

Doch längst schon hat die Kirche ihren Frieden damit gemacht, dass die alte, auf einem einheitlichen und religiösen Weltbild beruhende Gesellschaftsordnung umgestoßen wurde. Und dass sie Konflikte, etwa mit »rebellierenden Theologen«, auf andere Weise lösen muss als mit Feuer und Schwert. Und sie hat es auf allen Ebenen und in jeder Hinsicht neu verinnerlicht, dass Zwang und Gewalt keine Mittel sind, Menschen für Gott zu gewinnen oder vor einem Glaubensirrtum zu bewahren. Verkündigung, Zeugnis und freimütige Auseinandersetzung mit dem Andersdenkenden sind heute die Methoden, mit der die Kirche für ihre Sache kämpft.

Damit ist sie aber wieder da, wo sie in den ersten Jahrhunderten schon einmal stand, und die Kirche muss sich fragen, ob sie nicht einen langen und ganze Epochen umspannenden Irrweg gegangen ist. Die höchste Form der »Bestrafung« des Ungläubigen oder vom Glauben Abgefallenen war in den Anfangszeiten des Christentums der Ausschluss von der Gemeinschaft der Glaubenden. Das Wort von den »Anathema«, das das Lehramt spricht, gibt genau das wieder. Wer eine klar definierte Lehre ablehnt oder einer als dem Glauben widersprechenden Auffassung anhängt, ist – im schlimmsten Falle – ausgeschlossen, »anathema sit«.

Und wer Bischof oder Priester war, wurde abgesetzt und ging seiner geistlichen Ämter verlustig. Nun ist der Kirchenbann auch nicht gerade nett, aber im Grunde eine gerechte Sache. Jemand steht nicht mehr auf dem Fundament der Gemeinschaft, dem gemeinsamen Glauben, und man bedeutet ihm, daraus die Konsequenzen zu ziehen, das heißt zu gehen. Auch heute ist der Ausschluss vom Empfang der Eucharistie, die Exkommunikation, die höchste Kirchenstrafe, immer aber mit der Hoffnung verbunden, dass der Abständige zurückkehrt und sich wieder in die Gemeinschaft aufnehmen lässt.

Die Schwierigkeiten begannen also, als die Kirche – jetzt zunächst einmal ganz allgemein gesprochen – in eine Symbiose mit den weltlichen Machthabern trat, die so weder zur Verkündigung Jesu Christi gehörte – ganz im Gegenteil: »Gebt dem Kaiser, was dem Kaiser gehört, und Gott, was Gott gehört!« (Mt 22,21) – noch das anvisierte Ziel der urchristlichen Gemeinden war. Kaum hatte Konstantin der Große die Religion der Christen anerkannt, begann er auch schon, sich in die Angelegenheiten der Kirche einzumischen. Er berief Konzilien ein, regelte gesetzlich das Sonntagsgebot und schickte Ketzer in das Exil.

Den Christen seiner Zeit mag das ja alles recht gewesen sein, doch wer sich von nun an mit der Kirche anlegte, legte sich auch mit dem Kaiser an. Es sollte noch lange dauern, bis das Bündnis zwischen Thron und Altar dermaßen festgefügt war, dass die ursprünglich in die Bereiche von Reich und Kirche geteilte Welt in eins zusammenfiel – die Kaiserkrönung Karls des Großen am Weihnachtstag 800 durch Papst Leo II. war auf diesem Weg ein wichtiger Schritt.

Doch in der »Christianitas«, der im Glauben geeinten Christenheit, wie sie sich nun herausbilden sollte, tauchte dann auch bald ein neuer Typ von inneren Feinden auf. Es waren jene, die nicht nur im Glauben ihre eigenen Wege gingen und der Kirche den Rücken kehrten, sondern die damit auch die Fundamente der gesellschaftlichen Ordnung untergruben. Das eine war es, eigenen religiösen Lehren anzuhängen. Das andere aber, die Gemeinschaft der Glaubenden zu verlassen und eine eigene Religionsgemeinschaft zu gründen.

Spätestens als im Gefolge der Armutsbewegung die Katharer, Albigenser und Waldenser auf den Plan traten, war in der »Christianitas« Feuer auf dem Dach. Ignaz Döllinger, der mit dem Abfall von Rom noch seine eigenen Erfahrungen machen sollte, schrieb 1861: »Jene gnostischen Sekten, die Katharar und Albigenser, welche eigentlich die harte und unerbittliche Gesetzgebung des Mittelalters gegen die Häresie hervorriefen und in blutigen Kriegen bekämpft werden mussten, griffen Ehe, Familie und Eigentum an. Hätten sie gesiegt, ein allgemeiner Umsturz, ein Zurücksinken in Barbarei und heidnische Zuchtlosigkeit wäre die Folge gewesen. Dass auch für die Waldenser mit ihren Grundsätzen über Eid und Strafrecht keine Stätte in der damaligen europäischen Welt war, weiß jeder Kenner der Geschichte.«

Der Kirchenhistoriker Walter Brandmüller stellt deshalb nüchtern fest: »Die zivile Gewalt, nicht die kirchliche Autorität, war es deshalb auch, die zuerst gegen die Ketzer losschlug. Nicht der zuständige Bischof, sondern König Robert der Fromme von Frankreich ließ 1022 zu Orléans mindestens zwölf gelehrte ketzerische Domherren verbrennen. Mitglieder des mailändischen Stadtadels waren es, die circa 1028 ihre ketzerischen Standesgenossen von der Burg Monteforte zum Scheiterhaufen schleppten, und die Ketzer von Goslar wurden durch Kaiser Heinrich III. ›mit Zustimmung aller‹ (wie es in der Chronik des Hermann von Reichenau heißt) zum Strang verurteilt. Ähnliches berichtet Guibert von Norgent in der Chronik ›De vita sua‹ von Ketzern zu Soissons im Jahr 1115. Als ein Konzil zu Beauvais über ihr Schicksal beriet, stürmte das Volk – ›die Milde des Klerus befürchtend‹ – das Gefängnis und verbrannte die Ketzer vor der Stadt.«

Wiederum lange sollte es dauern, bis das Bündnis von Thron und Altar wieder auseinanderbrechen sollte. Der Weg führte über Reformation, Aufklärung und Säkularisation in die heutige Zeit hinein, in der die »Religion« Privatsache geworden ist. Vorher erlebte das Abendland nicht nur Ketzerverfolgung und Inquisition – die den Umgang mit Häretikern immerhin zur Sache ordnungsgemäßer Gerichtsverfahren machen wollte –, sondern als Phänomen der eigenen Art den Hexenwahn, dem auch Kirchenleute verfielen, der aber ebenso von Männern der Kirche bekämpft und schließlich überwunden wurde.

Eine der großen Lehren aus dieser Zeit ist die, dass kein Mensch Herr über das Leben eines anderen Menschen ist. Es ist müßig, darüber nachzudenken, ob sich die Kirche vom vierten Jahrhundert an nicht frei von weltlicher Macht und ohne das Zusammenwirken mit der Gerichtsbarkeit des weltlichen Arms hätte entwickeln können. Die Geschichte von anderthalbtausend Jahren nahm jedenfalls einen anderen Weg – einen Umweg vielleicht –, wer will da Verantwortliche festmachen oder moralische Schuldzuweisung betreiben.

Eines nur ist klar: Die Kirche will die Fehler der Vergangenheit nicht wiederholen. Hier nimmt die Unverfügbarkeit des menschlichen Lebens einen besonderen Stellenwert ein – sichtbar etwa in der Aussage des Weltkatechismus und des Papstes, dass in der heutigen Zeit die Umstände einfach nicht mehr gegeben sind, die es rechtfertigen würden, die Todesstrafe zu vollstrecken. Was aber in diesem Fall gilt, gilt auch für die Abtreibung. Das menschliche Leben ist heilig, von seinem Anfang im Mutterleib bis zu seinem natürlichen Ende. Den vielfachen Verstoß gegen diesen Grundsatz durch ihre eigenen Mitglieder hat die Kirche selbst bitter bereut. Deshalb tritt sie heute umso entschiedener für das Lebensrecht der Ungeborenen ein.

Die Eroberung Lateinamerikas

DER EINWAND

Die Kirche hat doch bekanntlich im Zuge der Christianisierung Amerikas die Ureinwohner systematisch ausgerottet. Sie nannte das dann »Bluttaufe«.

Hätte die Kirche die Ureinwohner Amerikas ausgerottet, gäbe es dort keine Indios und Indianer mehr. Für Nordamerika, wo allerdings die Kirche nicht als »Eroberin« aufgetreten ist, mag das stimmen. Es gehört zu den Folgen der Entdeckung durch

Christoph Kolumbus, dass fünfhundert Jahre später im Norden des Kontinents Amerika – der letzte Vernichtungskrieg der Armee der Vereinigten Staaten hatte ein Jahrhundert zuvor mit dem Massaker am Wounded Knee sein Ende gefunden – gerade noch 1,4 Millionen Menschen indianischer Abstammung lebten. Und das unter immerhin 265 Millionen Nicht-Indianern.

Anders sieht es aus im katholischen Süden des Kontinents. Man kann sagen, was man will, und noch so viel über den »Völkermord« in der Neuen Welt Anklage erheben, die indianische Bevölkerung Lateinamerikas ist noch immer da und sie ist kaum geringer als zur Zeit der Entdeckungen. In Guatemala machen die Indios 85 Prozent der Bevölkerung aus, in Bolivien 65 Prozent, in Ecuador ungefähr 55 Prozent. Die wichtigsten Indianersprachen wie das Quechua, Aimar, Guaran, Maya und Nahuatl werden noch heute gesprochen. In der vermischten Form des Mestizentums ist die Urbevölkerung Lateinamerikas allgegenwärtig. In Chile gibt es nicht eine Familie, die nicht indianisches Blut in den Adern hätte. Was wurde dagegen aus den Indianern der Vereinigten Staaten und Kanadas?

Aber auch im Süden Amerikas hat es Ausrottung gegeben. Nur war es nicht die Kirche, die die Einheimischen des amerikanischen Kontinents dezimiert hat, und das schon gar nicht mittels der »Bluttaufe«. Es gab die Konquistadoren des sechzehnten Jahrhunderts, die ja Christen waren und auf Missionierung großen Wert legten, die auf eigene Kosten und zur eigenen Bereicherung Privatkriege gegen die Urbewohner führten und der jeweiligen Krone – Spanien oder Portugal – Besitztitel und Anteile an der Kriegsbeute zusicherten. Es gab die Habsucht der Eroberer, besonders die Suche nach Gold, mit dem der Aufbau der Städte und Handelszentren finanziert werden musste. In Minen starben dafür die als Arbeitskräfte herangezogenen Indios. Und es gab eingeschleppte Krankheiten, die sich unter den Einheimischen wie Seuchen verbreiteten und ganze Landstriche entvölkerten. Was es aber nicht gab, war ein Dokument oder eine Äußerung der Kirche, die zu zwangsweisen Bekehrungen oder zu so etwas wie der »Bluttaufe« aufgerufen oder diese gerechtfertigt hätten. So viel zum Stichwort »systematische Ausrottung«.

Auf der anderen Seite ist es wahr, dass die Begegnung mit den Neuankömmlingen aus Übersee für die Ureinwohner Mittel- und Lateinamerikas vielerorts eine Begegnung mit Schwert und Kreuz zugleich war. Mit den Konquistadoren kamen auch die Ordensleute und Missionare, die es als ihre wichtigste Aufgabe ansahen, in der Neuen Welt das Evangelium zu verkünden. Das Ringen um die rechte Weise der Glaubensverkündigung und der Mission spielte sich an fernen Fürstenhöfen, in Rom und den Ordenszentralen ab – also für die Indios und Indianer weit »hinter den Kulissen«.

In Rom mussten sich die Franziskaner dafür verantworten, dass sie zu schnell, ohne gründliche Vorbereitung und unter Verkürzung der traditionellen Zeremonien alle tauften, die sich dazu bereitfanden. In Spanien verhandelten die Dominikaner mit König Ferdinand über den besseren Schutz der Indios vor Ausbeutung und unwürdigen Lebensbedingungen, Ergebnis waren schließlich die »Gesetze von Burgos« von 1512. Papst Paul III. erließ 1537 die Bulle »Sublimis Deus«, mit der die Kirche gegen die oft anderslautenden Ansichten der Kolonisatoren bekräftigte, dass die Indianer vollgültige Menschen seien und nicht versklavt werden dürften. Auf beiden Seiten des Atlantiks kämpfte der Dominikaner Bartolomé de las Casas, der schließlich erster Bischof von Chiapas in Mexiko wurde, um eine Gesetzgebung zugunsten der Einheimischen und um die Ernennung von Bischöfen, die seine Arbeit unterstützen.

Es ist wahr, dass viele Indios Lateinamerikas von diesem Wirken oder den indianerfreundlichen Gesetzen nie erfuhren und die Begegnung mit den Eroberern für sie zu einem brutalen Zusammenstoß wurde, den viele mit ihrem Leben bezahlen mussten. Aber hier droht die Debatte oft zu akademisch zu werden. Die Entdeckung Amerikas und seiner Ureinwohner war kein Projekt des christlichen Europas gewesen, sondern ein vollkommen überraschendes Ereignis zu Beginn der Neuzeit, das in seinen Anfängen und ersten Entwicklungen von niemandem hundertprozentig kontrolliert und gesteuert werden konnte. Da, wo Unrecht geschah, waren immer auch Missionare, die dem Treiben zusahen und ihrer Arbeit nachgingen, wie aber auch solche, die gegen Unterdrückung und Ausbeutung eingeschritten sind.

Für die Schuld und das Versagen vieler Christen in dieser Zeit haben die lateinamerikanische Kirche und der Papst gerade in den Jahren vor dem Jubiläum der Entdeckung Amerikas 1992 mehrfach um Vergebung gebeten. Aber um auch einmal die andere, die gute Seite der Medaille zu erwähnen, fasste Johannes Paul II. die Leistungen der ersten Missionare im April 1995 vor brasilianischen Bischöfen so zusammen: »Die Stimme der Kirche erhob sich, was die Eingeborenen betrifft, unablässig, besonnen und kraftvoll durch den Mund meines Vorgängers Paul III. und verurteilte klar und deutlich alle Versuche, sie zu versklaven. In der kirchlichen Praxis und Disziplin wurden trotz aller Behinderungen seitens des kulturellen Milieus die Menschenwürde des Indios und die damit verbundenen Rechte anerkannt. Bedeutsam ist die Glaubenserfahrung, die in den dörflichen Ansiedlungen der Missionen gemacht wurde, wo alle besonders positiven Aspekte der eingeborenen Kultur Anerkennung und Aufnahme fanden und die handwerklichen und gewerblichen Fähigkeiten der Indios gefördert wurden. Ihre pädagogische Hinführung zur Kenntnis der geoffenbarten Wahrheit war begleitet von der Verteidigung gegen ihre Ausbeuter. Auch dürfen wir es nicht unterlassen, heute die pastorale Intuition der ersten Missionare zu bewundern, die all dem, was im kulturellen Universum der Indios besonders verehrungswürdig war, mit Sympathie begegneten: dem sakralen Charakter der Schöpfung, der Achtung für die ›Mutter Natur‹ und der Integration in sie, dem Gemeinschaftssinn und der Solidarität unter den verschiedenen Generationen, dem ausgeglichenen Verhältnis zwischen Arbeit und Freizeit, der Loyalität und der Freiheitsliebe. All diese Haltungen wurden ausdrücklich von der Lehre des Evangeliums her erhellt und, veredelt, in die christlichen Wertvorstellungen eingegliedert.«

Der Papst spielte hier wohl auch auf die sogenannten Reduktionen an, Ansiedlungen von Tausenden von Indianern in den großen Flussbecken Lateinamerikas, die von 1610 bis 1768 existierten und, ursprünglich von Franziskanern erdacht, von Mitgliedern des Jesuitenordens zu kulturell und wirtschaftlich außerordentlich hoch stehenden Ansiedlungen entwickelt wurden. Sie dienten als Schutz vor Übergriffen der Kolonisatoren, sorgten für ein friedliches und gemeinschaftliches Leben, in dem auch Sport, Theater und Feste ihren Platz hatten.

Die »Reduktionen« wuchsen zu kleinen Republiken von mehreren zehntausend Einwohnern heran, denen die spanischen und portugiesischen Könige einen Sonderstatus verliehen. Neid und vor allem Intrigen des »aufgeklärt« antiklerikalen Fürsten von Pombal sowie die Verbannung des Jesuitenordens aus allen spanischen Territorien bereiteten den Reduktionen ein unrühmliches Ende.

Wie so oft in der Geschichte der katholischen Kirche: Auch in Mittel- und Lateinamerika hat es Leid, Unterdrückung und Not gegeben. Als Vertreter der sicherlich in vieler Hinsicht überlegenen Rasse haben Christen Schuld auf sich geladen. Doch man denke sich den Einfluss der Missionare fort, die humanisierende Botschaft des Evangeliums, das Pochen der Kirche auf die Rechte der Ureinwohner – und frage sich, wie die Geschichte wohl dann verlaufen wäre.

Die Judenvernichtung

DER EINWAND

Trägt nicht die Kirche eine Mitschuld an der Vernichtung der Juden im Dritten Reich? Sie hat sich doch gegenüber dem Hitlerregime zu passiv verhalten und sogar mit den Nazis kooperiert!

Es kann an dieser Stelle nicht darum gehen, Zahlen zu nennen und konkrete Beispiele aufzulisten: Wie viele Juden unter Hitler bei Christen Zuflucht fanden, wo überall verdeckter Widerstand geleistet wurde, wie groß die Zahl derer ist, die der Vatikan vor dem Zugriff der Nazis retten konnte.

Auch die Enzyklika »Mit brennender Sorge« vom März 1937 braucht hier nicht mehr erwähnt zu werden. Sie ist ebenso bekannt wie die Entscheidung der deutschen Bischöfe, sich mit dem überaus kirchenfreundlichen Reichskonkordat von 1933 vermeintliche Sicherheiten zu erkaufen, was für Hitler aber nur ein taktisches Manöver war, um Zeit und katholische Wählerstimmen zu gewinnen.

Auch ist es nicht weiter verwunderlich, das die fünfzehn unruhigen Jahre der Weimarer Republik aus den deutschen Kirchenführern keine überzeugten Demokraten gemacht hatten. Gläubige Katholiken waren in der Regel keine Faschisten, aber viele von ihnen dachten deutsch-national, monarchistisch oder völlig unpolitisch. Das Bündnis zwischen der Kirche und der demokratischen Bewegung – mit einer klaren Spitze gegen die kommunistischen Systeme – ist ein Kind der Nachkriegszeit.

Schwierig ist die Bewertung der katholischen Reaktion auf die Reichskristallnacht vom 9. November 1938, als in ganz Deutschland die Synagogen brannten. Jetzt wusste jeder, wohin die Reise geht. Sicherlich gab es manche Geste der Solidarität und nachbarschaftlicher Verbundenheit. Aber der große Aufschrei blieb aus. Zu sehr schon war das Land im Griff der nationalsozialistischen Propaganda und Machtkontrolle.

Man kann den überzeugten Christen von damals, die sich von der Berliner Olympiade oder den innen- und außenpolitischen Erfolgen Hitlers nicht blenden ließen, eigentlich nur den Vorwurf machen, dass sie nicht bereit waren zum kollektiven Martyrium. Denn das wäre die unmittelbare Folge eines Aufstands gegen das Regime gewesen. Auch dem Papst in Rom, Pius XII., kann man im Grund nur vorwerfen, den letzten Schritt unterlassen zu haben: seinen Protest so laut und öffentlich zu machen, dass er Gefangennahme und Deportation in Kauf nehmen musste. Wirklicher Widerstand gegen Hitler blieb also auf kleine Kreise beschränkt. Und viele bezahlten ihre Aktionen gegen das Regime mit dem Leben. Ihren Wagemut und ihre Bereitschaft zum Martyrium aber zur Messlatte für alle zu machen, dazu hat heute niemand das Recht.

Die eigentliche Frage nach Mitschuld und Mitverantwortung am Leiden des jüdischen Volkes geht tiefer. Als 1941 die sogenannte Endlösung begann, setzte sich ein gigantischer Tötungsapparat in Bewegung, der umso dämonischer war, als er so gut wie leidenschaftslos und mit der kalten Routine bürokratischer Systeme funktionierte. Ab 1941 sind in Auschwitz drei bis vier Millionen Menschen in die Gaskammern getrieben worden. Die meisten waren Juden. Andere Todeslager waren Chelmno, Treblinka, Belsec, Sobibor und Maidanek. Dazu kamen Konzentrationslager in Dachau, Sachsenhausen, Belsen, Oranienburg, Buchenwald, Theresienstadt, Mauthausen und so weiter mit ihren Hinrichtungen, Seuchen und Hungertoten.

Aus dem ganzen von den Nazis besetzten Europa wurden Menschen dorthin deportiert, allein unter den Juden belief sich die Zahl der Opfer am Ende des Kriegs auf fast sechs Millionen. Nur all das geschah nicht unter den Turkvölkern Mittelasiens oder im Zuge kolonialer Eroberungen in Lateinamerika, sondern im Herzen des christlichen Abendlands, auf dem Boden eines zivilisierten Volkes, dessen Vorfahren sich noch als Untertanen eines Heiligen Römischen Reichs Deutscher Nation verstanden hatten. Und dieser gewaltige Tötungsapparat funktionierte zwar wie eine seelenlose Maschine – aber nicht ohne Personal.

Wo kamen sie alle her, die Aufseher und Lagerkommandanten, die Zugführer und Begleitmannschaften, die Bahnwärter und Konstrukteure der Verbrennungsöfen, die das System am Laufen hielten? Sechs Millionen Juden vernichten sich nicht von selbst. Sondern sie wurden vernichtet – von Mitgliedern desselben Volkes der Dichter und Denker, das in seiner Freizeit Goethe las oder Musik von Mozart hörte, das gelernt hatte, Gedichte von Schiller auswendig aufzusagen und über Kant, Fichte, Schelling und Hegel Konversation zu treiben. Im Herzen Europas, das seit mehr als tausend Jahre christlich war, schlachteten Bürger, Soldaten und Beamte, die zum allergrößten Teil Getaufte, also Christen waren, Menschen einer anderen Rasse ab, mit denen sie nicht nur durch vielfältige historische und kulturelle Gemeinsamkeiten verbunden waren, sondern auch durch eine religiöse Tradition, die sich auf denselben Gott des Alten Testaments berief.

Kraftlos und den eigenen Wurzeln weit entfremdet schien die Christenheit gewesen zu sein, in deren Mitte sich der Holocaust ereignen konnte. Es ist davon auszugehen, dass Hitler nach einem Sieg die Zerschlagung der Kirche angeordnet hätte. Dass es aber vorher schon zum Völkermord an den Juden kam, hatte seinen Grund auch darin, dass nicht mehr allein der christliche Glaube die Seele des Volkes war, sondern sich in den Köpfen ebenfalls die völkischen, rassischen und nationalen Ideologien festgesetzt hatten. »Ihr sollt keine fremden Götter neben mir haben« – wie oft war gegen dieses Gebot verstoßen worden in einer Zeit, in der das Vaterland und der Erbfeind, Nationalstolz und deutsches Wesen wichtiger geworden waren als die Verbundenheit mit den Getauften der universalen Kirche.

Das ist aus Sicht mancher Zeitzeugen der damaligen Ereignisse umso erstaunlicher, als es ja vor dem Krieg durchaus noch Gegenden mit einem blühenden kirchlichen Leben gab, in vielen katholischen Vereinen und Kreisen, bis hin zur Ministranten-Jugend, Widerstand gegen die Nazis selbstverständlich war, einzelne (!) Bischöfe lieber in die Verbannung gingen, als sich dem Druck des Regimes zu beugen, und viele Priester und Ordensleute ihre Treue mit Konzentrationslager und ihrem Leben bezahlten. Aber es gab eben auch die große Zahl von Katholiken, die sich von den Parolen Hitlers verunsichern ließen. So schrieb der inzwischen seliggesprochene Jesuitenpater Rupert Mayer schon im September 1930 an den Münchner Erzbischof Kardinal Faulhaber: »Die völkischen Hetzereien können wir uns nicht groß genug vorstellen. So herrscht in unserem katholischen Volk eine beispiellose Verwirrung. Unbegreiflich, aber wahr ist es, dass der Hitlerschwindel wieder die weitesten, auch katholischen Volkskreise erfasst hat. Und nicht bloß in der Stadt, sondern besonders auf dem Lande hat die Bewegung gewaltig an Boden gewonnen. Ich traf neulich den Herrn Pfarrer von Holzkirchen, der mir sagte, vier Fünftel seiner Pfarrkinder denken nationalsozialistisch.«

Unbegreiflich, aber wahr: Wenn man dann noch bedenkt, dass die Stimmenanteile der Nationalsozialisten in katholischen Gebieten bei den letzten freien Wahlen vor dem Ermächtigungsgesetz in der Regel am geringsten waren und sich das Verhältnis von Katholiken in der Bevölkerung zum Wählerpotenzial der Nazis fast über das gesamte Reichsgebiet hinweg umgekehrt proportional verhielt, kann man ermessen, wie insgesamt reif das vermeintlich christliche Deutschland für den vollkommen unchristlichen Überlegenheitsmythos von Adolf Hitler war.

Ein solcher Zustand hatte sich nicht über Nacht eingestellt, die Gründe für diese Verführbarkeit waren vielfältig und hatten einen Vorlauf von Jahrhunderten. Das den Deutschen eigentümliche – und etwa in südlicheren Ländern gänzlich unbekannte – Gespür für die Obrigkeit gehört ebenso dazu wie die auch institutionell stets enge Verbindung von Kirche und Staat in den abendländischen Jahrhunderten. Der Antisemitismus hatte sich wie ein roter Faden durch die Geschichte der Christenheit gezogen, Judenprogrome hatten zum Teil rassische und wirtschaftliche Gründe, zum Teil war der Judenhass aber auch Folge eines theologisch begründeten Antijudaismus, wie er etwa in Luthers Schrift »Von den Juden und ihren Lügen« aus dem Jahr 1546 einen seiner Höhepunkte fand.

Und man darf nicht vergessen, dass die deutschen Katholiken zu Anfang des zwanzigsten Jahrhunderts die Modernismuskrise und eine lange Auseinandersetzung mit dem Papsttum hinter sich hatten, die zum einen die äußere Abspaltung der Altkatholiken, zum anderen aber die innere Durchdringung mit den Ideen des religiösen Liberalismus und Indifferentismus zur Folge hatten. Die Kirche war nicht ausgeruht und glaubensfest über die Schwelle zum zwanzigsten Jahrhundert getreten. Sie war genauso erschüttert von den Spätfolgen der rationalistischen Aufklärung wie die neuzeitliche Gesellschaft insgesamt, in der nicht nur die politischen Systeme, sondern auch die geistigen Grundlagen des Glaubens kräftig unterspült worden waren.

Die Kirche betreibt keine moralischen Schuldzuweisungen, indem sie bestimmten Personen, Parteien und Programmen die alleinige Verantwortung zuschiebt, sie spricht auch nicht von einer Kollektivschuld der Deutschen, sondern kehrt vor der eigenen Tür. In der Konzilserklärung »Nostra aetate« über das Verhältnis der Kirche zu den antichristlichen Religionen hat das Zweite Vatikanum »nicht aus politischen, sondern aus Antrieb der religiösen Liebe des Evangeliums alle Hassausbrüche, Verfolgungen und Manifestationen des Antisemitismus« beklagt, »die sich zu irgendeiner Zeit von irgendjemandem gegen die Juden gerichtet haben«. Die Kirche erkennt an, dass der Antisemitismus einer falschen Theologie entspringt, und sie erkennt an, dass der über Jahrhunderte von ihr mitverbreitete und genährte Antisemitismus zu den Wurzeln der Judenverfolgung gehört.

Die Bitte um Vergebung stand auch im Mittelpunkt, als Johannes Paul II. im Heiligen Jahr 2000 die Holocaust-Gedenkstätte Jad Vaschem und die Klagemauer in Jerusalem aufgesucht hat. Und als Benedikt XVI. am 28. Mai 2006 das Konzentrationslager Auschwitz besucht, tat er das ausdrücklich als Deutscher: »An diesem Ort des Grauens, einer Anhäufung von Verbrechen gegen Gott und den Menschen ohne Parallele in der Geschichte, zu sprechen, ist fast unmöglich – ist besonders schwer und bedrückend für einen Christen, einen Papst, der aus Deutschland kommt. An diesem Ort versagen die Worte, kann eigentlich nur erschüttertes Schweigen stehen – Schweigen, das ein inwendiges Schreien zu Gott ist: Warum hast du geschwiegen? Warum konntest du dies alles dulden? In solchem Schweigen verbeugen wir uns inwendig vor der ungezählten Schar derer, die hier gelitten haben und zu Tode gebracht worden sind; dieses Schweigen wird dann doch zur lauten Bitte um Vergebung und Versöhnung, zu einem Ruf an den lebendigen Gott, dass er solches nie wieder geschehen lasse.«

Die Kirche hofft, dass eines Tages zwischen Christen und Juden wieder ein solches Vertrauen besteht, dass diese Bitte um Vergebung auch offenen Herzens angenommen werden kann.

Nachwort

Hans Urs von Balthasar hat vor Jahren in einem kleinen Büchlein mit dem Titel »Glaubhaft ist nur die Liebe« zu zeigen versucht, dass das Einzige, was die Kirche wirklich glaubwürdig machen kann, die Heiligen sind. Alle Apologetik, alles Argumentieren ginge fehl, wenn es nicht Menschen gäbe, in denen die Liebe Gottes sichtbar wird. Die Heiligen – und nicht nur jene, die von der Kirche offiziell als solche anerkannt wurden – sind Menschen, die sich nicht, mit einem Mantel aus religiöser Inbrunst und Tugendhaftigkeit umkleidet, als Kultfigur aufdrängen, sondern die der Glaube so verändert, dass sie selber zurücktreten und das göttliche Geheimnis in ihnen erkennbar wird. Jeder noch so einsichtige Katechismus und die gelungensten Widerlegungen antikirchlicher Propaganda sind nichts im Vergleich zu dem kraftvollen persönlichen Zeugnis eines Menschen, in dem Gott lebendig wird. Wie oft muss man einer Heiligen oder einem Heiligen begegnen, um zu begreifen, dass die Welt von einem göttlichen Geheimnis getragen wird, das sich uns, den Kindern Gottes, mitgeteilt hat? Was ist mit denen, die – so wie es aussieht – wohl nie eine Gelegenheit hatten oder haben werden, das Hereinbrechen der Gnade Gottes sehen und mit den Händen fassen zu können? Niemand weiß das. Den Ratlosen und Zweifelnden, den Ungläubigen, Gleichgültigen und Skeptikern, aber auch denen, die der kirchliche Alltag bis zum Verdruss bitter enttäuscht hat, rät die Kirche, so zu leben, dass sie auf die Epiphanie, auf den Vorübergang des Herrn, vorbereitet sind.

Das war auch der Vorschlag, den Joseph Ratzinger in seinem letzten Vortrag als Kardinal am 1. April 2005 im italienischen Subiaco gemacht hat. Es war ein Vortrag über die Krise der neuzeitlichen Kulturen – und es drehte sich um die Gottesfrage: Kann man ganz ohne Gott eine humane Gesellschaft errichten und erhalten – und wie soll sich der Einzelne verhalten, der Gott nicht erkennen kann? Jeder muss diese Frage irgendwann für sich entscheiden – und der Rat des Kardinals, der wenige Tage später Papst werden sollte, soll am Schluss dieses Buches stehen. Es ist der Rat, so zu leben, als ob es Gott gäbe. Und das ist der Vorschlag Joseph Ratzingers:

»An diesem Punkt möchte ich in meiner Eigenschaft als gläubiger Mensch den Laizisten einen Vorschlag machen. Im Zeitalter der Aufklärung hat man versucht, die wesentlichen moralischen Normen zu verstehen und zu definieren und hat gesagt, sie seien gültig *etsi Deus non daretur*, auch in dem Falle, dass Gott nicht existiere. In der Gegenüberstellung der Konfessionen und in der drohenden Krise des Gottesbildes hat man versucht, die wesentlichen Werte der Moral aus den Widersprüchen herauszuhalten und eine Eindeutigkeit für sie zu finden, die sie von den zahlreichen Spaltungen und Unsicherheiten der verschiedenen Philosophien und Konfessionen unabhängig machen würde. So wollte man die Grundlagen des Zusammenlebens und allgemein die Grundlagen der Menschheit sichern.

In jener Epoche schien das möglich, da die großen, vom Christentum geschaffenen Grundüberzeugungen großteils standhielten und unbestreitbar schienen. Aber das ist nicht mehr so. Die Suche nach einer solchen beruhigenden Gewissheit, die über alle Unterschiede hinaus unbestritten bleiben könnte, ist gescheitert. Nicht einmal die – wenn auch großartige – Bemühung Immanuel Kants war in der Lage, die notwendige von allen geteilte Gewissheit zu schaffen. Kant hatte verneint, dass Gott im Bereich der reinen Vernunft erkennbar sein könnte, doch gleichzeitig hatte er Gott, die Freiheit und die Unsterblichkeit als Postulate der praktischen Vernunft dargestellt, ohne die für ihn, konsequenterweise, kein moralisches Handeln möglich war. Lässt uns der heutige Zustand der Welt nicht von Neuem denken, dass er Recht haben könnte? Ich möchte es mit anderen Worten sagen: Der zum Äußersten geführte Versuch, die menschlichen Dinge unter vollständigem Verzicht auf Gott zu formen, führt uns immer näher an den Rand des Abgrunds, zur gänzlichen Zurückstellung des Menschen. Wir müssten also das Axiom der Aufklärer auf den Kopf stellen und sagen: Auch derjenige, dem es nicht gelingt, den Weg der Annahme Gottes zu finden, sollte dennoch versuchen, so zu leben und sein Leben so auszurichten *veluti si Deus daretur*, als ob es Gott gäbe.

Das ist der Ratschlag, den bereits Blaise Pascal seinen nicht glaubenden Freunden erteilt hat; das ist der Ratschlag, den auch wir heute unseren Freunden, die nicht glauben, erteilen wollen. So wird niemand in seiner Freiheit beschränkt, doch alle Dinge erhalten eine Stütze und einen Maßstab, dessen sie so dringend bedürfen. Was wir in diesem Moment der Geschichte vor allem brauchen, sind Menschen, die Gott durch einen erleuchteten und gelebten Glauben in dieser Welt glaubhaft machen. Das negative Zeugnis von Christen, die zwar von Gott gesprochen, aber gegen ihn gelebt haben, hat das Bild Gottes verdunkelt und dem Unglauben die Tore geöffnet. Wir brauchen Menschen, die den Blick geradewegs auf Gott richten und von dort die wahre Menschheit begreifen. Wir brauchen Menschen, deren Verstand vom Licht Gottes erleuchtet und deren Herz von Gott geöffnet wird, sodass ihr Verstand zum Verstand der anderen sprechen und ihr Herz die Herzen der anderen öffnen kann. Nur durch Menschen, die von Gott berührt sind, kann Gott zu den Menschen zurückkehren.«